Michael Moore
une biographie

EMILY SCHULTZ

Michael Moore
une biographie

Traduit de l'anglais (Canada)
par Claude Dallaire

Ce livre a d'abord paru sous le titre *Michael Moore. A biography* de Emily Schultz, chez ECW Press, en 2005.

© ECW Press, 2005, pour la version originale anglaise
© Bayard Canada Livres, 2006, pour la version française

Publié avec l'autorisation de ECW Press, Toronto, Canada.

Dépôt légal : 2ᵉ trimestre 2006
Bibliothèque nationale du Canada
Bibliothèque nationale du Québec

ISBN (10) Bayard Canada Livres : 2-89579-088-4
ISBN (13) Bayard Canada Livres : 978-2-89579-088-4
ISBN (10) Bayard Éditions : 2-227-47637-0
ISBN (13) Bayard Éditions : 978-2-227-47637-0

Les données de catalogage sont disponibles à Bibliothèque et Archives Canada
www.collectionscanada.ca

Direction : Jean-François Bouchard
Traduction : Claude Dallaire
Révision : Lise Lachance et PAG
Graphisme : Mardigrafe

Bayard Canada Livres   Bayard Éditions
4475, rue Frontenac   3 et 5, rue Bayard
Montréal (Québec) H2H 2S2   75008, Paris
Canada   France

Nous reconnaissons l'aide financière du gouvernement du Canada par l'entremise du Programme d'aide au développement de l'industrie de l'édition (Padié) pour nos activités d'édition.

Conseil des Arts   Canada Council
du Canada   for the Arts

Bayard Canada Livres remercie le Conseil des Arts du Canada du soutien accordé à son programme d'édition dans le cadre du Programme de subventions globales aux éditeurs.

Cet ouvrage a été publié avec le soutien de la SODEC.
Gouvernement du Québec – Programme de crédit d'impôt
pour l'édition de livres – Gestion SODEC.

Imprimé au Canada

INTRODUCTION
Blitzkrieg à Bitburg

L e 5 mai 1985. De hauts responsables et des membres de la presse étrangère attendent l'arrivée du président américain Ronald Reagan au cimetière Kolmeshohe de Bitburg, en Allemagne de l'Ouest. La visite soulève colère et consternation, car Reagan vient rendre un hommage à la mémoire de disparus dont certains ont déjà porté l'uniforme SS des soldats nazis. Parmi les journalistes se trouvent deux individus faussement accrédités de Flint, au Michigan[1]. De mensonge en mensonge, ils sont parvenus à se faufiler à travers les mailles de sept contrôles policiers et à ne pas se faire repérer par les dix-sept mille membres des forces de sécurité allemandes. L'un des deux hommes est le fils d'un survivant des camps de concentration et parle couramment l'allemand. L'autre est un ancien séminariste et parle couramment cru.

Une méthode infaillible leur permet de se jouer des contrôles de sécurité : « L'entrée de service. Si vous ne voulez pas vous faire ennuyer, vous n'avez qu'à vous pencher, ramasser une boîte et avoir l'air occupé », affirme le décrocheur. Les deux complices aident une équipe de tournage de la chaîne CBS à transporter une partie de son équipement d'éclairage. Personne ne vient les importuner. L'ancien séminariste s'occupe ensuite d'aviser le correspondant de la chaîne ABC,

Pierre Salinger, de leur véritable intention : déployer une banderole dès l'arrivée du président Reagan. Afin de dissuader les services de sécurité de les rouer de coups de matraque, ils demandent au journaliste de diriger les caméras de son équipe vers eux au moment de leur coup d'éclat.

Salinger accepte. Un drap caché dans un manteau est aussitôt déroulé par les deux protestataires. On peut y lire : « Nous sommes venus du Michigan pour vous le rappeler : ils ont assassiné ma famille. » La revue *Newsweek* couvrira l'incident. Ce décrocheur du séminaire avait 31 ans et s'appelait Michael Moore.

Inscrit à un séminaire à 14 ans, Moore le quittera au bout d'un an parce qu'on lui interdisait de regarder le baseball. À 18 ans, Moore se présentera aux élections du conseil scolaire, s'occupera de mettre en place un centre détresse-secours pour jeunes et publiera son propre journal pendant une période de dix ans – une page d'information imprimée sur une seule face qui fera sa renommée à travers les États-Unis. Moore sera aussi brièvement rédacteur en chef d'un célèbre mensuel d'actualité sociopolitique de gauche à San Francisco, le *Mother Jones*. Il organisera des parties de bingo hebdomadaires pour financer son premier film, *Roger & Me*. En pleine tournée promotionnelle pour son livre *Dégraissez-moi ça !*, Moore incitera le personnel d'une librairie de l'importante chaîne Borders à se syndiquer. Il pointera du doigt la National Rifle Association dans *Bowling à Columbine* et la famille Bush dans *Farhenheit 9/11*, le documentaire d'information qui récoltera le plus grand nombre d'entrées en salles de toute l'histoire. Au cours d'une vaste campagne intitulée : « L'insurrection des insoumis », Moore s'adressera aux jeunes électeurs de son pays pour les inciter à se rendre voter en grand nombre contre George W. Bush. Au moment de brandir sa banderole à bout de bras, cependant, Moore n'était qu'un simple citoyen du Michigan qui espérait ne pas subir une raclée pour avoir osé confronter son président. Il n'était pas encore devenu le phénomène médiatique tant acclamé, réfuté, confronté et tourné en dérision.

Dès ses toutes premières armes comme militant, Moore connaît le pouvoir de la caméra. Il sait qu'elle peut autant servir à se défendre qu'à déranger les autres. L'épisode de Bitburg réunit déjà plusieurs des traits caractéristiques du cinéaste : un esprit délinquant, une mise en scène bien orchestrée avec peu de moyens et, par-dessus tout, une efficacité à toute épreuve. Comme le soulignait un jour le *New Yorker*, Moore a toujours été un populiste et a toujours, également, été critiqué, aussi bien à droite qu'à gauche. *Roger & Me*, son film sur le déclin économique de sa ville natale, a été démoli par la critique de cinéma Pauline Kael qui soutenait que Moore avait chambardé l'ordre des événements et omis certaines dates. Au fil des ans, le cinéaste a souvent eu recours à cette technique pour rendre le propos de ses films cohérent.

« Ce sont des mensonges outranciers. Je suis choqué et révolté par ses propos à l'égard de mon film, s'est insurgé Moore. Je n'ai jamais vu un ramassis de désinformation si honteux, sans aucun scrupule. Sa réinterprétation des faits est si saugrenue, tellement montée de toutes pièces et si étrange que ma première réaction a été de me dire : c'est sûrement un article qui se veut humoristique[2]. »

Moore a fini par développer l'habitude de répliquer d'une manière soutenue à tous ceux qui cherchent à le discréditer. Les échanges d'arguments qui s'ensuivent ressemblent souvent aux chamailleries d'enfants d'école : « Menteur », « Non, *toi* tu mens. » D'un film à l'autre, le style du cinéaste se précise. Moore peaufine son humour particulier et redéfinit les paramètres du documentaire. Depuis son premier succès en 1989, cependant, on lui reproche souvent de produire des œuvres qui cabotinent autant à l'écran que dans ses livres. Dans ses films, Moore laisse souvent de côté certains faits ou certains événements pour ne pas nuire à la construction dramatique de son histoire. Il veut offrir aux spectateurs la meilleure raillerie ou le meilleur argument politique pour les convaincre, en bout de ligne, d'aller voter, de militer, de mieux se renseigner ou de s'impliquer davantage au sein de leur communauté. Ses succès littéraires au sommet du palmarès des best-sellers aux États-Unis, en Grande-Bretagne, en Italie, en Allemagne, en France, en Australie, en Irlande et en Nouvelle-Zélande, ainsi que son prix Emmy, son Oscar d'Hollywood et sa Palme d'Or à Cannes le démontrent amplement : en plus d'être un meneur social, Moore est passé maître dans son domaine.

Tout écrivain, personnage politique ou membre du clergé qui monte en chaire pourra facilement s'identifier à la quête esthétique de Moore : trouver la courbe dramatique idéale pour raconter une histoire. Même si sa tribune se limite à des films projetés dans des salles de cinéma ou à des discours prononcés devant un auditoire, Moore est un porte-étendard important de la gauche. Que sait-on de l'individu qui suscite à la fois la controverse et l'admiration ? Qu'est-il devenu depuis qu'il a déployé effrontément une banderole artisanale sous le nez du président Reagan ?

Vous tenez sans doute ce livre entre vos mains parce que vous êtes attirés, comme les nombreux fans de Moore, par le mélange de témérité et de fanfaronnade du personnage. On peut remettre en question la pertinence de ses documentaires-chocs, mais on peut difficilement s'empêcher d'être impressionné par Michael Moore. Il se met à notre place et ose poser les questions qui nous brûlent la langue. Au cours de ses deux séries télévisées *TV Nation*, en 1994-1995, et *L'Amérique du Michael Moore*, Moore avait chargé ses recherchistes de trouver les coordonnées de cadres supérieurs et de politiciens bien en vue pour pouvoir aller sonner à leur porte sans crier gare. Moore s'amusait aussi à les appeler pour leur demander de rendre des comptes au sujet des politiques qu'ils venaient de mettre en place. Il ne laissait jamais ses cibles esquiver les questions. Souvent, Moore et son équipe dissimulaient la véritable intention de leur démarche derrière une façade de bons sentiments. L'attribution d'un prix d'excellence aux entreprises les plus polluantes serait un bon exemple. Ou encore, l'idée de déplacer un groupe d'hommes et de femmes gais à bord d'une caravane motorisée rose, baptisée la « Sodo-mobile », pour se rendre jusqu'à la résidence du révérend Fred Phelps, renommé pour son opposition non équivoque à l'égard des homosexuels. Dans la même veine, une chorale composée d'hommes gais s'est rendue chanter devant la résidence du sénateur de la Caroline du Nord, Jesse Helms. Qui n'a jamais rêvé d'appeler un politicien ou un chef d'entreprise à la maison pour lui faire des remontrances ? Malheureuse-ment, l'homme de la rue n'est pas épaulé, lui, par une équipe de recherchistes. Et même s'il en avait les moyens, il se ferait sans doute traîner en cour pour atteinte au droit d'autrui. Voilà ce qui explique en partie en quoi Michael Moore séduit.

Mais la bravade a ses limites. Moore en a parfois chère-ment payé le prix. En 1995, des fiers-à-bras du *Detroit News* ont brutalisé son équipe de tournage, alors que celle-ci tentait de se rendre au quai de chargement parler à des ouvriers non syndiqués. En 1998, peu après avoir décerné au riche indus-triel new-yorkais, Ira Rennert, un prix caricatural d'homme de l'année, Moore s'est vu imposer une ordonnance restrictive de la part du maire de l'époque, Rudolph Giuliani : il lui était désormais interdit de s'approcher à moins de cinquante mètres des bureaux de Rennert au Rockefeller Center. Moore ne pouvait donc plus mettre les pieds au Times Square ni compléter le tournage des séquences extérieures pour son émission télé.

J'ai voulu mieux connaître l'homme caché derrière l'infatigable batailleur et le défenseur acharné de la classe ouvrière. J'ai parlé à certains de ses bons amis, mais aussi à des gens qui ne partagent pas ses convictions. J'ai lu tout ce qu'il a écrit et tout ce qui a été dit à son sujet. Qu'en est-il de cet ancien scout capable de rassembler autour de ses convictions des citoyens de plusieurs pays, toutes allégeances politiques confondues ? Quoi que vous pensiez de l'auteur de *Mike contre-attaque* et de *Tous aux abris!*, j'ai tenu à ce que *Michael Moore, une biographie* jette un regard systématique sur la vie professionnelle du documentariste le plus célèbre de tous les temps.

Je savais que les meilleures informations au sujet du personnage à la casquette de baseball et à la modeste chemise à carreaux proviendraient de Flint, au Michigan. Moore a sillonné les quatre coins de la planète, mais il n'a jamais cessé d'être l'*incarnation* de Flint. Ou plutôt, comme pourraient le prétendre ses détracteurs, celle de Davison, une ville de banlieue moins délabrée, située à proximité de Flint. Moore, de fait, est un homme de contrastes. Il pourrait facilement prétendre être originaire des deux villes à la fois sans que l'on puisse pour autant l'accuser de mentir. Depuis le début de son militantisme international au cimetière de Bitburg, Moore n'est plus simplement « natif de Flint ». Il est devenu l'*idée* que l'on se fait d'un homme natif de Flint. Fidèle aux racines traditionnelles de sa mère patrie et à ses origines populaires, Moore défend les vertus de sa ville natale, au même titre que

Jimmy Stewart le faisait pour Bedford Falls dans *It's A Wonderful Life,* l'œuvre classique du temps des Fêtes au ton dis-
crètement socialiste. Si Michael Moore représente l'*idée* que
l'on se fait d'un homme natif de Flint, alors tous les défis et les
idéaux de la petite ville du Michigan sont aussi les siens et
ceux de tous les États-Unis.

CHAPITRE 1

Un gars du coin
Les hauts et les bas de Flint

L es autoroutes sont désertes et désuètes. Quand la nuit tombe, l'éclairage des vieilles structures de plus de cinquante ans projette un tracé bleuté le long de la route qui mène à l'agitation et au grésillement du centre-ville de Détroit. Elles sillonnent le bas de la ville avant de remonter vers le nord. Ces routes ont été construites pour la classe ouvrière de Détroit, pour des hommes et des femmes qui circulent à bord de véhicules qu'ils ont eux-mêmes assemblés. Le trajet qui mène de Cadillac Square, derrière lequel se trouvent les tours argentées du quartier général de la General Motors, jusqu'à Flint, au Michigan, n'est pas emprunté par des citoyens qui roulent sur l'or.

En janvier 1955, on avait claironné l'ouverture de l'auto-route Lodge[3]. Depuis, les médias locaux ont nuancé leurs propos. « Ce n'est pas mieux qu'un réseau de plaques de béton et d'acier en état de décrépitude. » Le lendemain de l'inauguration de l'échangeur Ford-Lodge, des milliers de moteurs sur-chauffaient déjà dans le tout premier bouchon des environs. L'incident n'est qu'un exemple parmi tant d'autres du manque de vision de la part de Détroit à l'égard de Flint, sa petite sœur voisine du Michigan. Cet échangeur est présentement fermé pour cause de travaux de réfection. La façon la plus rapide de se rendre à Flint est de rouler sur la chaussée dangereusement cabossée de la nouvelle autoroute inter États 75 qui mène directement, à une centaine de kilomètres plus au nord, à la ville qui a vu naître la General Motors et Michael Moore.

Cette route est jalonnée d'endroits bien connus. Après la traversée des Auburn Hills, en plein cœur de l'un des comtés les plus opulents des États-Unis, un immense centre commercial consacré « aux plaisirs du *shopping* » se dresse avec ses sept mille places de stationnement. Un peu plus loin sur le même tronçon de l'autoroute 75, trois bretelles débouchent sur le Palace, où vous n'êtes pas avisé de vous présenter sans afficher les couleurs de l'équipe locale, les Pistons de Détroit. Sous la blancheur laiteuse d'un ciel couvert du Michigan, il est difficile de se représenter que des célébrités ont effectué ce même trajet pour se rendre au berceau de la GM, au centre-ville de Flint. Deux porte-parole de la GM, Anita Bryant et Pat Boone (« M. Chevrolet lui-même », selon Michael Moore[4]) ont parcouru cette route, ainsi que d'autres figures locales connues comme Bob Eubanks, animateur de l'émission populaire des années 1980, *The Newlywed Game*, et Casey Casem, le roi du palmarès des Top-40 en musique pop. La bande FM offre tous les choix de musique : surtout du country, du rock classique, de la musique alternative qui est la préférée de Kasem, et la sérieuse radio publique. Une fois arrivés à Flint, on a peine à croire que cette petite ville puisse être la destination avouée de quiconque et encore moins celle de célébrités ayant défrayé les manchettes régionales à une autre époque. La ville a son lot d'hôtels Marriot et Ramada ; la nuitée moyenne pour deux adultes dans un très grand lit revient à soixante-dix dollars. Avec une population de cent vingt mille habitants, soit une baisse de 35 % par rapport au recensement de 1970[5], Flint n'est plus la plaque tournante qu'elle a déjà été.

Avant l'arrivée des premiers colons européens[6], les Indiens d'Amérique avaient nommé la voie navigable des environs : *Pawanunling*, la rivière de silex. En 1819, un marchand de fourrures du nom de Jacob Smith quitta Détroit pour venir implanter un poste de traite dans la région située plus au nord. En 1855, la colonie sera incorporée et deviendra la ville de Flint. La traite des fourrures sera suivie de l'industrie forestière, qui cèdera ensuite sa place à la fabrication de voitures tirées par des chevaux. Devenu le plus important centre manufacturier de voitures à chevaux au monde, Flint sera surnommé « Ville du véhicule », surnom qui gardera sa pertinence lorsqu'en 1908, William C. Durant viendra y fonder la compagnie General Motors. Durant espérait stabiliser l'industrie naissante de l'automobile. Il acheta plusieurs petits constructeurs automobiles en difficulté financière en vue de constituer un monopole. En 1920, la Ford Motors, son principal compétiteur, détenait toujours plus de 60 % des parts du marché. La situation de la GM changera, toutefois, lorsqu'un brillant ingénieur du nom d'Alfred P. Sloane prendra les rênes de l'entreprise. Son approche était révolutionnaire. Sloane était convaincu que les goûts du consommateur pouvaient être « usinés » aussi facilement que les roulements à billes. Selon l'ingénieur, « lors de l'achat d'une voiture, l'aspect du véhicule constitue l'un des attraits les plus importants à considérer, sinon *le* plus important, puisque finalement, tout le monde sait que la voiture roulera[7]. »

La personnalisation des marques de la GM – Chevrolet, Pontiac, Oldsmobile, Buick et Cadillac – propulsera la compagnie au sommet de l'industrie automobile et la GM deviendra le moteur économique des années folles. Au moment du crash économique de 1929, la compagnie employait quatre-vingt-six mille ouvriers. Ses actions se vendaient 45 $ l'unité avant de s'effondrer à 3,75 $. Des milliers de travailleurs affectés aux chaînes de montage se retrouvèrent dans une situation financière précaire. En l'espace de sept ans, les employés de la GM devaient devenir l'emblème vivant de la colère des années 1930.

Bien qu'elles aient eu des revendications nombreuses et fondées, 80 % des familles de Flint dépendaient directement de la GM pour leur survie. La petite agglomération deviendra vite synonyme de « ville fermée ». Les écoles et les résidences avaient toutes été construites avec l'argent de la GM. Même les journaux et le gouvernement municipal étaient une création de la compagnie. Lorsque le syndicat des Travailleurs unis de l'automobile arrive, en 1936, un défi de taille semblable au débarquement des troupes alliées se profile à l'horizon : rallier les ouvriers de Flint à la cause syndicale, ce qui équivalait à convertir le pape à une autre religion.

En dépit des obstacles, Flint finira par passer du statut de ville fermée à ville ouvrière syndiquée. On envoya à Flint les meilleurs recruteurs de Cleveland et de Toledo. Les ouvriers locaux ne toléraient plus leurs conditions de travail et étaient disposés à assister à des assemblées secrètes. La ville de Flint avait déjà été le théâtre de deux tentatives de grève en 1930 et 1934, sans que les travailleurs n'occupent toutefois les lieux comme lors des arrêts de travail de la White Motors à Cleveland et de l'AutoLite à Toledo. Investir l'intérieur de l'usine était considéré comme illégal, mais se révéla un moyen de pression terriblement efficace. Lorsque les ouvriers s'introduisirent sans permission sur les lieux de l'entreprise, les esprits s'échauffèrent. Un tel geste dénotait un manque de respect pour la propriété privée en plus d'aller à l'encontre de l'esprit patriotique américain. Les grévistes furent accusés ouvertement d'être à la solde des « communistes », mais ni les ouvriers désillusionnés ni les recruteurs de renom, Bob Travis et les frères Reuther, ne se laissèrent berner. Pressentant la probabilité d'une grève avec occupation, la direction se mit à sortir l'équipement de l'usine Fisher II, le 29 décembre 1936, deux jours avant l'arrêt de travail prévu par les ouvriers. En l'absence du matériel requis pour construire les voitures, les travailleurs perdaient presque tout espoir d'en arriver à une entente et de récupérer leur emploi. Les ouvriers se mobilisèrent rapidement et décidèrent de déclencher la grève. La nouvelle de l'occupation de l'usine voyagea vite et le lendemain, ce fut au tour de l'usine Fisher I d'être occupée[8].

Une femme de Flint commenta ainsi l'intention de son mari d'aller en grève : « Il est arrivé à la maison, un soir... et m'a dit de ne pas être étonnée s'il devait ne jamais revenir. Il disait que la seule façon d'en arriver à une entente était d'aller jusqu'au bout, et que s'il était l'un de ceux qui se faisaient descendre, la cause en aurait valu la peine[9]. »

À cette époque, l'intégrité physique des ouvriers en arrêt de travail était véritablement menacée, une situation tout à fait différente de celle des grévistes nord-américains qui font aujourd'hui du piquetage, en criant des slogans. Considérant que la grève était une opération à haut risque, les hommes de la GM se déplaçaient en bataillon. Des groupes s'occupaient des besoins les plus essentiels comme le ménage des lieux et l'organisation de divertissements avec dés, cartes à jouer et joueurs d'harmonica[10]. Avec une précision digne des vétérans de la Première Guerre mondiale, d'autres formaient des comités pour faire du piquetage, assurer leur défense et obtenir des vivres. Le mouvement gréviste fut d'une telle efficacité que certains ouvriers arrivèrent même à se rendre dans leur famille célébrer le nouvel An et revenir à l'usine poursuivre l'occupation des lieux. Au cours du conflit de travail qui durera quarante-quatre jours, la GM coupa le chauffage et refusa de fournir du charbon. Ce n'est que lorsque les grévistes se mirent à brûler des rouleaux entiers de toile pour se réchauffer que l'administration reviendra sur sa décision[11]. En dépit des rumeurs qui circulaient à l'effet que l'on ferait peut-être sortir les ouvriers de l'usine à la pointe du fusil, les grévistes veillèrent, tout au long du conflit, à maintenir les lieux en bon état[12].

Durant l'arrêt de travail, la GM, comme toutes les grandes entreprises actuelles, reçut l'appui des médias et des autorités judiciaires. En dépit de cela, le 11 février 1937, les ouvriers obtinrent le droit de se syndiquer sans subir de sanctions ni être menacés de perdre leur emploi.

Au début des années 1950, Flint respirait la prospérité. Après une longue lutte, les ouvriers avaient obtenu le droit à un salaire équitable. Leur nouvelle sécurité financière permettait à leur famille de mener ce que l'on finirait par appeler « le train de vie d'un ouvrier de la classe moyenne ». À Flint, les contraires s'attiraient. Socialistes et capitalistes faisaient bon ménage, alors qu'ailleurs aux États-Unis, ils se disputaient la meilleure part du milieu ouvrier. Pour plusieurs, ce fut l'apogée d'une période caractérisée par la prospérité d'après-guerre et la responsabilité sociale des entreprises. Un résident de Flint, né durant les meilleures années de cette économie idyllique, en resterait marqué pour le reste de ses jours.

Michael Moore voit le jour à Davison, une banlieue de Flint, le 23 avril 1954, l'année même où la GM produisit son cinquante millionième véhicule. Ses parents catholiques sont d'origine irlandaise. Une photo d'enfance montre Moore réfugié dans les replis de la jupe de sa mère pour tenter de fuir le regard intrusif du photographe. La famille élargie n'est jamais très loin autour de Flint. Michael est le seul garçon de sa famille et l'aîné de ses deux sœurs, Anne et Veronica. Toutes deux se dirigeront vers l'enseignement, mais Anne deviendra plus tard avocate de la défense. Michael a les traits de son père, Frank, et les cheveux roux de sa mère, Veronica. L'espace situé au-delà des limites de la ville a les allures utopiques d'une réalité virtuelle : les cours arrière s'ouvrent sur des sous-bois. La distance qui sépare les lotissements d'habitations modestes rend indispensable la possession d'une voiture. Tous les matins, une flotte de véhicules transporte un corps ouvrier, dont l'horaire de travail est réglé au quart de tour. Le père de Michael travaille de six heures du matin à quatorze heures l'après-midi. Une bonne partie des activités du week-end gravite autour de la voiture. Partout dans la ville, on astique les voitures, on répare les voitures, on parle de voitures. Moore, quant à lui, consacre beaucoup de son temps au cinéma, à visionner « sans doute trois ou quatre films par semaine, parfois même cinq[13] ». Bien qu'il soit timide à ses heures, Moore est de nature sociable. Pendant ses temps libres, il pratique la pêche, fait du scoutisme et se joint au club de tir de la National Rifle Association.

Moore trouve l'école « mortellement ennuyeuse[14]. » Sa mère Veronica, qui avait été une première de classe, lui avait appris à lire bien avant le début de sa vie d'écolier. Dans une scène digne du film *To Kill a Mockingbird*, où Moore jouerait le rôle-titre d'Atticus Finch, l'élève modèle « dissimule du mieux qu'il le peut son ennui tandis que les autres enfants chantent machinalement l'alphabet ». Après un mois de ce manège, les religieuses de l'école élémentaire Saint John proposent de faire passer Michael de la première à la deuxième année. La mère de Michael s'y oppose car, ironiquement, elle ne veut pas que son fils soit toujours « le plus petit » des élèves de son groupe. Il resta donc en première année. Moore n'aima jamais l'école[15] et passa le plus clair de son temps à écrire des pièces de théâtre et à réunir en secret ses compagnons de classe pour mener à bien son ambitieux projet : fonder un journal. Il s'y prendra à trois reprises, mais chaque fois, les religieuses s'empresseront de démanteler l'entreprise. En huitième année, on lui interdira de jouer dans une pièce qu'il venait d'écrire lorsque l'on constata qu'elle traitait de la présence de rats dans la salle paroissiale de Saint John. En guise de protestation, Moore arrivera à convaincre la moitié des membres de la chorale de se tenir debout, sur scène, en silence, au lieu de chanter avec les autres. En dépit de ses écarts de conduite, Moore est un enfant intelligent et vertueux. Il se cherche un métier qui lui évitera d'entrer à l'usine de la GM. Pour y arriver, il choisit de jouer le jeu du système qu'il s'efforce tant de contester.

À 14 ans, Moore est inscrit à un petit séminaire. Être prêtre lui permettrait d'entrer plus facilement en contact avec les autres pour pouvoir parler au nom d'une communauté. Mais moins d'un an plus tard, Moore comprendra qu'il n'est pas prêt à sacrifier ses intérêts pour se plier aux interdits du séminaire, celui de regarder le baseball, par exemple. Voilà qui peut sembler sans importance, mais tout amateur de sport qui se respecte se devait d'être au courant, cette année-là, des exploits des Tigers de Détroit, en Séries Mondiales. Et puis, il y avait la question des filles : les classes du séminaire n'étaient pas mixtes, mais la fanfare l'était. Bref, l'interdiction du baseball, les filles du corps de musique et son aversion naturelle pour l'autorité se conjugueront pour enclencher chez lui un changement profond. Au bout d'un an, il quittera le séminaire pour entreprendre sa dixième année à l'école secondaire de Davison.

En 1968, les États-Unis sont aux prises avec la crise sociopolitique la plus grave depuis la guerre civile. La nouvelle du massacre du village de My Lai, au Vietnam, vient d'éclater dans les médias alors que le général Westmoreland vient de demander l'envoi de deux cent mille soldats supplémentaires au Vietnam. Un militantisme nouveau genre voit le jour, mélange à la fois de vaudeville et de bolchevisme, personnifié surtout par les boutades d'Abbie Hoffman. Les militants de ce théâtre à saveur politique ridiculisent l'*establishment* en recourant à des démonstrations extrêmes. Quelques centaines de hippies, par exemple, tentent de faire léviter l'édifice du Pentagone pour en exorciser les mauvais esprits. D'autres manifestants proposent la candidature d'un cochon dans la course aux élections présidentielles. L'onde de choc se rendra jusqu'à la ville de Flint. Moore absorbe la vague de changements autour de lui. Au cours d'une présentation, puisant dans sa vaste expérience du monde des scouts, il dévoile les pratiques environnementales peu reluisantes des commerces de Flint. Son diaporama lui vaudra un badge d'honneur au sein du mouvement scout et déjà, à l'âge de 15 ans, la réprobation de plusieurs entreprises locales. La dénonciation de Moore marquera le début d'une longue relation d'amourhaine avec la ville de Flint et le coup d'envoi d'une vie consacrée à la provocation politique.

À l'école, Moore se sent brimé aussi bien sur le plan des émotions que sur celui de la créativité. « Vers la dixième année, j'ai commencé à comprendre que l'école n'était pas conçue pour nous apprendre à lire, compter ou écrire, mais plutôt pour nous former à l'uniformité, la suffisance et le conformisme », se souvient-il. Moore se laisse pousser les cheveux, joue de la guitare et s'évade sur des airs de musique rock. « Les cheveux m'allaient jusqu'à la moitié du dos », mentionne-t-il dans une entrevue. « Tous mes amis consommaient des drogues. J'avais toujours peur [d'en prendre]. À cette époque, je planais déjà de manière naturelle. Je n'avais aucun besoin de substances illicites[16]. »

En 1972, le nombre de troupes impliquées dans la guerre au Vietnam décroît, mais la conscription doit rester en vigueur encore un an. « Assez vieux pour mourir, assez vieux pour voter », devient le slogan contestataire scandé par la génération susceptible d'aller grossir les rangs de l'armée, mais trop jeune encore pour être gratifiée du droit de vote. Lorsque l'âge légal pour voter passera de 21 ans à 18 ans, Moore décidera qu'il est non seulement assez vieux pour inscrire un X sur un bulletin de vote, mais aussi pour y voir apparaître son propre nom. Au printemps 1972, ayant tout juste atteint l'âge de la majorité, Moore présenta sa candidature au conseil scolaire. Son dernier semestre d'études à l'école secondaire Davison n'était même pas encore terminé. Avant même d'avoir reçu son diplôme, il devint la plus jeune personne de toute l'histoire de Flint à être élue à une charge publique[17]. Son objectif premier : destituer le directeur et le directeur adjoint de son école secondaire.

Moore réussit à se faire élire et vit à ce que le directeur de l'établissement et son adjoint finissent par quitter les lieux. Pour Moore, ce n'était que le début d'une longue série de combats. Il luttera pour faire respecter les droits des étudiants et apportera son soutien au syndicat des enseignants. Il poursuivra le conseil scolaire en justice pour obtenir le droit d'enregistrer les réunions publiques du conseil. Lorsque le conseil scolaire cherchera à se réunir en son absence, Moore le dénoncera au procureur général du Michigan, qui renverra ensuite l'affaire devant les tribunaux[18].

À force de voir ses amis recrutés pour aller se faire tuer au Vietnam, Moore cessa de jurer fidélité au drapeau américain.

Il écrivit une pièce pour humilier les gens d'affaires de sa communauté. Il proposa que la nouvelle école primaire d'un district à prédominance blanche à 99 % porte le nom de Martin Luther King, Jr. Les élus municipaux, il va sans dire, cherchèrent désespérément à se défaire de lui. Des années plus tard, Don Hammond, un résident de longue date de Davison, dira au *Detroit Free Press* : « Le mot qui décrit le mieux Michael Moore est "gênant". Partout où il va, il gêne. » Selon Hammond, on a déjà vu Moore enlever ses chaussures et ses chaussettes pour se nettoyer les orteils alors qu'il siégeait à une réunion du conseil scolaire. Hammond se souvient d'une autre occasion où Moore s'est levé de table à une réunion du conseil en disant : « Je ne veux plus m'asseoir avec des voyous de votre espèce[19] ».

En décembre 1974, deux ans à peine après son élection au sein du conseil, un vote à question unique fut soumis aux électeurs à l'effet d'expulser Moore de son poste. La tenue d'un tel vote supposait la circulation d'une pétition. Au début, les pétitions circulèrent bien, mais on ne réussit pas à recueillir la quantité requise de noms pour tenir un scrutin. Un juge prolongea la période des pétitions. D'autres noms s'ajoutèrent, mais toujours en nombre insuffisant pour justifier la tenue d'un vote. Le juge prolongea à nouveau la durée de la collecte de signatures tant et si bien qu'on finit par décider de passer aux urnes, en dépit du fait que plusieurs des noms qui figuraient sur les pétitions étaient fictifs ou appartenaient à des personnes décédées. Qu'à cela ne tienne, le juge décida que la communauté tenait à s'exprimer sur le sort politique de Moore et annonça que le vote aurait lieu. Selon Moore, on avait choisi de tenir le vote durant la période des Fêtes de manière à limiter le nombre de participants. Toujours d'après Moore, cependant, « on connut le plus haut taux de participation de toute

l'histoire du district scolaire, toutes élections confondues ».
Moore remporta le vote par une marge de trois cent douze voix
et maintint son droit de siéger au sein du conseil scolaire.

La carrière politique de Moore avait cependant commencé bien avant qu'il se présente comme candidat à ses premières élections. Le point tournant de son engagement
coïncide avec sa décision de ne pas prendre le chemin de
l'usine de la ville. Il aurait ainsi tout le temps voulu pour se
mettre aux trousses des grandes entreprises. D'une génération
à une autre, la vie des membres de la famille Moore n'avait fait
qu'un avec celle de l'industrie automobile. De père en fils, on
poinçonnait sa fiche de présence dans l'horodateur de la plus
grosse entreprise en Amérique. L'oncle de Moore avait participé à la grève d'occupation des années 1936-1937. Pendant
plus de trente ans, le père de Moore, Frank, avait été employé
à l'usine AC Spark Plug. Si la carrière de documentariste de
Michael Moore fut lancée en plaçant la General Motors au
cœur de son cinéma, sa lutte contre le constructeur automobile
avait débuté plusieurs décennies avant qu'il songe à dénoncer
l'absence d'éthique et le manque de compassion de la compagnie. Dans une ville ouvrière dominée par une industrie, un
problème difficile à résoudre survient toujours dans l'esprit
d'un enfant lorsqu'on lui demande : « Et toi, que veux-tu faire
quand tu seras grand ? » Bien entendu, on présente d'abord à
l'enfant le choix des métiers convenus : médecin, infirmière,
facteur, pompier, professeur, policier. Mais pourquoi ne pas
suivre les traces de ses parents qui vous mènent directement
à l'entrée de l'usine de la General Motors ?

Un ami de Moore, Ben Hamper, se souvient d'être allé
visiter l'usine Fisher 1 avec son père au cours des « soirées fa-
miliales » annuelles[20]. Contrairement à Moore, Hamper avait
véritablement grandi à Flint. Jeune, il rêvait de devenir poète.

Il repoussa son entrée à l'usine de la GM le plus longtemps possible. L'appel inévitable du destin finit tout de même par se faire entendre. Après dix années de service, Hamper souffrit d'épuisement professionnel et dut se rendre dans une clinique de santé mentale pour y soigner une dépression nerveuse. Plus tard, on verra Hamper dans *Roger and Me*, puis, en page couverture du premier numéro du magazine *Mother Jones* avec Moore au poste de rédacteur en chef. Depuis son premier succès en librairie, Hamper est mieux connu sous le nom de *Rivethead*, Tête-de-rivet. Dans l'ouvrage du même nom, Hamper décrit son constat décevant d'apprendre que le travail d'usine à la GM ne ressemble en rien à l'assemblage de modèles réduits.

Dès l'âge de sept ans, Hamper était déjà déterminé, tout comme Moore, à ne pas suivre les traces de son père. « Nous étions plantés là, à l'usine, durant une quarantaine de minutes qui me paraissaient une éternité, pendant que la même séquence de tâches se répétait : voiture, pare-brise, voiture, pare-brise. Une couche d'ennui par-dessus une autre couche d'ennui. Une cigarette, une autre cigarette. Des décennies d'ouvrage de tâcheron qui fuient le long des poutres d'acier. Des squelettes qui deviendraient de la poussière d'os. J'avais envie de hurler ma révolte : "Papa, change de vie !" »

Aux yeux de Moore, les vrais héros étaient ceux qui « arrivent à se sauver de l'usine et à quitter les lieux[21] » : les rebelles, les artistes et les icônes du monde rock, comme « les gars de la Grand Funk Railroad ». En vérité, Moore avait été embauché par l'usine Buick de la General Motors dès sa sortie de l'école secondaire, mais il ne s'était pas présenté au travail une seule journée.

Il racontera, en parlant de *Roger & Me* : « Je me suis réveillé, ce matin-là, en me disant, encore allongé sur mon lit :

"Diable, je ne veux pas aller travailler dans une usine." » Plusieurs de ses collègues fraîchement diplômés de l'école secondaire franchiraient les portes de l'usine avec l'intention d'y travailler pour l'été seulement. Presque tous n'en ressortiraient que trente ans plus tard. Presque tous, sauf Hamper, qui partira au bout d'une dizaine d'années à cause du travail abrutissant et des menaces de fermeture. Hamper écrit : « Dès que l'on fit savoir que l'on avait besoin de rats d'usine, mes ancêtres ont répondu à l'appel dans un élan commun de soumission quasi-pavlovienne. Les branches de mon arbre généalogique ploient sous le poids de générations d'hommes et de femmes déterminés à tendre la main vers ce grand rêve motorisé[22]. »

Le matin de cette première journée d'ouvrage, en 1972, Moore resta donc étendu sur son lit à fixer les tuiles rafistolées du faux plafond de sa chambre à coucher. Puis, il souleva le combiné pour annoncer à son contremaître qu'il ne se présenterait pas à l'usine : « Je ne peux pas ». Par ces quatre mots, Moore venait de mettre un terme à des années de tradition familiale[23].

Il resta au lit, y tenant sa propre version d'une grève des bras croisés. Son arrêt de travail improvisé changerait le cours de sa vie et celle de Flint, à tout jamais. S'il n'avait pas agi ainsi, Moore n'aurait jamais pu tenir la chronique de la mort lente de Flint, ni durant sa carrière de dix ans en tant qu'éditeur d'un journal alternatif, ni en tant que réalisateur de films et d'émissions de télévision, ni en tant qu'auteur et militant.

CHAPITRE 2
La liberté, l'indépendance

La guerre du Vietnam est terminée. Le scandale du Watergate et la chute du président Nixon ne sont plus qu'un mauvais souvenir. Mais les États-Unis sont plongés dans le marasme. Seule la tenue des célébrations du bicentenaire de la Déclaration d'indépendance viendra atténuer en partie la disgrâce sociopolitique du milieu des années 1970. Jamais depuis l'inauguration du Mont Rushmore, les États-Unis n'ont été remués d'une telle ferveur patriotique. Dans un élan de nostalgie, à moins que ce ne soit pour échapper à la réalité, le pays au complet se drape des couleurs bleu blanc rouge. Un peu partout, les noms d'innombrables villes sont blasonnés dans du verre en fusion, suivis de l'année en cours, 1976, autant de babioles et de presse-papiers pour afficher sa fierté patriotique.

Les Américains sont plus que jamais déterminés à « passer une bonne journée ». L'année 1976 accouchera de quelques aspirants notables au titre de « patriote de l'année ». Le tournage de *Star Wars*, réalisé par George Lucas, est déjà entamé. La mise en scène est claire et accessible. Les bons se battent contre les méchants et le scénario n'est pas encombré d'antihéros importuns. À Hollywood, les membres du groupe rock KISS enfoncent l'empreinte de leurs bottes à plate-forme aux traits animaliers dans le ciment frais du célèbre trottoir du

Grauman Chinese Theatre. L'album des Eagles, *Greatest Hits 1971-1975,* se vend à plus d'un million d'exemplaires et Bruce Springsteen, le héros de Michael Moore, se fait intercepter par les gardiens de sécurité de Graceland alors qu'il grimpe le mur qui entoure la résidence de son idole, Elvis Presley. À Flint, Moore a 22 ans. Le mépris facile, il est prêt à essayer n'importe quoi qui se présenterait à un homme maintenant assez vieux pour avoir redouté d'être conscrit, mais trop jeune pour avoir goûté aux plaisirs de l'« été de l'amour » de 1969. Animé du dévouement typique et capricieux que l'on ne trouve qu'à cet âge, Moore multiplie les engagements. Il manifeste contre le nucléaire, réalise une série de films et anime *Radio Free Flint*, le dimanche matin.

Nous savons peu de choses au sujet du Moore de cette époque. Ce qu'il a choisi de dévoiler aux médias, cependant – ou de ne pas dire, c'est selon –, est encore plus intéressant que ce qu'il fait réellement. À peu près rien n'a été écrit sur cette période de sa vie, peut-être parce que ces années auront été cruciales dans le développement du croisé familier, coiffé d'une casquette de baseball, qui part à la recherche de la vérité dans *Roger & Me*. Lors de ses entrevues, Moore se livre très peu. Même dans les articles de magazines plus fouillés comme ceux qui sont parus dans le *New Yorker* ou *Rolling Stone*, on apprend tout au plus une ou deux choses sur sa vie privée. Ses notes biographiques ou son blog ne nous en apprennent pas plus.

Que se passe-t-il quand une célébrité, ou tout autre citoyen d'ailleurs, sélectionne les éléments de son passé qui pourront être dévoilés ? Une fabrication s'opère. Nous possédons tous une interprétation subjective de la personne que nous sommes, une idée de nos qualités intrinsèques et du rôle que nous pouvons jouer. Par exemple, j'écris ce livre, je suis donc une Écrivaine (avec un É majuscule). On peut supposer que je travaille seule (et donc que je suis introvertie), que j'exerce un métier qui n'est pas toujours bien rémunéré (et que je suis, par conséquent, prête à tout pour gagner ma vie ou au contraire, que je suis une femme noble et d'une éthique exemplaire) et que je suis (du moins je l'espère) intelligente. Si j'avais à me décrire, il se pourrait très bien que je possède ces traits de caractère. Je pourrais adopter un comportement réservé, une timidité affectée, avoir le matérialisme en aversion, tenter d'impressionner les autres par ma connaissance des arts, de la littérature, du cinéma et du monde politique, etc. Malgré tout cela, je répondrais à toutes les questions, même les plus indiscrètes. Vous pourriez tout savoir à mon sujet : le lieu où j'ai grandi, l'ambiance dans ma famille, le nombre de frères et de sœurs que j'ai eus et mes rapports avec chacun d'entre eux, pourquoi j'ai choisi d'entreprendre ces études dans tel établissement, mes motifs quant au choix de mes amoureux et enfin, toutes les considérations qui ont déterminé mon plan de carrière. Voilà de bons sujets de conversation, mais entre amis et autour d'un verre. C'est précisément là le problème : ce ne sont pas des sujets qui intéressent les journalistes.

Les journalistes rapporteront que Moore a poursuivi des études pendant un certain temps au campus Flint de l'Université du Michigan. En fait, pendant un an seulement. Puis, il décrochera. Une fois de plus, des liens se tissent entre sa vie… et les voitures. À bord de sa Chevrolet Impala 1969, Moore se cherchait une place de stationnement depuis plus d'une heure. Incapable d'en trouver une, il abaissa la vitre de sa portière et hurla : « J'en ai marre ! Je décroche ! » Moore revint chez lui annoncer à ses parents qu'il abandonnait les études[24]. On peut voir Moore comme un homme passionné, impulsif et toujours prêt à défendre âprement ses convictions, mais on peut aussi dire de lui qu'il est « soupe au lait » et qu'il manque de jugement. En réalité, les journalistes qui veulent en savoir plus long sont confrontés à la difficulté du fait que Moore lui-même se considère comme un journaliste. Il est plus facile de glaner des renseignements auprès d'une vedette à sensation – Britney Spears, par exemple, ou les jumelles Olson – que d'apprendre du nouveau au sujet de Moore. Pourquoi ? Tout simplement parce que c'est lui qui pose les questions. Lorsqu'il daigne répondre, il livre un reportage sur lui-même, habituellement à saveur politique. Il en résulte un flot d'articles de magazine et de blogs dans lesquels on trouve deux reporters plutôt qu'un interviewer et son sujet. Voilà pourquoi lorsque nous lisons l'histoire de la vie de Moore, nous devons garder en tête que sa vie n'est justement que cela : une histoire.

Ainsi, après son bref séjour à l'université et un peu de militantisme à la va-comme-je-te-pousse, le journalisme alternatif devint la nouvelle vocation de Moore. La maison du 5005 Lapeer Road est toujours sise sur un paisible lopin de terre, à mi-chemin entre la ville et la campagne. Avec sa véranda recouverte, ses deux étages et son sous-sol, ses murs blancs et son toit rouge, on dirait la demeure d'un médecin de campagne dans un film des années 1940. C'est ici, aux confins des municipalités de Flint, Davison et Burton, que Moore jeta les bases de son nouveau projet. Le service d'assistance téléphonique Davison animera la maison vingt-quatre heures sur vingt-quatre et servira de base à la publication de son bulletin de liaison, *Free To Be*[25]. Le jour où j'ai frappé à la porte, personne n'a répondu. Les lieux sont désormais occupés par un bureau d'avocats qui offre un service d'aide juridique vingt-quatre heures sur vingt-quatre. Une telle disponibilité reflète la régularité avec laquelle se commettent des actes criminels ces dernières années, une âpre ironie qui n'échapperait sûrement pas à Moore lui-même. À l'époque, le service d'assistance téléphonique se décrivait comme un « centre d'intervention de crise et de croissance personnelle prônant l'amélioration des conditions de vie collective et individuelle » et proposait « un bureau de défense des droits des jeunes, un refuge pour les fugueurs, des tests de grossesse gratuits, une aide pour les victimes de surdose, des groupes de croissance inspirés de l'analyse transactionnelle, un lieu pour faciliter la communication en famille, un espace de clarification des valeurs, une assistance pour la défense des droits des étudiants, une aide préventive en toxicomanie, de l'information sur le contrôle des naissances, un programme d'échange de connaissances et un service de rapprochement avec la communauté ». S'il peut être amusant de s'imaginer Moore en train de vanter les mérites de la méditation ou des groupes de soutien relationnel, il faut se rappeler qu'à cette époque, la pratique de cultures alternatives s'entremêlait encore souvent à l'émancipation politique.

Bien sûr, le choc de ces deux mouvements dérangeait les autorités locales. La première édition de *Free to Be* est un reflet fidèle de cette période. La mise en page fantaisiste, chapeautée par un logo dessiné à la main, essaie tant bien que mal de se donner une allure professionnelle. Sur la page couverture apparaît un individu qui fera la *une* de plusieurs autres éditions au cours des cinq années suivantes : Harry Chapin. Ce chanteur de folk venait de donner un concert bénéfice qui avait permis à Moore d'implanter le service d'assistance téléphonique.

Au cours de sa première année de parution, *Free to Be* vit son tirage augmenter si bien qu'en décembre 1977, il se transforma en journal alternatif, le *Flint Voice*. Plusieurs des journaux de ce genre fondés au cours des années 1970 s'inspiraient du *Village Voice*, l'hebdomadaire engagé de New York cofondé par Norman Mailer, en 1955. Dans les bureaux improvisés du *Flint Voice*, un groupe de jeunes idéalistes aux cheveux longs se réunit pour la première fois dans ce qui deviendra leur quartier général. Le jour de son ultime tirage, alors qu'il portait depuis 1983 le nom du *Michigan Voice*, une photo de leur premier fait d'armes fut publiée : on y voit le même groupe de jeunes idéalistes aux cheveux longs en train de couler le béton du premier trottoir de la municipalité de Burton. Car les autorités n'étaient pas chaudes à l'idée de voir naître le service d'aide téléphonique. Une crainte irrationnelle de se trouver aux prises avec d'innombrables mineures enceintes et toxicomanes leur trottait dans la tête. Les administrations locales tentèrent de démanteler l'organisation en prétextant lui imposer les mêmes critères administratifs que ceux qui étaient requis pour tout autre commerce situé en zone résidentielle. On prétendit donc que mener une entreprise sans trottoir devant la devanture n'était pas sécuritaire. Moore, qui n'avait jamais baissé les bras devant l'adversité, n'allait pas commencer à le faire maintenant. Chacun des jeunes idéalistes aux cheveux longs s'y mit et la construction d'un trottoir fut vite achevée. Cette simple surface de ciment devint un emblème d'espoir et d'idéalisme. Ils y tracèrent deux inscriptions. La première était un cri de ralliement : « *We shall stay free* ». La seconde reproduisait l'article premier du premier amendement à la constitution des États-Unis : « Le Congrès ne fera aucune loi qui touche l'établissement ou interdise le libre exercice d'une religion ni qui restreigne la liberté de la parole ou de la presse, ou le droit qu'a le peuple de s'assembler paisiblement et d'adresser des pétitions au gouvernement pour la réparation des torts dont il a à se plaindre. »

L'expérience acquise à l'école primaire, avec ses projets de journalisme d'enquête avortés par les bonnes sœurs, aura servi d'inspiration à Moore. Il développa ainsi encore davantage ses qualités de meneur et d'administrateur. C'est grâce à la tenue de plusieurs concerts bénéfices que le *Flint Voice* vit le jour. Fondée par Moore et dirigée par un groupe d'employés en constante mutation, la publication proposait des informations émanant de la contre-culture. Ben Hamper, un ami de Moore, connu aussi sous le nom de Tête-de-rivet, qui signait la chronique du même nom, la plus populaire du journal, rappelle ses premières impressions du *Flint Voice* : c'était « une sorte de relique hippie réunissant gauchement un groupe de râleurs accrochés désespérément à l'idée de réinventer les années 1960. Ils se prenaient beaucoup trop au sérieux. Aucun d'entre eux n'avait le talent d'écrire une phrase qui se tenait. La *une* de leur journal claironnait triomphalement : "En ces temps difficiles, nous devons prendre la parole[26]". » Selon Hamper, cette devise n'était pas tout à fait injustifiée. À cette époque, la ville de Flint était aux prises avec de sérieuses difficultés d'ordre économique, politique et racial. Des articles parus dans le *Voice* dénoncèrent les agissements du Ku Klux Klan dans la région et attribuèrent à la petite municipalité le titre peu enviable de ville américaine comptant le plus grand nombre de victimes abattues par des policiers. Avant l'arrivée de Hamper au sein de l'équipe du journal, l'image de Moore était déjà bien imprimée dans la conscience collective de Flint. Il était partout : à la télé, au micro de son émission radiophonique et au cœur des joutes verbales des réunions du conseil municipal. Des feuillets du *Voice* tapissaient l'entrée des casse-croûtes et des magasins de vins et spiritueux.

Trouver du financement demeurait cependant un défi constant. Moore dut organiser souvent des campagnes de financement pour mettre sur pied bon nombre de ses projets. Des parties de bingo servirent à financer le *Voice* et l'achat de pellicules 16 mm pour le tournage de son premier film, *Roger & Me*. Plus tard, au cours de sa propre émission de télévision du milieu des années 1990, *TV Nation*, Moore se moqua de la notion même de campagne de financement. En 1994, il organisa en plein centre-ville de New York un concert bénéfice intitulé : « Au secours des entreprises », pour solliciter des dons destinés à venir en aide, dérisoirement, aux grandes entreprises durement frappées par de lourdes amendes pour avoir été reconnues coupables, comme la compagnie Exxon, de désastres environnementaux. Dès ses débuts un peu austères au *Voice*, Moore possédait déjà le flair pour repérer le bon filon. Puisque la ville de Flint ne se trouvait pas vraiment sur l'itinéraire de tournée des chanteurs ou des groupes musicaux, Moore se rendit recruter une vedette dans la ville voisine de Grand Rapids. À la fin d'une représentation du populaire chanteur de folk, Harry Chapin, il se faufila habilement jusqu'à sa loge. Presque expulsé par les gardiens de sécurité, Moore parvint à convaincre Chapin de donner un concert bénéfice au profit de son service d'assistance téléphonique[27]. Par la suite, les deux entretiendront des liens étroits tout au long de l'existence du *Voice*.

Au moment de leur première rencontre, Chapin avait déjà reçu deux disques d'or et avait été mis en nomination pour un Emmy, deux prix Grammy et un Oscar. Il avait 33 ans et avait donné des concerts bénéfice au profit de Ralph Nader et de World Hunger pour combattre la faim dans le monde. Comment diable Moore s'y était-il pris pour faire appel au chanteur de *Taxi* et le convaincre d'apporter son appui au service d'assistance téléphonique de Flint ?

Lors d'une entrevue portant sur un autre sujet, Hamper avait ceci à dire à propos de la facilité avec laquelle Moore arrive à charmer et convaincre : « Je savais depuis fort, fort longtemps que Michael Moore était un maître absolu dans l'art de la ruse et de la persuasion, il aurait sans doute été capable de convaincre Hitler d'être l'hôte d'une bar-mitsva. » Toujours selon Tête-de-rivet, « pas moins de onze concerts bénéfice ont été organisés pour venir en aide au *Flint Voice* », rapportant ainsi à ce petit journal aux grandes ambitions la rondelette somme d'un demi-million de dollars. Le journal de Moore venait de se dénicher un mentor efficace à la hauteur de ses aspirations. L'interprète de folk country de *Cat's in the Cradle*, lui, était soudainement devenu le nouveau fils adoptif de toute une communauté. Avec les fonds, Moore acheta la maison de Burton qui devint le siège des bureaux du journal. On se procura un ordinateur pour faciliter la composition ty-pographique, du matériel pour la mise en page, une impri-mante, des photocopieurs et des appareils téléphoniques plus appropriés. Le service de soutien téléphonique *Free To Be* comptait désormais parmi ses rangs des publicitaires et des se-crétaires. Du jour au lendemain, le service communautaire local, avec son bulletin de liaison, était devenu une salle de rédaction à part entière.

Au début des années 1980, le service d'aide avait disparu, mais Harry Chapin continua à appuyer Moore et le *Voice*. Le fonctionnement du journal fut assuré pendant plusieurs années par le soutien financier généreux de Chapin et de plu-sieurs de ses amis : le trio folk Peter, Paul and Mary, ainsi que Melanie, dont la chanson inspirée du festival de Woodstock, *Candles in the Rain*, n'était plus qu'un vague souvenir au moment de son implication au *Voice*. Puis subitement, le 15 juin 1981, Chapin trouva la mort dans un accident de la route. Hamper apprit la nouvelle du décès à la radio, en se ren-dant en voiture rencontrer Moore pour la première fois.

Hamper s'arrêta au premier *night shop,* y acheta une douzaine de bières, puis reprit la route en direction de chez lui. Il savait trop bien ce que signifiait la perte de Chapin pour Moore et le *Flint Voice*.

Petit à petit, dans les bureaux du *Voice*, Hamper commença à faire partie des meubles. Il se lia d'amitié avec Moore. « Il s'en remettait à nous, dit Hamper. Il m'appelait, me disait de quel sujet traiter, la longueur de texte requise et précisait l'échéance[28]. » Leurs chemins s'éloignèrent parfois, mais Moore revint chercher Hamper, presque à chacun de ses nouveaux projets : pour faire la *une* du magazine *Mother Jones*, ou partir avec lui en tournée promouvoir le magazine à la télévision, paraître à l'écran dans *Roger & Me* et devenir correspondant aux émissions *TV Nation* et *The Awful Truth*. Au milieu des années 1980, la qualité des textes de Hamper lui vaudra le privilège de faire parler de lui en première page du prestigieux *Wall Street Journal*. Peu après sa sortie en librairie, dans les années 1990, *Rivethead : Tales From the Assembly Line* deviendra un *best seller* qui se classera parmi les meilleures sélections mensuelles des clubs du livre. Hamper attribue sa réussite à Moore : « Je lui dois ma carrière. »

Au moment où il fait la rencontre de Moore en 1981, Hamper constate qu'il « n'est pas du tout le vestige hippie blasé que je m'étais imaginé. » Hamper écrit : « Nous partagions le même sens de l'humour un peu tordu. Sous la mince couche d'arrogance qu'il affiche se trouve un gars tout aussi confus et anxieux que je le suis[29]. » Selon Hamper, une seule chose les distingue : l'énergie sans borne de Moore, alors que lui préfère se détendre tranquillement. Embauché à titre de critique d'œuvres musicales, Hamper réalisa qu'il pouvait être compétent et faire autre chose qu'être un travailleur de l'auto ou un « rat d'usine ». C'est Moore, d'ailleurs, qui encouragera

Hamper à écrire à propos de son existence de rat d'usine[30]. Le personnage de « Tête-de-rivet » venait de voir le jour. Chaque mois, la poignée d'employés du *Flint Voice* se réunissaient dans la première salle de séjour disponible. On parlait beaucoup, mais on agissait peu. Un bol de trempette pour crudités circulait par-ci, un bébé dans les bras pleurnichait par-là. Moore demanda à Hamper s'il aimerait écrire des chroniques dans le journal. Selon Hamper : « Je lui ai répondu que j'en savais très peu sur les grands enjeux de l'humanité et toutes ces autres atrocités qui créent du ressentiment chez l'homme. "Oublie ces stupidités", me rétorqua-il... »

L'insistance de Moore finit par avoir raison de Hamper. Il deviendra auteur et rédigera une chronique du point de vue du travailleur de l'auto. Au moment d'écrire ses premières chroniques, Hamper se demande encore qui voudra bien s'intéresser à la vie d'un ouvrier de la GM. Moore lui répond : « Tu serais étonné. » Avec le temps, Tête-de-rivet deviendra l'un des rédacteurs les plus estimés du *Voice*.

Si les pages du journal sont garnies de nouvelles à saveur locale, les revenus publicitaires des entreprises locales, eux, ne suffisent plus à absorber les frais d'impression. Publié toutes les deux semaines pour desservir une communauté de vingt-cinq mille habitants, le *Flint Voice* s'enlise et s'endette. Moore repart donc à la pêche aux célébrités. Au début des années 1980, sa nouvelle prise s'appelle Peter Yarrow, du trio Peter, Paul and Mary. D'après une interview avec Moore parue dans le *Texas Observer*, Yarrow organisa une soirée bénéfice pour le *Flint Voice*. Il invita les gros noms de la Big Apple dans son appartement new-yorkais. Ensemble, ils amassèrent assez d'argent pour sauver ce que plusieurs personnes du Michigan auraient qualifié de « torchon ». De même, le 10 août 1985, à Rochester, au Michigan, Peter, Paul and Mary offrirent une soirée d'après concert à cent invités qui payèrent chacun 850 $. Tous les profits de la soirée allèrent au journal de Moore.

Hamper a déjà prétendu, au sujet de Moore, que ses « racines génétiques dans le milieu ouvrier lui conféraient l'authenticité d'un homme du peuple ». Dans une interview au quotidien *The Guardian*, Moore lui-même affirme : « Je pense représenter le courant de pensée majoritaire de la classe moyenne américaine. » Mais pour maintenir intacte cette impression dans l'esprit des gens, il aura fallu choisir avec beaucoup de doigté quelles informations personnelles seraient divulguées. Au sujet de cette fabrication d'image, on pense à ce que Hamper dit à propos du héros de Moore, Bruce Springsteen, et de sa prétendue identification avec l'homme du peuple : « Ce type vaut des millions… mais il se présente toujours le jour du lancement de son album habillé tantôt en travailleur de la construction (*The River*), tantôt en mécanicien automobile (*I'm on Fire*), en instructeur de baseball des ligues mineures (*Glory Days*), en âme sœur du tueur en série Charlie Starkweather (*Nebraska*) ou en quelconque autre rescapé de Crud Corners[31]. »

Dénicher des mécènes de renom n'est pas une mince tâche, mais pour le *Flint Voice*, le défi d'amasser des fonds ne constituera pas le plus grand obstacle à surmonter. Au cours de l'été 1980, le *Voice* défraya la manchette à l'échelle du pays à propos d'une affaire juridique qui se rendra jusqu'en Cour suprême. Moore avait marché sur les pieds du maire de Flint de l'époque, James W. Rutherford, en alléguant dans un article que des militants de Rutherford avaient été rémunérés à partir de fonds fédéraux. Le maire avait émis un mandat de saisie contre le *Flint Voice* et la police de Flint avait confisqué les planches de tirage des presses avant même que la manchette incriminante ne soit publiée. Le chapitre local de l'Union américaine des libertés civiles appuiera Moore dans son combat juridique. L'infraction impudente commise à l'égard des libertés civiles par le service de police de Flint fut présentée aux juges de la Cour suprême, qui donnèrent raison à Moore. Une loi interdisant toute autre perquisition du même genre fut ensuite adoptée par le Congrès.

Cet incident juridique ne sera pas le seul à survenir au *Voice*. Une chronique au sujet du Good Times Lounge, un bar local, vaudra à Hamper et au *Voice* une accusation d'écrit diffamatoire. Lorsqu'il se retrouve au cœur de la tourmente, Moore est dans son élément. Pour Hamper, c'est autre chose. Il estime avoir plus à perdre. L'ouvrier vertueux qui sommeille en lui se présente donc devant le juge vêtu de ses meilleurs habits. Moore, lui, arrive en retard, nonchalamment accoutré de vêtements que l'on devine avoir été ramassés par terre, dans son appartement, quelques minutes auparavant. La fin de l'affaire est une vraie farce. Le juge se retira de la cause, invoquant qu'il ne pouvait pas siéger devant une partie défenderesse dont le grand-père avait déjà été propriétaire de ses bureaux, dont les parents étaient de bons amis. De plus, l'espace publicitaire acheté dans son journal lui avait permis d'être réélu à son poste. Le délai provoqué par la remise du procès portera chance à Moore. Le Good Times Lounge ferma en effet ses portes avant que la cause ne puisse être de nouveau entendue.

C'est au début des années 1980 que Moore rencontra sa partenaire de vie, Kathleen Glynn et sa fille Natalie Rose, que Moore adoptera plus tard. Les parents de Glynn et ses cinq autres frères et sœurs vivaient à Flint et travaillaient dans l'industrie automobile. Glynn et Moore cultivaient une passion hors du commun pour Bruce Springsteen et le cinéma, en plus de bien s'entendre sur d'autres points, depuis le catholicisme jusqu'au « Cadillac Ranch », cet alignement de voitures de collection plantées obliquement dans le sol, à Amarillo, au Texas. À défaut d'avoir les moyens de s'acheter des billets pour les spectacles de Springsteen, les deux amoureux se rendaient à proximité du site pour vibrer à leur façon aux sons de l'ambiance musicale qui se dégageait du concert rock.

« Nous n'avions pas de projets ambitieux, se rappelle Glynn. Nous ne rêvions à rien. Ou peut-être, tout simplement, "N'est-ce pas que ça serait sympa d'avoir une salle de cinéma ? Ouais, ça serait sympa." Nous laissions les choses arriver d'elles-mêmes[32]. » Bien entendu, les choses ne sont pas arrivées « d'elles-mêmes ». Quiconque a déjà travaillé dans le domaine du cinéma ou de l'édition pourra témoigner que fonder – et maintenir en activité – une entreprise de l'envergure du *Flint Voice* ou de la production de *Roger & Me* nécessite une dose soutenue d'ambition et un nombre incalculable d'heures de travail. Mais un aveu de ce genre n'aurait pas cadré avec l'image d'homme ou de femme du peuple que les Moore cherchent à projeter.

Les annonces publiées dans le *Voice* tracent un portrait fidèle de l'époque : restaurants végétariens, boutiques d'accessoires pour la consommation de cannabis et une publicité récurrente de la programmation du ciné-club du campus de Flint de l'Université du Michigan. Moore est un cinéphile enthousiaste. On peut présumer qu'il passait le plus clair de ses week-ends à regarder les succès du cinéma de répertoire du début des années 1970 : *Aguirre, the Wrath of God*, de Werner Herzog, quelques bribes d'Ingmar Bergman et des documentaires comme *Hearts and Minds*, une série de témoignages bouleversants de vétérans de la guerre du Vietnam, les « *grunts* », ironiquement entrecoupés, au montage, d'images patriotiques d'américains jouant au football. En 2004, quand

Hearts and Minds sortira de nouveau en salle, une citation de Moore moussera les mérites du film : « Non seulement le meilleur documentaire que j'aie vu, mais peut-être aussi le meilleur film jamais réalisé. »

Les premiers coups d'éclat de Moore nous démontrent que sous ses habits de flanelle et de denim se cache un bourreau de travail engagé et provocateur. Résumons. En 1976, Moore avait fondé son propre journal et le dirigera pendant dix ans tout en continuant de travailler à la radio, de recruter et d'encadrer des écrivains de la trempe de Hamper et de débusquer des célébrités pour soutenir financièrement ses nombreuses causes. En 1980, soutenu par l'Union américaine des libertés civiles, Moore aura exercé des pressions auprès de la police locale et contribué à changer la loi. En 1983, il se sera déplacé au Nicaragua pour mieux comprendre les dessous du conflit qui déchirait le pays. En 1985, Moore se sera rendu au cimetière de Bitburg, en Allemagne, pour y tenir son rôle de vedette dans sa propre mise en scène d'une manifestation anti-Reagan, et sa bravade aura fait le tour des médias américains.

En 1976, un autre magazine aux idéaux ambitieux avait vu le jour sur la côte ouest américaine. *Mother Jones* avait été créé par Adam Hochschild. Ce magazine insolent à saveur sociopolitique tirait son nom de Mary Harris (Mother) Jones, une organisatrice syndicale engagée qui avait défendu le socialisme jusqu'à ce qu'elle s'éteigne, à l'âge de 100 ans, en 1930. D'aucuns prétendent qu'une fois sa réputation anti-*establishment* bien assise, *Mother Jones* s'était mis à prêcher à des convertis, et le magazine s'intéressait désormais autant à l'éclosion rapide du Nouvel Âge qu'à la volonté de mobiliser et de protester.

Moore allait maintenant être reconnu pour autre chose que la fondation d'une feuille de chou qui penche vers la gauche : en 1986, on lui offrit le poste d'éditeur chez *Mother Jones*, dont le tirage à ce moment-là était de cent soixante mille exemplaires. Moore accepta. Il passa sa dernière soirée à Flint en compagnie de Hamper et d'autres « rats d'usine ». Il s'amusa même à aplatir quelques têtes de rivet avec eux pour se convaincre, peut-être, qu'il faisait partie de la même classe ouvrière que son ami Hamper. Ou du moins, qu'il en faisait partie du mieux qu'il le pouvait.

Durant les années Reagan, le conservatisme était dans l'air. Le contenu éditorial de *Mother Jones* avait donc bifurqué vers la culture et la fiction. Au moment où Moore se joint à l'équipe, cependant, le magazine veut effectuer un retour à ses origines de fouineur de scandales. Hochschild écume l'Amérique à la recherche du meilleur candidat possible. Lorsqu'il rencontre Michael Moore, l'homme de 32 ans lui apparaît fait sur mesure pour occuper le poste. Son personnage de redresseur de torts et d'individu au cœur de la tourmente est déjà bien établi.

CHAPITRE 3

Flint ou Frisco ?
Michael Moore chez *Mother Jones*

Michael Moore s'attelle à la tâche. Il commence par annoncer son intention d'accorder une chronique mensuelle à un travailleur de l'auto de Flint au Michigan. « L'éditeur m'a plutôt demandé de publier un article de fond sur les tisanes. Je lui ai dit que j'avais une meilleure idée : faire la *une* avec ce travailleur de l'auto. L'éditeur n'a pas bronché, puis m'a déclaré, juste avant de m'offrir gracieusement un camion de déménagement pour m'en retourner au Michigan, que la Californie et moi n'étions pas faits pour aller ensemble[33]. »

C'est ainsi que Michael Moore narre l'incident dans *Roger & Me*, un film réalisé peu de temps après son licenciement chez *Mother Jones*. Le cofondateur du magazine, Adam Hochschild, a effectivement fourni un camion de déménagement à Moore pour le ramener à Flint quelques mois à peine après qu'il eût accepté les fonctions de rédacteur en chef. Lorsque l'on essaie de suivre le fil des événements qui ont mené au congédiement de Moore et ceux qui ont suivi, il n'est pas facile de savoir ce qui s'est véritablement passé entre les murs des bureaux de San Francisco. Certes, le charisme de

Moore l'avait aidé à décrocher l'emploi, mais il ne lui aura été d'aucune utilité quand vint le temps d'adopter la philosophie du magazine *Mother Jones*.

On pourrait croire que cet emploi représentait une chance en or pour Moore, mais dès le début, il a eu des réserves. Accepter le poste et les responsabilités de rédacteur en chef impliquait beaucoup plus qu'une nouvelle définition de tâches. En plus de se retrouver à l'autre bout du pays, Moore devait choisir entre aller travailler pour quelqu'un d'autre ou demeurer à la tête de son *Michigan Voice*. En d'autres termes, aller chez *Mother Jones* n'impliquait rien de moins que de mettre la clef sous la porte du *Voice*. « J'ai le terrible sentiment de laisser tomber ma communauté, écrira-t-il dans son éditorial d'adieu. Eh bien, ça y est. Évitons l'apitoiement et les formules creuses. Disons tout simplement que je me suis bien éclaté à diriger ce journal. » Moore énumère ensuite les nombreuses réalisations du *Voice* : « Nous avons dénoncé le maire et il a été démis de ses fonctions. Nous avons dénoncé la centrale nucléaire de Midland et elle a fini par cesser ses opérations. Nous avons dénoncé les agissements du service de police de Flint et celui-ci a été reconnu coupable par un jury d'accusation. Nous avons dénoncé les pratiques racistes chez Howard Johnson's / Mister Gibby's, et nous avons réussi à redresser les torts. Nous avons dénoncé le scandale d'Auto World et ce parc à thème a fini par fermer ses portes. Nous avons dénoncé la perquisition illégale chez notre imprimeur et nous avons réussi à faire adopter une loi de protection par le Congrès. » Moore constate que lui et son équipe de collaborateurs au *Voice* ont, somme toute, « assez bien réussi, compte tenu que nous étions souvent fauchés, que nous n'avions qu'un seul employé à plein temps et que nous n'arrivions jamais à faire fonctionner le chauffe-eau[34] ».

Mother Jones offrirait à Moore la possibilité de toucher un auditoire beaucoup plus vaste. Mais il n'avait pas à considérer seulement la promotion du bien commun ou son avancement professionnel. La vie d'autres personnes devait également être prise en considération. D'abord celle de Kathleen Glynn, sa partenaire de longue date, et de Natalie, sa jeune fille. Pour Glynn, accompagner Moore impliquerait la fermeture de son entreprise de graphisme et de négocier une entente avec le père de sa fille au sujet de la garde de leur enfant. Moore emmènerait toute sa petite famille avec lui et pour la première fois en trente-deux ans, il quitterait sa ville natale.

Hamper, l'ami de Moore, écrira : « Flint ou Frisco ? La plupart des gens d'ici n'hésiteraient pas à traverser flambant nus une grange en feu, en faisant des sauts périlleux pour avoir la chance de vivre une telle expérience. Mais pas Moore. Il reste encore et toujours amouraché de la ville de Flint[35]. » Un inévitable choc culturel pointait à l'horizon. Les plaisirs du surf et l'élégance soignée des Californiens s'opposaient de manière trop frappante au style de vie fade et uniforme des amateurs de motoneiges du Michigan. Pourtant, les premiers bureaux de *Mother Jones* contrastaient vivement avec ce que l'on imagine de cet État lointain au paysage clément parsemé de palmiers et peuplé de buveurs de cappuccinos, doubles espressos et autres *caffelatte* : ils se trouvaient au-dessus d'un restaurant McDonald. C'est un certain jour d'avril 1976 que le premier carton contenant le tout premier tirage de *Mother Jones* avait été ouvert par Hochschild en présence des cofondateurs Paul Jacobs et Richard Parker. Pendant qu'ils tenaient entre leurs mains les premières copies de la nouvelle tribune consacrée à affronter les grandes entreprises, dénoncer les responsables de dégâts environnementaux et débusquer les politiciens les moins scrupuleux, l'odeur des friteuses montait vers eux et se mêlait à leur joyeuse fébrilité.

Dix ans plus tard, voici Moore embauché chez *Mother Jones*. Dans le numéro de juin, il est accueilli de manière élogieuse et chaleureuse par Hochschild en personne. Selon Hochschild, « plusieurs dizaines de journalistes de partout à travers le pays ont été interviewés » par lui et le directeur de la publication, Don Hazen, ainsi que par le rédacteur en chef sortant, Deirdre English, et la directrice artistique, Louise Kollenbaum. « Nous avons rencontré des candidats en provenance de publications d'envergure nationale, de maisons d'éditions importantes et des journaux parmi les plus réputés au pays. Nous avons pris une décision audacieuse. Notre choix final s'est arrêté sur un candidat qui n'appartenait à aucun de ces milieux[36]. »

Le reste de l'éloge de Hochschild est un condensé biographique que nous connaissons bien maintenant : citoyen de Flint, fils d'un travailleur de l'auto, neveu d'un ouvrier qui a participé à la grève d'occupation de 1937, fonctionnaire élu à l'âge de 18 ans, fondateur du *Michigan Voice*. Hochschild qualifie le *Voice* de remarquable. Il souligne au passage que c'est « le seul journal des États-Unis qui soit issu de la classe ouvrière ». Il ajoute, complaisamment : « Le son étouffé de la voix d'outre-tombe de Mary Harris Jones (1830-1930)[37] nous est parvenu depuis le lieu de son dernier repos, au Mont Olive en Illinois : "Embauchez ce type !" »

L'arrivée de Moore chez *Mother Jones* enthousiasme le personnel. Il incarne tout ce que le magazine représente, ainsi qu'il le décrit lui-même dans ses propres pages : Mary Harris « Mother » Jones s'était « façonné un personnage devenu légendaire auprès de tous les travailleurs ». Née en Irlande,

Mary Harris avait dix ans quand sa famille émigra au Canada pour fuir la pauvreté. À Toronto, elle étudia la fabrication de costumes, puis devint institutrice. Sa carrière d'enseignante l'avait conduite à Monroe, au Michigan, puis à Chicago et à Memphis. La veille du déclenchement de la guerre civile américaine, elle avait fait la rencontre de George Jones, un ouvrier de l'acier. Ils s'étaient unis le soir même. De nouveau réunis après la guerre, quatre enfants étaient nés de leur union, avant d'être foudroyés, tout comme George, par la fièvre jaune. Âgée d'une trentaine d'années seulement, Harris Jones se retrouva soudainement seule. Elle s'en retourna à Chicago pour travailler de nouveau dans la fabrication de costumes, mais son atelier fut ravagé par les flammes du grand incendie de Chicago, le 9 octobre 1871. Vingt-cinq ans plus tard, elle luttait toujours contre la misère et la pauvreté. Déterminée à s'en sortir, elle commença par se forger d'abord une identité au sein de sa communauté. Dès 1900, on avait commencé à la surnommer « Mother ». Mother Jones portait toujours des robes noires et se rajeunissait quand on lui demandait son âge. Selon un portrait de Mother Jones paru dans la revue du même nom, « en se donnant le rôle de mère adoptive de tous les opprimés, Mary Jones peut se déplacer là où elle l'entend pour défendre les grands enjeux de son époque, tout en prenant la parole de manière irrévérencieuse. Paradoxalement, Mother Jones repousse les limites de son engagement en défendant le principe même qui limite l'épanouissement des femmes de son temps : le matriarcat ».

Tout comme Harris Jones s'était servie des contraintes reliées à son rôle de modèle féminin hors du commun pour faire avancer sa cause (et celle de ses « enfants »), Moore tirera profit de la modestie de ses origines, si caractéristique de la classe ouvrière. Harris Jones avait commencé à militer à un âge assez avancé. Chez Moore, on a l'impression que les premières traces du redresseur de torts sont apparentes dès l'enfance. Malheureusement pour Moore, le magazine *Mother Jones* cessera assez vite d'encenser la ressemblance entre les deux personnages.

Au moment où la capsule éditoriale de *Mother Jones* est chapeautée par le nom de Moore[38], des écrivains de gauche parmi les plus notoires au pays – et à travers le monde – faisaient déjà partie des collaborateurs : Barbara Ehrenreich y signait une chronique régulière, Christopher Hitchens y collaborait aussi et David Talbot en était le rédacteur principal. À l'arrivée de Moore, ce dernier quitta la publication pour aller fonder le magazine en ligne *Salon* et en devenir le rédacteur en chef. *Mother Jones* était né dans le sillage de l'affaire du Watergate. Le magazine n'éprouvait donc aucun scrupule à exposer au grand jour d'autres scandales. C'est dans ses pages que l'on avait révélé pour la première fois, en 1977, la fâcheuse habitude qu'avaient les voitures Pinto, de Ford, de s'embraser suite à un simple emboutissage par l'arrière. L'article, qui avait été écrit par le directeur commercial de *Mother Jones*, d'après une information divulguée par un inspecteur d'assurances, avait projeté le magazine à l'avant-scène des grandes publications. En 1986, *Mother Jones* s'efforçait par tous les moyens de garder son emprise sur le lectorat de gauche. Dans une lettre publiée dans les pages de l'édition de juillet-août, un lecteur offusqué par le caractère commercial éhonté de la publication s'indignera devant la promotion d'une loterie assortie à l'offre d'un tapis d'entrée gratuit, le tout destiné à accroître le nombre d'abonnements[39].

Plusieurs groupes engagés dans toutes sortes de causes luttaient entre eux pour obtenir le contrôle exclusif de l'espace publicitaire : la Ligue d'action nationale pour le droit à l'avortement, la Fondation pour la paix et le développement, la Fondation pour l'environnement et l'énergie renouvelable (suite à l'accident nucléaire de Tchernobyl), l'Assistance médicale pour le Nicaragua, sans oublier des œuvres de charité toujours si habiles à faire sortir des poches les mouchoirs et l'argent, comme l'Aide à l'enfance et la Mission chrétienne internationale en Terre Sainte[40]. Les faiseurs de bonnes œuvres côtoyaient les marchands de produits qui reflètent les tendances de la classe moyenne de cette époque : les chaises pour améliorer la posture, les animaux en peluche à la peau lâche connus sous le nom de Chiots Shar-Pei, les accessoires de musculation Soloflex, les pantalons Chi, les montres Sato Chéri, les sandales Birkenstock, les catalogues *Good Vibrations* ou *Nature Company*, sans oublier les tee-shirts de la bande dessinée *The Far Side* de Gary Larsen, les figurines de licornes fabriquées à la main et autres ordures. Cette liste hétéroclite révèle, c'est le moins que l'on puisse dire, que *Mother Jones* traversait une période de mutation, comme toute la gauche en Amérique du Nord à cette époque. La publication se cherchait.

Le premier août 1986, c'est justement la publicité dans les pages de *Mother Jones* qui provoqua la première dispute d'envergure entre Moore, le rédacteur en chef, Hazen, le propriétaire et Hochschild, le cofondateur. Un nouveau membre du personnel affecté à la publicité s'était fait congédier après seulement deux jours de travail. Moore s'opposa au licenciement. Un mois plus tard, c'est Moore lui-même qui aura été congédié. *Mother Jones* prétendit que le départ de Moore n'avait rien à voir avec la mise à pied de l'employé en publicité, un certain Richard Schauffler. Moore affirmait le contraire, en plus d'invoquer d'autres raisons. On peut dire qu'il existe autant de versions différentes de l'histoire qu'il y avait d'employés dans les bureaux du magazine[41].

Selon le *New York Times*, Moore fut informé le 5 septembre qu'il devrait quitter son poste. Selon *The Nation*, c'est le 2 septembre qu'il l'apprend, le jour même où sa fille Natalie, qu'il vient d'adopter, entre à l'école. L'éditorial de *The Nation* est signé par nul autre qu'Alexander Cockburn, une étoile montante du « nouveau journalisme » des années 1980. Après avoir été remercié du *Village Voice*, Cockburn s'était mis à écrire régulièrement dans les pages du *Nation* et du *Wall Street Journal*. À l'arrivée de Moore au poste de rédacteur en chef, Cockburn écrivait déjà occasionnellement dans *Mother Jones*. Dans sa chronique du 13 septembre intitulée « Plus fort que le diable » (« *Beat the Devil* ») dans *The Nation*, Cockburn oppose d'une manière manichéenne le pauvre Moore, l'homme du peuple, au riche Hochschild, le propriétaire millionnaire. Il écrit, au sujet du cofondateur de *Mother Jones* : « Hochschild est l'héritier fortuné de la compagnie minière AMAX. En dépit du fait qu'il ait injecté une somme considérable de ses revenus – générés par le travail d'esclaves noirs qui recevaient un salaire de misère – pour financer le mensuel quasi-progressiste *Mother Jones*, Hochschild se comporte encore comme un propriétaire d'usine du XIXe siècle. » Au sujet de Moore, il écrit au contraire : « Michael Moore vient d'un milieu modeste. Avant son arrivée à San Francisco le printemps dernier, il dirigeait un hebdomadaire de qualité, le *Michigan Voice*, à Flint, où il a grandi. Son père était un travailleur de l'auto… » Un peu plus loin, Cockburn précise que l'on venait de dénicher un « rédacteur en chef combatif, issu de la classe ouvrière » pour occuper cette fonction, un individu qui aura « cru naïvement le beau discours de séduction des recruteurs fortunés de *Mother Jones*, un discours qui se sera avéré être un conte merveilleusement romancé et sans lendemain ».

En réalité, Moore ne dirigeait pas un hebdomadaire, comme le prétendait Cockburn : le *Flint Voice* paraissait toutes les deux semaines et le *Michigan Voice* lui, à chaque mois. Le 4 octobre suivant, toujours sous la plume de Cockburn, Schaufler, le représentant en publicité mentionné un peu plus loin dans la même chronique, deviendrait « Schauffler » avec deux *f*. Selon la première chronique de Cockburn, Schauffler avait été congédié à cause de ses liens politiques antérieurs avec le Parti démocratique ouvrier. L'homme au centre du litige avait notamment vendu de l'espace publicitaire au secteur de l'édition de cette association, chose qu'il avait pourtant mise au clair dès sa première entrevue chez *Mother Jones*. Cockburn écrit : « Moore a déclaré qu'il ne pouvait pas donner son aval au congédiement. Il considérait que l'on avait exercé des représailles à l'égard de Schaufler en raison de son passé politique. » Schauffler déposa un grief auprès du syndicat qui représentait les employés de *Mother Jones*, le 65e district des Travailleurs unis de l'automobile. Dans l'édition du 27 septembre du *New York Times*, on peut lire : « D'après le propriétaire de *Mother Jones*, Don Hazen, le renvoi de M. Schauffler est une "décision d'affaires". Les affiliations antérieures de M. Schauffler pourraient nuire à son travail de représentant en publicité. »

Dans une lettre adressée à *The Nation* qui parut dans l'édition du 4 octobre, Hochschild réfute les arguments avancés dans la chronique de Cockburn, sans toutefois faire allusion au congédiement de Schauffler. Rien n'est mentionné, non plus, au sujet de la mise à pied, dans une lettre datée du 4 octobre signée par une bonne partie des cadres supérieurs de *Mother Jones*, y compris Don Hazen. Hochschild, Hazen et compagnie se préoccuperont davantage de répondre aux déclarations de Cockburn concernant la vision, la gestion et le tirage précis du magazine, de même qu'aux questions soulevées par un article écrit par un dénommé Paul Berman.

Tous s'entendent pour dire que ce Berman a été une source de conflit entre Moore et Hochschild. Quelques mois avant que Moore ne soit en fonction à titre de rédacteur en chef, Berman avait écrit un article sur le Nicaragua et devait en soumettre le second volet. Tous s'entendent pour dire que Moore a refusé de publier ce deuxième article de Berman, en dépit des importants frais de voyage déjà encourus par le magazine. Personne, par contre, ne peut s'entendre pour dire si le congédiement de Moore est relié d'une quelconque façon à son refus de publier l'article. Un membre du personnel de *Mother Jones*, que j'ai réussi à joindre et qui était présent au moment des événements, a bien accepté de se laisser interviewer, à condition de garder l'anonymat. Selon cette source : « Michael ne trouvait pas qu'un article critique à l'endroit des Sandinistes avait sa place dans le magazine et par conséquent, il ne voulait pas le publier. D'autres étaient en désaccord avec sa position. Le fait qu'un article ne soit pas tout à fait en faveur d'Ortega ne constituait pas, à leurs yeux, une raison valable de ne pas l'inclure dans le prochain numéro[42]. » L'éditeur tranchera : l'article sera publié. Hochschild propose à Moore et Cockburn que l'un d'eux écrive un encadré défendant le point de vue opposé pour accompagner le texte de Berman.

Selon Cockburn, Moore aurait commenté ainsi l'article de Berman : « Reagan aurait pu le brandir en disant : "Regardez ! Même *Mother Jones* se range de mon côté !" Cet article était totalement erroné et n'était qu'un tas de conneries complaisantes. On a peine à croire, en le lisant, que les États-Unis étaient en guerre contre le Nicaragua depuis cinq ans. » Cockburn affirme que pour Hochschild, il était préférable « de ne pas coucher dans le même lit que les mouvements révolutionnaires ».

Il faut savoir que la tradition des querelles de familles sur la place publique entre les membres de la gauche est fort ancienne. À cette époque, les relations entre les États-Unis et le Nicaragua étaient des plus tendues. Le gouvernement américain considérait ce pays comme le prochain Cuba de l'Amérique centrale. En juillet 1986, le président Reagan, le Sénat et la Chambre des représentants avaient accordé une aide militaire de cent millions de dollars aux Contras, l'armée de guérilleros qui voulait prendre le pouvoir détenu par le parti sandiniste dirigé par Daniel Ortega. Auparavant, les Sandinistes avaient renversé le gouvernement conservateur dirigé par Anastasio Somoza. Il avait été rapporté à plusieurs reprises que les Contras avaient été formés pour apprendre certaines des méthodes de la CIA, notamment en ce qui a trait à la torture. Plusieurs, y compris Amnistie internationale, étaient d'avis que ces connaissances étaient mises en pratique. Quelques années plus tard, lorsque le Congrès américain interdira toute aide militaire aux Contras, l'administration Reagan sera presque chassée du pouvoir quand on apprendra que des fonds se rendaient de manière illicite au Nicaragua par l'entremise d'un réseau impliquant la vente d'armes à l'Iran.

Hochschild estimait qu'il y avait des combats plus importants que celui du Nicaragua. Dans son démenti de la chronique de Cockburn, il affirme que ce dernier « s'éloigne considérablement de la réalité, de manière à pouvoir entretenir son différend politico-littéraire de longue date avec l'écrivain Paul Berman ». Au sujet de l'article de Berman, Hochschild écrit : « La première partie a été publiée dans nos pages plus tôt cette année. C'est un reportage qui affirme que le conflit qui oppose les Contras aux Sandinistes est fondamentalement une guerre entre les riches et les pauvres, un constat qui devrait satisfaire même Cockburn. » Le deuxième

article, souligne Hochschild, « jette encore un regard singuliè-
rement sympathique sur la cause sandiniste, mais précise que
le marxisme-léninisme est devenu un instrument politique
destiné davantage à faire tomber le gouvernement Somoza
qu'à redresser l'économie nationale ». Hochschild admet avoir
été en désaccord avec Moore au sujet de la longueur de l'article, mais il a insisté pour qu'on le publie pour les raisons suivantes : un engagement avait été pris, Hochschild trouvait
l'article intéressant et, enfin, un journaliste devrait être libre
de critiquer une position défendue par la publication à
laquelle il contribue, notamment, la révolution des Contras au
Nicaragua. Il ajoutait avec sarcasme que, contrairement à
Cockburn, il ne croyait pas aux choses sacro-saintes.

Un peu plus loin, Hochschild affirmait que le litige autour
de l'article de Berman n'avait jamais été soulevé au moment
de prendre la décision de congédier Moore. « Cockburn laisse
entendre que je lui ai joué dans le dos en ne lui dévoilant pas
les motifs du licenciement de Moore. Je pensais tout simplement que je n'aurais pas rendu service à Moore en lui révélant
les raisons pour lesquelles plusieurs personnes, chez *Mother
Jones*, étaient d'avis qu'il ne possédait pas les qualités requises
pour être rédacteur en chef. »

D'autres se mouilleront davantage. Dans une lettre adressée à *The Nation*, Hazen, le propriétaire, Louise Kollenbaum, la
directrice artistique (en poste depuis la fondation de *Mother
Jones*), Bruce Dancis, le directeur de rédaction, Dirk Bunce,
l'éditeur adjoint, Bernard Ohanian, l'éditeur principal, Roberta
Orlando, la chef de publicité ainsi que le directeur commercial
expliquent : « L'échec de Michael Moore chez *Mother Jones* n'a
rien à voir avec ses divergences politiques ; au contraire, c'est la
conviction de son engagement politique qui nous a d'abord
amenés à mettre en lui nos espoirs. » Ils poursuivent : « Comme

bien d'autres personnes qui ne répondent pas aux attentes de leurs collègues, Moore tente de jeter le blâme sur quelqu'un d'autre et invente un complot diabolique pour expliquer la perte de son emploi, alors qu'il n'en existe aucun. » Leur lettre accuse Moore « de détourner l'attention de ses lacunes comme rédacteur en chef et d'imputer son congédiement à sa défense de la cause sandiniste et des droits des travailleurs ». Plus loin, ils attribueront son insuccès face aux exigences du poste de rédacteur en chef à « son inefficacité au travail, ses mauvaises relations avec ses collègues et son incapacité à attirer à la publication des textes percutants, tel que promis par le principal intéressé[43] ».

Les signataires de la lettre précisaient également que Moore avait annulé deux des trois rencontres prévues pour en arriver à une entente suite à son congédiement. À ce stade-là, cependant, Moore avait déjà intenté une poursuite de deux millions de dollars contre *Mother Jones*. Il accusait le magazine de fraude et de bris de contrat. Hochschild lui avait offert deux mois de salaire, un camion de déménagement pour ramener ses biens à Flint et quelques jours pour libérer son bureau de ses effets personnels. Moore entama sa poursuite presque aussi vite qu'il rapporte les faits de l'incident à Cockburn : cinq jours après avoir été mis à pied, selon le *New York Times*. « Je ne fais pas de tort à *Mother Jones*, dit Moore, *Mother Jones* se fait du tort à lui-même[44]. »

Selon ma source anonyme chez *Mother Jones* : « Je pense que toute l'affaire a été dépeinte comme un affrontement entre Adam Hochschild et Michael. Si vous étiez réceptionniste, stagiaire, recherchiste ou quiconque au bas de l'échelle, [Michael] vous traitait avec beaucoup d'égards. Il était magnanime. Un vrai bon gars. Mais son manque de tact a été la source de plusieurs conflits. Lorsqu'un éditeur, un rédacteur ou tout autre membre de la direction prenait la parole pendant une réunion d'équipe, il pouvait s'exclamer : "C'est la chose la plus stupide que j'aie jamais entendue de toute ma vie. Mais pourquoi dites-vous donc cela ?" Il le faisait sans gêne. À plusieurs reprises. » Toujours selon cette source, « c'est comme si Moore avait de la difficulté à traiter ses pairs d'égal à égal. On aurait dit qu'il sentait le besoin de se moquer d'eux devant l'ensemble du personnel ». Cet employé, qui n'a jamais eu de différends avec Moore, poursuit : « Au bout de trois mois, les chefs de service et d'autres rédacteurs *imploraient* Adam Hochschild de faire quelque chose. Lorsqu'il a finalement choisi d'agir, son geste a été interprété comme la manifestation d'un conflit entre Adam, qui ne supportait pas de voir un type de la classe ouvrière diriger son magazine, et Michael Moore. Ce n'est pourtant pas du tout comme ça que les choses se sont passées[45]. »

Toujours selon cette source : « Tous ceux qui ont travaillé avec Michael s'entendent pour dire qu'il n'est pas facile à côtoyer. » En vertu de ses réalisations cependant, cet ancien collègue s'empresse de défendre Moore. « Même après toute cette histoire je l'aimais bien. Il m'intrigue, mais en même temps, j'appuie sans réserves tout ce qu'il fait. Je pense qu'il a déjà oublié cette affaire chez *Mother Jones* et je dirais que depuis lors, il a très bien réussi dans ses entreprises. »

Dans des lettres musclées, Cockburn continuera d'exprimer son désaccord sur le traitement subi par Moore chez *Mother Jones*. Il affirme que le différend au sujet de l'article de Berman a été invoqué au moment où Hochschild annonçait aux autres employés le départ imminent de Moore, et que ceci lui avait été confirmé par un membre du personnel qui était présent. Ma source anonyme corrobore : « Adam et Michael se contredisent par rapport à la conversation qu'ils ont eue à ce sujet. Selon la personne à qui l'on s'adresse, il existe deux versions tout à fait divergentes. » Cockburn accusera ensuite les membres du syndicat des Travailleurs unis de l'automobile chez *Mother Jones* d'avoir eu recours à des complices chez les Teamsters pour salir la réputation de Schauffler durant la période de règlement de ses griefs. Cockburn nie avoir été à couteaux tirés avec Berman. Au sujet de toute la controverse suscitée autour de cette affaire, Cockburn donne l'interprétation suivante : « Hochschild et ses acolytes maintiennent que les raisons du congédiement de Moore n'étaient en rien "politiques". J'aimerais bien savoir ce que ces gens entendent, justement, par "politiques"[46]... Hochschild avait embauché Moore pour apporter du changement ; Moore y a cru. Il était là pour faire bouger les choses. »

Cockburn se référera aussi à un article de Katy Butler paru dans le *San Francisco Chronicle*. Elle avait écrit : « Selon les membres de la haute direction, dès son entrée en scène, [Moore] ne s'est pas fait prier pour critiquer sans ménagement certaines de nos dernières parutions, se surprenant, par la suite, de s'être mis à dos une bonne partie du personnel. » Selon Cockburn, une partie des attaques malicieuses de Moore étaient dirigées contre un portrait complaisant de Joe Kennedy Jr. qui avait fait la *une*. Cockburn ajoute sur un ton narquois : « On voit tout de suite que cet homme était insupportable. Les personnes responsables d'avoir pris l'initiative de l'article sur Kennedy étaient mécontentes, y compris Deirdre English, l'éditeur sortant, Bruce Dancis, le directeur de rédaction et d'autres aussi, qui commençaient déjà à se faire à l'idée qu'après tout, Moore n'était peut-être pas l'homme de la situation. Rien de politique là-dedans, bien entendu[47]. »

Moore n'a pas que des détracteurs. La saga se poursuivit dans le numéro du 11 octobre de *The Nation*, par une lettre signée par onze employés subalternes de la haute direction de *Mother Jones* rattachés à plusieurs départements, qui tenaient à ce que les lecteurs sachent que ce n'était pas tous les employés qui partageaient le point de vue exprimé dans le numéro précédent. « Un regard plus objectif auprès des membres du personnel chez *Mother Jones* démontrerait plusieurs points de vue divergents », écrivaient-ils. Les auteurs de la lettre conviennent que les deux camps sont déchirés autour de cette affaire, mais concluent sur une note positive : « Plusieurs d'entre nous s'entendent pour dire que l'embauche de Moore était une démarche audacieuse pour notre publication et nous espérons que la direction fera preuve d'autant d'audace pour combler à nouveau ce poste[48]. »

Berman ne sera pas en reste. Dans une réplique bien amenée qu'il adresse au *Village Voice*, il maintient qu'en poursuivant *Mother Jones*, Moore était en train d'aider la cause de Reagan[49]. L'insulte sera relancée d'une publication à une autre et d'un auteur à un autre avec la même fréquence et la même intensité qu'une balle de tennis échangée entre deux adversaires. Moore n'avait manifestement aucune intention de lâcher prise. Si *Mother Jones* avait naïvement entretenu l'idée que Moore, déconfit, s'en retournerait tranquillement à Flint, ils venaient véritablement de se tromper une *seconde* fois à son sujet. Avant de prendre la route pour le Michigan, Moore organisa une conférence de presse devant l'hôtel de ville de San Francisco, où il lut des extraits de l'article de Berman. Selon ma source anonyme, la conférence de presse « avait pour but d'annoncer sa poursuite contre *Mother Jones*, de l'ordre de deux millions de dollars ou à peu près. Je ne suis pas certain du montant exact, mais à la fin, une entente a été conclue avec notre compagnie d'assurances pour environ cinquante-deux mille dollars[50] ». À cause de tout l'émoi suscité à l'échelle du pays par cette affaire, *Mother Jones* décidera d'aller au-devant des coups et en parlera dans ses pages. En décembre, alors qu'il occupe temporairement le poste de rédacteur en chef, Hochschild écrit un éditorial sur les problèmes « d'ordre familial » du magazine et publie du même coup l'article controversé de Berman sans l'accompagner d'un point de vue qui exprimait un désaccord.

Les échos de la rupture du couple Moore-*Mother Jones* se firent entendre jusqu'au Michigan. Hamper écrivit dans *Rivethead* que « l'éditeur a également accusé Moore d'être toujours absent du bureau et même de se trouver souvent à l'extérieur de l'État de la Californie. Mike était prêt à dire n'importe quoi pour être à bord du premier avion qui le ramènerait à Flint. Aux prises avec un tel défilé de poseurs, peut-on vraiment le blâmer[51] ? » Hamper sera chez *Mother Jones* à peine un mois de plus que Moore.

Comme les numéros de *Mother Jones* sont toujours préparés un mois avant la date de parution, quand celui d'octobre est mis en vente, Moore est déjà au cœur de l'imbroglio. Lorsque les premiers murmures du tumulte commenceront à se faire entendre dans les pages de *The Nation*, les deux publications se retrouvent en même temps dans les kiosques à journaux. Au plus fort de l'affaire, on pouvait lire Moore en train de pontifier, à l'intérieur de ses premières pages chez *Mother Jones*, comme si de rien n'était, prêchant la responsabilité des médias dans la mission de « réconforter ceux qui souffrent et de faire souffrir ceux qui sont trop confortables » ; comment il entrevoyait, depuis la fenêtre de son bureau qui donnait sur Mission Street, des chômeurs qui faisaient la queue, une image en tout point semblable à ce qu'il connaissait de Flint ; comment il entendait amener dans ses rangs un autre journaliste du Michigan et enfin l'espoir qu'il entretenait de voir *Mother Jones* entrer dans la vie des gens de tous les Flint et Cleveland du pays. Dans le numéro suivant, une chronique de Hamper accusera Bruce Springsteen et John Cougar Mellencamp de travestir l'image de la classe ouvrière. Mais Moore brillait déjà par son absence.

Moore et Hamper s'étaient pourtant chargés de bien promouvoir la première parution de Moore chez *Mother Jones*. « Tête-de-rivet » s'était rendu à San Francisco aux frais du magazine et les deux compères avaient fait la tournée des médias. Accompagné d'un collègue de travail prénommé Dave, Hamper s'était rendu ensuite à Chicago pour participer à l'enregistrement d'une émission de télévision, mais sans Moore cette fois. Les opinions exprimées dans le courrier des lecteurs, « *Back Talk* » à l'égard de Moore ou de Tête-de-rivet étaient partagées, ce qui n'avait rien d'étonnant dans les pages de *Mother Jones*. Les habitués du magazine s'empressaient toujours de souligner les erreurs de fait ou de soulever des points de vue en contradiction avec ceux des auteurs. Concernant la présence de Hamper, ma source anonyme affirmera : « Je pense que les gens aimaient sa chronique. Je ne me souviens pas d'avoir entendu quelqu'un en parler en mal. Il amenait une tout autre perspective. Il avait une manière très imagée de nous présenter le point de vue d'un ouvrier. »

Plus tard, Moore confiera à Hamper qu'il n'avait pas mis le propriétaire de son côté en aidant son ami à devenir chroniqueur régulier chez *Mother Jones*. Hazen avait été particulièrement choqué par sa critique de la trilogie documentaire, *Faces of Death*. Au cours de la même semaine cependant, Hamper devait recevoir des éloges de la part du directeur de la rédaction qui demandait à Tête-de-rivet de garder sa chronique chez *Mother Jones* en dépit du départ de Moore. L'ami de Moore choisit plutôt de rester neutre. Il revint chez lui rencontrer Kathy Warbelow, éditrice au *Detroit Free Press*. Elle lui avait déjà offert une chronique dans le magazine qui accompagnait l'édition dominicale du journal. Son offre était toujours valable. Tête-de-rivet put donc continuer à faire ses chroniques.

Si l'on examine les numéros de *Mother Jones* publiés sous la direction de Moore, on peut supposer que leur contenu reflète largement les opinions du rédacteur en chef précédent. Même si le nom de Moore apparaît à l'intérieur, dans le générique du magazine, on y trouve « La fièvre du samedi matin : la commercialisation des dessins animés ». Il y a tout de même une différence puisque l'on y voit, à la *une*, le visage de Hamper avec son sourire fendu jusqu'aux oreilles et à l'intérieur, sa chronique à saveur prolétaire rédigée au rythme mouvant de la chaîne de montage de sa conscience. La première chronique de Tête-de-rivet se démarque des autres articles. Dans un langage de tous les jours, drôle et cru, Hamper ne s'empresse pas de développer son point de vue. Il élabore ses idées à la vitesse d'assemblage d'une voiture. On peut dès lors facilement comprendre pourquoi Moore avait tant insisté pour l'inclure dans le magazine. Le nouveau rédacteur en chef voulait exploiter à son avantage et à celui du magazine le mécontentement de la classe ouvrière américaine.

Moore rebondira de son passage désastreux chez *Mother Jones*. Il se servira de la somme de son règlement pour se lancer dans un projet de film documentaire qui connaîtra un succès retentissant, *Roger & Me*. Avant d'en arriver là cependant, Moore se rendit d'abord à Cleveland Park, un quartier près de Washington, où il fit partie de l'équipe d'un bulletin de liaison à l'usage des médias, publié par Ralph Nader. La controverse qui avait entouré le congédiement de Moore chez *Mother Jones* avait attiré l'attention de Nader. En l'espace de deux mois,

Moore occupera donc un deuxième emploi dans une deuxième ville. Une deuxième brouille, cependant le renverra chez lui pour de bon avec Glynn et Natalie. Dans une entrevue accordée au *New Yorker*, Moore prétendit que Nader l'avait congédié parce qu'il était jaloux d'une avance considérable versée à Moore pour écrire un livre sur la General Motors. Selon le camp Nader, Moore a été remercié de ses fonctions parce qu'il ne se présentait pas au travail.

Après ses deux licenciements successifs, Moore se sent déprimé. Il passe beaucoup de temps au lit. De temps à autre, il sort pour aller voir des films à prix réduit. Quelque part entre les matinées à rabais et l'annonce, par Roger Smith, de nombreuses mises à pied chez GM, Moore découvre la forme d'expression qui fera le mieux avancer sa cause : le cinéma. Plusieurs années plus tard, Moore avouera : « Je ne pourrai jamais remercier assez l'éditeur de *Mother Jones* de m'avoir congédié. Autrement, je n'aurais jamais pu réaliser *Roger & Me*[52]. » Dans son documentaire qui triomphera au box-office, Moore ne fait qu'effleurer l'incident *Mother Jones*. Mais en 1997, un nouveau média, l'Internet, viendra rouvrir les anciennes blessures.

Dans un article intitulé « *Moore is Less* », paru sur le site Internet de *Salon*, Daniel Radosh se lança dans l'une des premières attaques journalistiques en règle contre Moore. Au moment d'être la cible de ces commentaires malveillants, le célèbre réalisateur de *Roger & Me* alignait les succès : l'émission *TV Nation*, *Canadian Bacon*, son premier long-métrage de fiction, un documentaire sur sa tournée littéraire, une charge contre Nike intitulée *Le géant* et, enfin, *Dégraissez-moi ça!*, son best-seller. Radosh place Moore sur le même pied que deux autres porte-parole controversés de la gauche, Rush Limbaugh et Howard Stern : « Pour la plupart des gens de la gauche, Moore est une bouffée d'air frais. Mais certains d'entre nous en ont assez. » Selon Radosh, Moore reçoit des appuis seulement parce qu'il « se démène pour aller au fond des choses ». L'auteur dénigre chacune des réussites de Moore et se moque d'un ton persifleur : « Hé Mike, un sujet pour ton prochain bouquin : à quel point il est difficile d'ouvrir les sachets de cacahuètes des compagnies aériennes. Ça va faire un *malheur.* » Radosh critique également les relations de travail entre Moore et son personnel, en particulier les auteurs qui contribuent à *TV Nation* : « En guise de réplique aux abus de Moore, un cadre supérieur venait souvent présenter une grosse boîte de beignets à son patron en prenant soin de préciser que son intention n'était pas d'amadouer Moore. Il espérait plutôt que son habitude de s'empiffrer sans discernement précipite davantage le blocage complet de ses artères. » Radosh en rajoute. Son accusation la plus grave concerne le fait que Moore aurait dissuadé les auteurs de se joindre à la Guilde des écrivains et que ceux qui le faisaient devaient souvent recourir à leur syndicat pour être rémunérés[53].

Dans sa contre-attaque, Moore dénonça l'article, qu'il qualifie de « diffamatoire », surtout en ce qui a trait à la Guilde. Il rétorqua en y allant à son tour de répliques mesquines, notamment à propos de la vie sexuelle de l'éditeur et fondateur de *Salon*, David Talbot. Durant les années 1980, ce dernier avait écrit *Burning Desires : Sex in America*. Il avait aussi été un adepte du fameux mouvement de l'amour libre à San Francisco. En fait, Talbot abordait tous les aspects de sa vie d'une manière libre et ouverte. N'eut été de son enfance passée en Californie et de ses expérimentations sexuelles, il aurait bien pu finir par ressembler à un autre jeune militant anticonformiste du nom de Michael Moore.

Talbot avait grandi à Hollywood. Lyle, son père, s'était fait connaître surtout pour avoir joué le personnage de Joe

Randolph dans *Ozzie and Harriet*. Il avait également été de la distribution du film culte d'Ed Wood, *Glen or Glenda*. Le frère de Talbot avait campé le personnage de Gilbert, l'ami de Beave, dans *Leave it to Beaver*. David Talbot, lui, n'a jamais été comédien. Le militantisme l'attirait davantage. Durant les années 1960, alors qu'il était en propédeutique à Harvard, il avait été expulsé pour avoir transformé le magazine littéraire de l'école en un pamphlet qui dénonçait et condamnait la guerre du Vietnam. En dépit de ses bonnes notes, Talbot était considéré « élève à risques », à cause de son indiscipline. Un seul établissement d'enseignement supérieur lui avait ouvert ses portes : le campus Santa Cruz de l'Université de la Californie, un perchoir hippie. En plus d'avoir été journaliste chez *Mother Jones* et d'y avoir fait valoir ses opinions toujours un peu plus à gauche que la gauche, Talbot avait fait partie de l'équipe du *San Francisco Examiner* aux côtés d'un autre fripon de la même espèce, Hunter S. Thompson. Il avait été l'un des premiers à vanter les mérites de la théoricienne du féminisme, Camille Paglia. La photo qui accompagnait son texte la montre dans un sex-shop, vêtue d'un accoutrement sadomasochiste. Autant Moore a pu être étiqueté « populiste », autant Talbot était sensationnaliste[54].

Moore frappera encore plus fort que sa réplique assassine au sujet de la sexualité débridée de Talbot, qu'il qualifiait au passage de « gênante ». Il ira déterrer des décombres un épisode tiré de son passage chez *Mother Jones*. Dans une lettre adressée aux lecteurs de *Salon*, Moore écrit : « Il serait bon que vous sachiez que l'éditeur de *Salon*, David Talbot, a remis sa démission chez *Mother Jones* en 1986 en guise de protestation lorsque j'ai été nommé rédacteur en chef. Au moment de ma nomination, Talbot, qui était rédacteur principal, convoitait le même poste… David, cela fait déjà onze ans, vieux, tourne la page, veux-tu ? » Talbot était effectivement chez *Mother Jones* en 1986 et avait bel et bien postulé pour le poste de rédacteur en chef, finalement attribué à Moore[55].

Moore poursuit en invoquant ses lettres de noblesse pour réfuter chacune des attaques de Radosh et conclut ainsi : « Depuis son enfance, Daniel Radosh a connu la vie feutrée des cercles littéraires de Manhattan. Il ne cesse d'en remettre au sujet du fait que j'y habite désormais, comme si c'était une indication que je reniais mes valeurs de la classe ouvrière. » Moore sort ensuite la carte maîtresse de son jeu et assène le coup final : « Ce qui le dérange davantage, je pense bien, c'est qu'un de "ceux-là" (i.e. moi) se retrouve maintenant dans *son* quartier. Tous aux abris ! Un type qui devrait s'occuper d'assembler des Buicks à Flint écume des rues dignes d'être foulées seulement par les Daniel Radosh de ce monde… Vite ! Barricadez l'entrée des cafés Starbucks ! »

Radosh répliqua en atténuant les supposés attributs sociaux enviables de sa jeunesse. Il exprime son regret « d'avoir vu Brooklyn, le quartier bien-aimé de mon enfance où il faisait bon s'amuser dans les ruelles » se métamorphoser en « un repaire d'écrivains qui convergent chez Elaine's pour aller y passer une soirée insipide en compagnie de Norman Mailer[56] ».

Quant aux allégations de Moore au sujet de la prétendue rivalité de Talbot à son égard, ce dernier les réfutera ainsi : « Moore prétend être la victime d'un complot perfide, mais je peux vous assurer qu'il n'a jamais été dans les intentions de *Salon* d'agir envers lui par médisance personnelle ou professionnelle. » Talbot admet même avoir apprécié *Roger & Me* et souligne qu'il avait proposé à Moore de faire la *une* de *Salon* après la sortie de *Dégraissez-moi ça !* en librairie. Moore avait décliné l'invitation. Talbot écrira plus loin qu'en tant que porte-parole très en vue de la gauche et de la classe ouvrière, « Moore a fini par se bâtir une réputation de bagarreur et, par conséquent, par devenir une cible facile pour les médias. (Le fait qu'il amassera sa fortune en malmenant les ploutocrates pour ensuite se permettre de se la couler douce dans *Upper Manhattan* serait bien la première chose qui sauterait aux yeux d'un observateur satirique de la trempe de Moore)[57] ».

Talbot niera en avoir voulu à Moore. Il affirme avoir été prêt à démissionner par solidarité après le congédiement de Moore chez *Mother Jones*, jusqu'à ce qu'il constate que les plaintes formulées à l'endroit de Moore ne provenaient pas uniquement des cadres. J'ai « entendu de la bouche de plusieurs employés de *Mother Jones* qu'ils trouvaient Moore autocrate et incompétent. Ils se sentaient lésés. Ce n'était donc pas seulement le propriétaire qui en avait assez de Moore, mais bien une bonne partie des membres du personnel ». Talbot décidera donc de ne pas se rendre à la conférence de presse de Moore devant l'hôtel de ville de San Francisco.

Cet échange de diatribes ne nous éclaire pas beaucoup sur ce qui s'est vraiment passé chez *Mother Jones*, entre le printemps 1986 et l'automne suivant, mais cet épisode mouvementé illustre fort bien la manière avec laquelle Moore se redresse dans l'adversité. En l'espace de cinq mois, Moore était devenu l'un des porte-étendards les plus reconnus de la gauche aux États-Unis. Il venait aussi d'apprendre que les lois non écrites qui régissent les médias diffèrent beaucoup des siennes. Le véritable cours des événements survenus chez *Mother Jones* a moins d'importance que la certitude suivante : Moore avait lutté avec la gauche avec autant de conviction et d'acharnement qu'il en avait été capable au moment de faire taire ses opposants au conseil scolaire de Flint.

Pour l'heure, Moore vient de perdre son emploi chez *Mother Jones* et panse ses plaies. Le camion de déménagement offert gracieusement par son ancien employeur le ramène à Flint. La somme du règlement qu'il vient d'empocher l'aidera à financer son premier film documentaire, *Roger & Me*. Le combat revanche ne tardera pas à venir.

CHAPITRE 4

Tout feu, tout Flint
Un lapin, un gourdin, Roger & moi

« **À** la sortie en salle de *Roger & Me*, j'avais 10 ou 11 ans… Pour autant que je me souvienne, c'était une période très pénible. » Ce sont les paroles de Ryan Eashoo, recueillies lors d'un entretien téléphonique pour la préparation de cet ouvrage. Comme Michael Moore, Eashoo est né à Flint et a grandi dans la ville de banlieue de Davison. En 1997, il a reçu son diplôme d'études du même établissement scolaire que Moore, l'école secondaire Davison[58].

« J'ai grandi dans un milieu de classe moyenne. Mon père travaillait pour le département des travaux publics de la municipalité de Flint. Beaucoup de gens ont alors été mis à pied. Pour joindre les deux bouts, ma mère a occupé divers postes de secrétariat. Le début des années 1980 a été difficile pour tout le monde, mais plus particulièrement pour nous, à Flint. Quand vous n'avez que 10 ans, vous ne pouvez pas comprendre pourquoi les choses sont comme elles sont. Vous n'imaginez même pas qu'il existe d'autres endroits où l'économie n'est pas ravagée, où les pertes d'emplois sont négligeables. Vous pensez que c'est pareil partout ailleurs. »

Depuis la création du temple de la renommée de l'école secondaire de Davison, en 2001, Eashoo a soumis la candidature de Moore à trois reprises. En janvier 2005, la campagne d'Eashoo pour démontrer son appréciation à Moore a même pris des proportions nationales. Afin de permettre aux citoyens de l'extérieur de Davison d'appuyer la nomination de Moore, un système de pétition en ligne a été conçu à partir du site Internet d'Eashoo. Des journaux nationaux en France, au Canada comme aux États-Unis se sont intéressés à sa campagne. Malgré les efforts déployés par son concitoyen, Moore ne sera cependant pas élu au temple de la renommée de l'école secondaire de Davison. L'évocation douloureuse des souvenirs d'enfance d'Eashoo, par contre, met le doigt sur un problème majeur : au cours des années 1980, à Flint, même les familles de classe moyenne étaient aux prises avec des difficultés financières. Dans les États-Unis de cette époque, deux tendances émergent, qui façonneront la vie de Moore et l'ensemble de son travail. D'une part, l'agonie des industries locales et, de l'autre, la montée, au Michigan, de factions armées d'extrême droite.

Cet État américain devient alors connu pour tout autre chose que ses véhicules récréatifs tout-terrain : le port d'uniformes militaires et d'habits de camouflage pour la chasse. Pendant qu'à Washington, des militants contestaient les politiques de l'administration Reagan en Amérique latine, les répercussions insidieuses des *Reaganomics* se faisaient sentir jusqu'au chaînes de montages. À travers le pays, les lois du travail étaient révoquées et les normes, relâchées. Avant longtemps, les entreprises auront beaucoup moins à se soucier de leur plus importante source de frais directs : la main-d'œuvre. Dans l'industrie automobile, les politiques économiques de l'ère reaganienne coïncidaient avec l'apparition de la concurrence étrangère. Un plus grand nombre de voitures étrangères, souvent mieux construites, se retrouvaient sur le marché américain. Au milieu des années 1980, des usines d'assemblage fermèrent leurs portes à un rythme sans précédent. Aucune ville ne sera autant touchée que Flint. Dans son édition du mois d'août 1987, *Money Magazine* déclara Flint le pire endroit où habiter aux États-Unis. De plus, selon le magazine, l'État du Michigan abriterait la *moitié* de toutes les villes jugées les moins accueillantes pour s'y établir, « à cause du taux élevé de criminalité, de la faiblesse des économies locales et de la quantité dérisoire d'activités culturelles et récréatives ».

Les victimes d'une crise économique se tournent souvent avec désespoir vers des figures autoritaires à la fois fortes, sûres d'elles-mêmes, violentes, prêtes à imputer le blâme pour tous ces maux à une minorité visible de citoyens. Cela était vrai dans l'Allemagne du début des années 1930 et le sera tout autant, à plus petite échelle, dans l'Amérique des années 1980. Ainsi, plus l'État du Michigan s'appauvrissait, plus il devenait violent. En 1992, aux confins des villes de Flint, Decker et Détroit, deux policiers blancs interceptèrent la voiture de Malice Green, un homme de race noire originaire de Détroit. Le suspect refusa de collaborer avec la police. Une altercation s'ensuivit. L'un des deux policiers frappa Green à la tête à répétition avec sa lampe de poche. Green ne reprit jamais conscience. Ailleurs, du fond des terres agricoles du Michigan apparut, en 1995, Timothy McVeigh, le bombardier d'Oklahoma. Il était venu s'installer à Decker, à une centaine de kilomètres de Flint, où il avait rejoint des gens animés d'un même désir et prêts à se soumettre à un entraînement militaire pour préparer un éventuel renversement du gouvernement américain, qu'ils trouvaient trop laxiste à l'égard des intérêts étrangers en général et des étrangers tout court en particulier. Assisté de plusieurs complices, McVeigh se rendra devant un édifice fédéral à Oklahoma avec un camion bourré d'explosifs et le fera sauter, entraînant cent soixante-huit personnes dans la mort. Cinq ans plus tard, au début du nouveau millénaire, un jeune garçon de 6 ans devait devenir le plus jeune meurtrier de l'histoire du Michigan : il se rendit à son école pour abattre un autre élève avec un revolver. Le tragique incident sera rapporté par Moore dans *Bowling à Columbine*. Que s'était-il donc passé pour que l'État des Grands Lacs en arrive là ?

Avant *Fahrenheit 9/11*, il y avait eu *Bowling à Columbine*, lui-même précédé par *Roger & Me*, un documentaire qui traitait de la condition économique de la ville de Flint. Dans ce film, Moore présentait des images d'archives allant des coiffures en hauteur aux parades de voitures Pontiac des années 1950, en passant par la tour déchue de l'édifice de la General Motors, sans oublier de mentionner le moment, vers la fin des années 1980, où la population de rats de Flint surpassa celle des humains. La séquence la plus inoubliable du film, cependant, restera toujours celle où une résidente de Flint assomme et découpe un lapin devant la caméra, tout en expliquant qu'elle vend la chair de l'animal pour s'acheter un peu de nourriture. Et tout au long du film, Moore poursuit inlassablement le président de la GM, Roger Smith, avec l'espoir d'arriver à lui soutirer au moins un commentaire au sujet de toutes les mises à pied survenues au cours des années 1980.

Roger & Me avait été précédé d'un documentaire tourné au milieu des années 1980, *Blood in the Face*, coréalisé par Kevin Rafferty, Anne Bohlen et James Ridgeway, tous des New-Yorkais. Le film s'inspirait d'un ouvrage du même nom écrit par Ridgeway. Le documentaire jetait un regard franc et troublant sur la remontée du Ku Klux Klan et d'autres groupes militant pour la suprématie des Blancs. Le film, qui montre la montée de la violence et du racisme au Michigan, au sein d'un regroupement encore méconnu à l'époque, est aussi le premier où le nom de Moore figure au générique. Les trois auteurs du documentaire avaient entendu parler de lui à travers son implication au *Flint Voice*. Sans l'avoir jamais rencontré, ils lui téléphonèrent de New York pour lui demander s'il pourrait les aider à infiltrer une assemblée des membres du Ku Klux Klan. Moore accepta. On voit sa physionomie familière dans une seule séquence du film. Lorsque *Blood in the Face* sortit finalement en salle, en 1991, la voix et les traits de Moore étaient d'ores et déjà identifiés au film *Roger & Me*, mais le tournage avec l'équipe de Rafferty avait constitué sa toute première expérience de cinéma. Moore attribue une grande partie de son inspiration professionnelle à Rafferty, dont un autre film, *The Atomic Café*, fut primé. Au moment de commencer la production de *Roger & Me* à titre de directeur photo, c'est Rafferty qui montra à Moore comment charger le magasin de sa caméra et se servir de l'équipement de prise de son. Plus tard, Moore retournera l'ascenseur en contribuant au financement du nouveau film de Rafferty, *Feed* : cinquante mille dollars tirés des recettes brutes de *Roger & Me*.

La principale contribution de Moore à la réalisation de *Blood in the Face* aura été de séduire l'une des femmes du mouvement de la suprématie blanche et de la faire parler de racisme. Moore y parvint en lui disant, par exemple, qu'elle ne possédait pas de traits physiques « typiquement nazis », et qu'elle pourrait même, plutôt, servir facilement de modèle pour vendre de l'huile à bronzer. Moore avait déjà l'habitude d'aller jouer dans les plates-bandes des néo-nazis pour en parler avec dérision dans les pages de son journal. Lorsque l'équipe de tournage new-yorkaise se mit à perdre son sang-froid, Moore intervint. « Les producteurs ne voulaient pas paraître à l'écran, dit-il, de peur d'être identifiés puis traqués par les gars du Ku Klux Klan… Alors je leur ai dit, "J'irai, moi. Ces types ne me font pas peur[59]." »

Durant le film, on peut entendre la voix de Moore se mêler à celles des trois coproducteurs, qui jouent aussi le rôle d'intervieweur. À la toute fin, alors que Moore discute avec l'un des intervenants, sa voix se démarque clairement de celles des autres. En pleine discussion avec Alan Poe, un ministre de l'Identité chrétienne, dans la trentaine avancée[60], Moore rétorque : « Vous ne verrez jamais le jour où ce que vous souhaitez voir dans ce pays se réalisera. » Tout au long du documentaire, Poe s'insurge contre les avancées profession-nelles des Noirs aux États-Unis, met en doute l'existence de l'Holocauste et dénonce les membres du Sénat américain qui sont d'origine juive. La seule personne qui s'oppose ouverte-ment au mouvement aryen dans le documentaire est Moore. Toute autre forme d'opposition est présentée sous la forme d'images d'archives de camps de concentration juifs, de sol-dats de l'Armée Rouge chinoise et de la couverture d'une conférence néo-nazie à Cohacta, au Michigan. Alors que Poe rouspète, Moore expédie brusquement un « foutaise » bien senti au nez de son adversaire. Les deux voix se confondent et il est alors difficile de l'établir hors de tout doute, mais le juron de Moore donne l'impression de clore la phrase suivante : « Si vous pensez pouvoir réussir, c'est de la pure foutaise. » Poe, de son côté, poursuit la joute oratoire et affirme que les partisans de la suprématie blanche triompheront parce que Dieu est avec eux. Il pousse l'affront jusqu'à demander à Moore de se convertir à son mouvement. Un fondu enchaîné termine la séquence.

Il va sans dire que le tournage du documentaire *Blood in the Face* confirma l'attrait jusque-là latent de Moore pour le cinéma. Il avait toujours aimé voir des films, mais l'idée d'en réaliser un se mit à mûrir[61]. Après son congédiement de *Mother Jones*, Moore avait le moral à plat. Il se rendait au cinéma pratiquement jour et nuit, pour y voir des films de tout genre, y compris, en dépit de son tempérament pacifiste, des films d'action populaires et pétaradants. « J'allais probablement voir un film par jour, admet Moore. J'aimais tout, sans aucun discernement, [Sylvester] Stallone, Arnold [Schwarzenegger], tout, sauf les films de ninja... et alors je me suis dit : "Pourquoi ne pas faire mon propre film ?"... Ça ne semble pas si compliqué que ça. La plupart de ceux que je vois sont pas mal moches. Mais je ne savais pas quel en serait le sujet... »

De retour à Flint après son congédiement de *Mother Jones* et sa brouille avec Ralph Nader, Moore se retrouvait, pour la première fois de sa vie adulte, sans tribune pour exprimer sa créativité ou ses opinions politiques. Un événement autant inattendu que malheureux lui donna la motivation et le théâtre d'expression qu'il attendait. Au bulletin de nouvelles de la chaîne CBS, le 6 novembre 1986, à 17 h 37 précisément, le président de la General Motors, Roger Smith, prit la parole : « Nous annonçons aujourd'hui la fermeture de onze de nos plus anciennes usines. » Le sujet du prochain film de Moore venait de lui tomber dessus. Deux ans plus tôt, la compagnie avait pourtant remis trois cent vingt-deux millions de dollars de ses bénéfices à cinq cent trente mille employés répartis à travers les États-Unis. De plus, le syndicat des Travailleurs unis de l'automobile venait de signer une entente collective de trois ans avec la GM, qui garantissait une sécurité du revenu sans précédent aux ouvriers du constructeur géant.

La réaction de Moore aux fermetures fut : « Au diable toutes ces mises à pied. Je veux faire quelque chose[62]... »

Le camp Nader, toutefois, prétend que l'idée du film lui revient. James Musselman, un avocat de Philadelphie et collègue de travail de Nader, affirme : « Le film *Roger & Me* attribue tout le mérite à M. Moore, mais omet d'exprimer quelque reconnaissance que ce soit à tous les intermédiaires qui ont travaillé si fort à la réalisation de ce projet[63]. » Le désistement de Moore au sein de l'organisation Nader avant l'échéance de son contrat dérangeait encore davantage Nader. Moore s'était déjà entendu avec Nader pour collaborer au bulletin de liaison *Moore Weekly*, mais la préproduction du tournage *Roger & Me* chevaucha son engagement. Le film documentaire eut préséance, tandis que Nader, lui, continuera d'affirmer que Moore avait été rémunéré pour un contrat d'écriture qui n'avait jamais été respecté. Qui plus est, Musselman ajoute que Moore aurait même tiré certaines informations pour *Roger & Me* directement de l'ouvrage de Nader intitulé *The Big Boys*. Ce livre, qui se concentre surtout sur la General Motors, trace un portrait assez détaillé de Roger Smith. Un mois avant l'accusation de Musselman, certains journaux mentionnaient que Nader venait de « fournir gracieusement un local et des fonds pour s'en prendre à son ennemi de longue date, la General Motors[64] ».

Le générique de fin de *Roger & Me* a beau reconnaître l'apport de Nader, les deux anciens collègues n'arrivaient pas à s'entendre sur les conditions rattachées à la somme qu'aurait reçue Moore. Au moment du différend, Nader s'engagea à remettre le montant revendiqué à une association de journalistes sans but lucratif connue sous le nom d'Essential One, si jamais Moore remboursait l'argent. Tous ceux qui suivent de près la carrière de Moore s'entendent pour dire que ses relations avec Nader ont toujours été assez houleuses. Au cours des années, le rapport entre les deux hommes a régulièrement évolué de part et d'autre entre l'amitié, la froideur et la rudesse. Malgré cela, Moore se joindra à nouveau à Nader, lors de la campagne électorale présidentielle de 2000.

Au moment de réaliser *Roger & Me*, Moore ne connaît pas grand-chose en cinéma. Par contre, bien avant de rencontrer Ralph Nader, il en sait déjà assez long sur la General Motors et ses politiques. L'expérience acquise au *Flint Voice* lui avait peut-être été d'une aide limitée chez *Mother Jones*, mais elle lui procura un net avantage quand vint le temps d'enquêter sur les compagnies locales. Le tournage de *Roger & Me* commença à peine trois mois après l'annonce des mises à pied par Roger Smith. Le premier tour de manivelle fut donné le 11 février 1987 et le tournage s'échelonnera sur une période de deux ans et demi.

Mais auparavant, on commence par recueillir des fonds. Le règlement avec *Mother Jones*, grâce à une entente hors cour signée entre les deux parties, n'aboutira qu'en 1989. Entre temps, Moore et Glynn, qui est coproductrice, se rabattent sur d'anciennes méthodes de financement. Ils mettent sur pied un bingo du mardi soir pour faire avancer la cause de leur nouvelle œuvre caritative : la production de leur film. Moore vend sa résidence et organise deux vente-débarras. Aucun appui financier n'est refusé, y compris la contribution du comédien Ed Asner, célèbre pour son rôle de Lou Grant dans *Les ennuis de Marie*, ainsi que celle de la « Caisse de dépôt parentale », nommément les parents de Michael. Le film sera doté d'un budget de cent soixante mille dollars. Chaque bobine de pellicule coûte quatre cents dollars. À ce prix, il va sans dire que Moore et son équipe tourneront parcimonieusement.

Moore et Glynn savent aussi quand ne *pas* éteindre le moteur de la caméra et donner l'impression au sujet filmé qu'elle n'enregistre plus d'images. Plusieurs se feront piéger : quelques réceptionnistes enjouées, un ou deux gardiens de sécurité désabusés et certains chefs du service des relations publiques obstinés et conformistes. L'approche utilisée par Moore sera souvent critiquée par des journalistes qui l'accusent de chercher à divertir le spectateur aux dépens de la classe ouvrière. Selon eux, il est en effet peu probable qu'une personne issue de la classe moyenne se retrouve derrière le comptoir de vente au détail d'une grande entreprise ou qu'elle occupe un poste de gardien de sécurité, même dans les clubs privés les plus prestigieux.

L'un de ces critiques se nomme Harlan Jacobson, du magazine *Film Comment*. Moore lui accorda l'une de ses premières entrevues d'envergure après *Roger & Me*. Pauline Kael, célèbre critique au *New Yorker,* exprimera aussi son désaccord par rapport aux choix subjectifs de Moore : « Ce film ressemble au travail d'un cadre en publicité qui veut en mettre plein la vue, écrit-elle dans sa critique. D'un point de vue humain, *Roger & Me* est très offensant, car il se sert d'un point de vue de gauche pour valider une certaine attitude condescendante. Les spectateurs peuvent ainsi se payer la tête de simples travailleurs, tout en se donnant la bonne conscience d'avoir adopté la position la plus politiquement correcte[65]. » Dans un article publié cette fois-ci dans *Newsday*, Spencer Rumsey décrit la séquence dans laquelle la serveuse d'un restaurant de San Francisco débite l'interminable sélection des différents cafés offerts par l'établissement. « Lorsqu'ils l'entendent, les gens éclatent de rire. Ne sommes-nous pas en train de rire à ses dépens ? »

Moore réplique : « Les gens de Détroit ne se paient pas la tête de cette serveuse. Ils en ont plutôt contre tout ce que cette situation représente. Quand nous allons dans un restaurant à Détroit, nous n'avons qu'un seul choix. Peut-être deux. Mais les riches, eux, ont tous ces choix. » Tout est donc une affaire de perspective. Les spectateurs aisés dénigrent peut-être la serveuse ; ceux qui sont moins fortunés rient avec elle et s'identifient sans doute au côté fastidieux de son travail[66].

Avant de nous arrêter aux critiques de *Roger & Me*, il faudrait examiner attentivement chacun des éléments du film, image par image, quel que soit le nombre de fois que nous l'avons vu. Avec le recul, *Roger & Me* devient une œuvre bien différente de celle qui est sortie originellement en salle. En tant que spectateurs, nous avons désormais une perspective politique sur cette époque, que nous ne pouvions manifestement pas avoir en 1989. Nous savons aussi que ce film a opéré le début d'une transformation majeure dans la forme du film documentaire. *Roger & Me* est un film précurseur de la manière de faire si caractéristique de Moore.

Au début, Moore voulait simplement convaincre Roger Smith de venir se promener en fourgonnette à travers la ville de Flint[67]. Pendant que l'équipe de tournage le filmerait, Smith pourrait ainsi constater *de visu* les ravages causés dans la vie des gens par la fermeture des usines de la GM. « Je voulais tourner une variation de *My Dinner With André*, mais sur quatre roues… J'ai échoué, bien entendu », admettra Moore dans une interview. Le réalisateur de *Roger & Me* fait allusion ici au film de Louis Malle sorti en salle en 1981, dont l'intrigue se résume tout simplement à une longue conversation de plus de deux heures dans un restaurant de New York. Dans son propre film, Moore passe plutôt la majeure partie de son temps à traquer Roger au quartier général de la GM, à des réunions d'actionnaires, dans différents clubs privés du Michigan et même dans un hôtel de New York. Moore espérait prendre

Smith au dépourvu et l'obliger à répondre de vive voix à son invitation. Moore croyait véritablement que Smith finirait par se résigner à répondre positivement à son offre ou accorder, à tout le moins, une entrevue à son équipe de tournage. Or, en deux ans et demi de tournage, jamais l'équipe ne réussira à se frayer un chemin jusqu'au bureau de Smith, situé au 14e étage du quartier général de la GM. À chaque échec, l'aspect comique du film est rehaussé d'un cran, et notre degré de frustration, aussi.

L'authenticité des faits exposés dans *Roger & Me* est remise en question par certains critiques. Il est vrai que pour l'une des rares fois dans un médium considéré par ailleurs comme sérieux, un réalisateur a recours à la comédie. « Comment décririez-vous Charlie Chaplin ? demandera Moore, au cours d'une entrevue en 1989. Un comique de grand renom, n'est-ce pas ? Soit. Pourtant, non. Ses films sont tous des tragédies. Il souffre aux mains de l'État, se fait jeter en prison, perd son amoureuse et, à la fin du film, quitte pour une nouvelle contrée avec rien dans les poches. Ce n'est pourtant pas ce que nous retenons du personnage. Nous retenons surtout l'humour, car Chaplin s'en servait comme d'une arme[68]. »

Selon Moore, les méthodes auxquelles il aura recours durant le tournage de son film, et qui deviendront plus tard sa marque de commerce ont été développées tout à fait par hasard. Lors des entrevues, par exemple, Moore entrait souvent malencontreusement à l'intérieur du plan cadré par son directeur photo. Ce faisant, il réalisa assez vite que ses sujets semblent plus détendus pour répondre à ses questions quand il s'approche d'eux pour se laisser filmer à leurs côtés. Finalement, *Roger & Me* convient parfaitement comme titre. Le *moi* de *Roger & moi* annonce la présence à l'écran d'un « moi », d'un personnage malhabile autour duquel l'histoire du film se déroulera. Cette technique permet à Moore d'adoucir le propos politique de son documentaire. Dès lors, Moore nous annonce que l'humour sera un élément clé dans la construction de son film et qu'il s'en servira pour faire progresser dramatiquement l'histoire qu'il veut raconter à l'écran. D'ailleurs, les premières images de *Roger & Me* le démontrent lorsque nous voyons un jeune enfant portant un masque de Popeye en train de faire le pitre.

Le cinéma documentaire et le film de propagande sont considérés comme deux styles proche parents qui s'entrecroisent sans jamais se rejoindre. D'un côté, nous avons des films tel que *Pourquoi nous combattons*, réalisé par Frank Capra durant la Deuxième Guerre mondiale (plus tard, libre de ses mouvements, Capra préférera diriger le célèbre long-métrage *It's a wonderful Life*). La vivacité du montage et l'aspect caustique de la narration ne laissent planer aucun doute sur les intentions du document : éveiller la fibre patriotique des citoyens américains et les sortir de leur profond sentiment pacifiste. Puis de l'autre, nous avons le tout premier long-métrage documentaire, *Nanook l'esquimau*, de Robert Flaherty, réalisé en 1922. Dans ce film au montage tout simple, nous avons un aperçu de la vie des Inuits saisie sur le vif. Or, nous savons maintenant que la plupart des séquences de *Nanook* étaient carrément mises en scène, alors que les films de Capra, eux, avaient recours à d'authentiques images tournées au front, entrecoupées de séquences tirées de films de guerre. Déjà, donc, le style de Capra laissait présager ce qui deviendra la forme dominante du cinéma documentaire des années 1990.

Avant de réaliser *Roger & Me*, Moore apprit beaucoup de son expérience avec Rafferty dont le documentaire précédent, *The Atomic Café*, était le premier film grand public à se servir d'images d'archives. L'œuvre se démarque aussi par la folle allure de son montage, accompagné d'un propos teinté d'humour noir peu rassurant. Moore voit une autre tendance se profiler à l'horizon du cinéma documentaire. Le changement, qui se produit au cours des années 1980, est représenté par certains réalisateurs comme le cinéaste allemand, Werner Herzog, et son émule américain, Errol Morris. On pourrait étiqueter cette forme de cinéma de « documentaire du marginalisé ». Les sujets principaux de ces films n'ont pas la trempe de héros ni d'individus dont le destin change le cours de l'histoire. Ce sont des marginaux, comme ces propriétaires en deuil de leurs animaux domestiques, dans *Les portes du paradis* d'Errol Morris, ou les sourds-muets, dans *Le pays du silence et de l'obscurité* de Werner Herzog. Le documentaire du marginalisé apporte une touche d'humanité au cinéma, mais sera parfois mésestimé et rejeté sous prétexte que l'on y exploite le triste sort de ses protagonistes. Un peu de la même manière que certains perçoivent, par exemple, la décision de Moore de nous présenter la matraqueuse de lapins dans *Roger & Me*. Dans le contexte de l'humour satirique de Moore, l'histoire de ses films se raconte uniquement à partir du point de vue des héros du quotidien. Le témoignage de ces individus attachants contraste volontairement avec l'impression que nous nous faisons de la classe bien nantie telle que décrite par Moore. Cela est encore plus vrai quand on remarque l'absence totale de paroles de ses cibles préférées, comme Roger Smith, de la General Motors. La franchise et la transparence de ces hommes et de ces femmes de la classe ouvrière sont peut-être trop dures à avaler pour certains.

Dans *Roger & Me*, Smith est absent de la plupart des séquences du film. On ne le voit qu'à l'occasion, de loin ou dans des extraits de bulletins télévisés. Par la force des choses, l'adjoint Fred Ross devient à la fois porte-parole et doublure du président de la GM. Il est l'expulseur au grand cœur, celui qui ne fait que suivre les ordres avec une désinvolture qui décuple la portée de ses gestes, car contrairement à Smith, Ross est un citoyen de Flint. En tant que membre de la communauté, il doit donc se faire une raison. Le shérif Ross est un personnage récurrent que l'on retrouvera au détour de chacune des tentatives de Moore de joindre le président de la compagnie. Le point culminant du film est la séquence absolument dévastatrice qui montre Smith et Ross dans un montage parallèle : Smith est en train de lire un extrait de *A Christmas Carol* de Charles Dickens, au dîner de Noël de la General Motors, pendant que Ross jette à la rue le sapin de Noël encore décoré d'une famille qui vient d'être expulsée de chez elle.

Comme Moore intervient dans son film, *Roger & Me* se démarque des autres documentaires. Avec les premières images d'archives tirées de l'enfance du réalisateur et la voix hors champ à travers le film, nous savons que ce que nous sommes en train de regarder est une satire subjective. Le style particulier d'entrevue affectionné par Moore se précisera au cours du tournage de *Roger & Me*. À la manière d'un chauffard accusé d'un délit de fuite, Moore frappe souvent durement ses interlocuteurs avant de s'enfuir des lieux de l'accident. Comme le signalera le critique de cinéma Roger Ebert, cependant, cette technique est très efficace pour souligner un point important au spectateur. Moore avait suffisamment de métier pour savoir que Smith ne l'accompagnerait jamais dans une tournée des secteurs délabrés de Flint. Sa manière d'entrer en contact avec les Roger Smith de ce monde, par contre, reflète fidèlement la sensibilité du spectateur moyen. Lorsqu'il se rend frapper à la porte du président de la GM, Moore agit comme souhaiterait sans doute le faire la majorité des gens.

Dès la première représentation de *Roger & Me*, le public réagit favorablement au point de vue de « monsieur tout-le-monde » proposé par Moore. Le film fut d'abord projeté au Festival Telluride[69], au Colorado, à un moment très à propos : la fin de semaine de la Fête du travail. La projection laissa présager de bien bonnes choses pour l'avenir de *Roger & Me*. « Je me souviens avoir entendu [Bill et Stella Pence] me dire qu'ils avaient ajouté davantage de représentations pour *Roger & Me* que pour n'importe quel autre film de toute l'histoire du festival », dit Moore. Le film avait failli ne pas être fini à temps pour le festival, où il tomba dans les bonnes grâces du critique Gene Siskel et des studios de la Warner Bros. Au moment de commencer le montage sonore, Moore manque de fonds. À New York, le laboratoire Du Art, qui développe la pellicule, lui avait déjà consenti un tarif préférentiel assez important. Le mixage sonore qu'il reste à faire, toutefois, coûterait, au bas mot, douze mille dollars. Or, Moore n'a plus un sou en poche. Le directeur de Du Art, Bill Nickleson, visionne le film puis décide de laisser tomber les frais[70]. Il demande à Moore de le rembourser seulement s'il arrive à retirer un profit de *Roger & Me*. Au cours du festival, le film obtint la faveur du public à un point tel que plusieurs offres de distribution substantielles furent proposées à Moore. Plusieurs années plus tard, le réalisateur affirmera que sans le mixage sonore offert gracieusement, il n'aurait jamais pu participer à ce premier festival. De même, sans ce premier festival, la Warner Bros. n'aurait peut-être jamais pu voir le film. « Tout ça m'est arrivé parce qu'on a agi avec générosité envers moi... Par la suite, je suis toujours retourné au même studio pour tous mes autres films... Quand quelqu'un vous tend la main, il ne faut jamais l'oublier. »

Toute la série d'événements qui s'ensuit laissera Moore pantois. Dans une interview qu'il accordera deux ans plus tard à Geoff Hanson, du Festival de films de Telluride, Moore expliquera : « Pour comprendre mon état, vous devez savoir que nous venions de passer les trois dernières années à travailler sur ce film, que nous n'avions désormais plus d'argent et que nous n'étions venus à Telluride que parce qu'on nous avait offert les billets d'avion. » Le jour de la première, selon Moore, lui-même et Glynn avaient quitté le studio de son new-yorkais à trois heures du matin pour se rendre à l'aéroport La Guardia. Lorsque l'avion qui les amène à destination de Telluride décolle de la piste à sept heures, ils n'ont même pas encore vu la version finale du film. Ils le verront pour la première fois en même temps que l'assistance du cinéma Mason à Telluride[71].

« Je n'oublierai jamais ce moment-là, dit Moore. Dès le générique du début, les gens riaient déjà. C'est précisément à cet instant que nous avons cru avoir réussi notre coup... » À partir de là, les choses se sont précipitées : « Au cours des onze mois qui ont suivi, nous ne sommes jamais revenus chez nous plus d'une journée à la fois. Nous avions beaucoup de détails à régler au sujet de notre entente avec la Warner Bros. Puis nous nous sommes lancés dans une campagne de promotion monstre à travers cent dix villes. »

Warner Bros. offrit trois millions de dollars pour les droits de *Roger & Me* et distribua le film dans plus de mille trois cents salles de cinéma, dont certaines se trouvaient dans de petites communautés. C'est l'engagement de la Warner Bros. de présenter le film devant le plus grand nombre possible d'auditoires qui avait convaincu Moore d'accepter l'offre du studio hollywoodien. Les studios de Universal Pictures et de Miramax étaient également dans la course et avaient tous deux fait une offre intéressante, mais Moore avait penché du côté de Warner Bros. qui acceptait les exigences du réalisateur de *Roger & Me*. Ainsi, le nombre de salles de cinéma où le film serait projeté passa de huit cents, tel qu'originalement prévu, à mille trois cents. Warner Bros. accepta de défrayer, pour une période de deux ans, les frais d'hébergement de toutes les familles que l'on voit se faire expulser dans le film. Le studio prenait également des mesures afin que beaucoup de billets gratuits soient distribués aux spectateurs qui se présenteraient au guichet des salles de cinéma munis d'une preuve qu'ils étaient sans-emploi. De plus, Warner Bros. consentait l'octroi d'une somme de deux cent cinquante mille dollars à Moore et à ses associés de Flint pour présenter gratuitement leur film dans des églises et des salles communautaires des villes les plus durement touchées par le manque de travail. Moore signa le contrat avec la Warner Bros. sur la pelouse du pénitencier du comté de Genessee, à Flint. La prison occupe une place prépondérante dans le film. C'est à cet endroit que Moore interroge un ancien travailleur de la GM, devenu gardien de prison, au sujet de l'augmentation du taux de criminalité dans la région depuis la fermeture des usines.

La première commerciale du film eut lieu le 22 décembre 1989. Étonnamment, *Roger & Me*, qui dénonçait la négligence d'une grosse compagnie, sera présenté comme un film de « pur bonheur » pour le temps des Fêtes. En dépit de son contenu assez sombre et démoralisant, le film parvint de façon étonnante à répondre à cette attente contradictoire. Le film ne sera jamais présenté dans la ville de Flint. Au moment de sa sortie, toutes les salles de cinéma de la ville avaient déjà fermé leurs portes. La première mondiale de *Roger & Me* eut donc lieu au cinéma Showcase de la ville-satellite de Burton, au Michigan. Quant à la première new-yorkaise, elle sera suivie d'une réception où l'on offrit un simulacre de festin de la classe ouvrière : haricots et saucisses fumées.

La semaine de la sortie du film, Moore accorda une entrevue à D.D. Guttenplan de *Newsday* : « J'ai rêvé que la révolution commençait et j'étais là, coincé à l'intérieur d'une limousine, et je frappais sur les vitres à grands coups de poing en criant, "Non ! Non ! C'est de la faute à la Warners, je ne veux pas de limo." Puis je les ai obligés à reprendre la limousine[72]. » Moore avait certainement de quoi sautiller dans sa chambre d'hôtel et jacasser nerveusement de ses rêves avec les journalistes. Plusieurs semaines avant que le documentaire ne sorte en salle, la revue *Rolling Stone* venait d'inclure *Roger & Me* sur sa liste des dix meilleurs films de l'année. Du coup, tous les espoirs… et toutes les craintes, étaient permis.

Les coups bas ne tardèrent pas à venir. Dans une entrevue publiée dans l'édition de novembre-décembre de *Film Comment*, Harlan Jacobson demande à Moore de rendre des comptes au sujet de la continuité chronologique de *Roger & Me*. La *une* de la revue titre « Michael Moore le verbomoteur », avec une photo du visage de Moore recouvert de traces de pneus. Philosophiquement parlant, le réalisateur critiquant le monde de l'automobile vient de se faire rouler dessus, une image qui ne cadre pas tout à fait avec la promotion souhaitée pour le film. Jacobson en a long à dire sur les choix éditoriaux de Moore. Les images présentées dans *Roger & Me* et les faits qui s'y rapportent couvrent une période de dix ans. À Flint, des mises à pied avaient eu lieu tout au long des années 1980, mais la fermeture d'usines en tant que telle n'est rapportée qu'à l'extrait du bulletin de nouvelles de novembre 1986, qui avait été le départ du projet de documentaire *Roger & Me*.

Pour le spectateur moyen, l'idée que l'économie d'une ville prospère puisse soudainement péricliter entre l'annonce, en 1986, de la fermeture d'usines et la sortie du film en 1989 peut sembler tout à fait saugrenue. À vrai dire, la situation sociale et économique de la ville de Flint était déjà en chute libre bien avant le début du tournage de *Roger & Me*. La fermeture des usines de la GM au Michigan ne sera que le dernier clou enfoncé dans le cercueil. Dans son film, Moore trace le portrait d'une décennie qui commence par la visite de Reagan à Flint. Au cours de sa première campagne présidentielle, le candidat républicain s'était présenté dans la région et avait invité quelques travailleurs de l'auto à venir manger un morceau de pizza avec lui. Comme Reagan a réussi à se faire élire pour deux mandats consécutifs, certains critiques prétendent que le spectateur pourrait être induit en erreur et croire que la visite se déroule en 1986 ou 1987. Lorsque l'on y regarde de plus près cependant, l'on voit bien que les images ne sont pas de cette époque. La mode vestimentaire, la coupe de cheveux et la différence dans la qualité du grain de l'image démontrent clairement que la séquence a été filmée antérieurement par une autre équipe de tournage. D'autres articles, qui feront suite à celui de Jacobson, péroreront sur la date exacte à laquelle la caisse enregistreuse a été dérobée au comptoir de la pizzeria. Dans son commentaire, Moore tourne cet incident en blague. « C'est sans doute la seule bonne chose qui découla de ce lunch avec Reagan, dira-t-il ; il y a au moins une personne qui en aura tiré profit. » En fait, la caisse enregistreuse avait disparu à la faveur de la fébrilité des préparatifs, deux jours avant l'arrivée de Reagan.

Le film raconte aussi les stratégies tout à fait absurdes des administrations locales de Flint pour attirer des touristes : la construction d'un hôtel de luxe Hyatt-Regency et surtout Auto-World, un parc de loisirs intérieur dédié à l'histoire des environs. Les deux éléphants blancs avaient été construits en 1982 et 1984, respectivement. Leur arrivée à Flint n'avait donc rien à voir avec les fermetures d'usines de 1987. L'économie était déjà mal en point, bien avant la première pelletée de terre. C'est précisément le manque de vision à long terme, caractérisé par ces deux projets loufoques, qui endettera encore davantage la petite communauté. La ratification de l'ALÉNA et le déplacement des usines d'assemblage de la GM vers le sud achèveront le déclin d'une ville établie sur les assises prometteuses de la construction automobile. Dans une entrevue accordée à *Newsday*, Moore se défend : « Tous les faits rapportés dans mon film sont véridiques. Le contexte des événements est véridique. Les seuls contestataires sont la poignée d'individus qui ne veulent pas regarder la vraie situation en face. Ils m'accusent d'être un journaliste, c'est-à-dire d'avoir essayé de faire un film d'une heure et demie qui raconte une histoire extraite d'une cinquantaine d'heures d'enregistrement[73]. »

Pauline Kael, du *New Yorker*, reprit la critique de *Film Comment* et la poussa plus loin. Kael a maille à partir avec *Roger & Me* et son réalisateur. La fielleuse critique décrit Moore comme « un grand guignol, attifé d'une casquette et d'un coupe-vent, qui avance en se traînant les pieds. » Kael accuse Moore de se servir accessoirement de ses personnages : « Il leur pose des questions d'ordre général au sujet du nombre élevé de chômeurs ou de l'augmentation du taux de criminalité, mais leur inaptitude à répondre leur donne un air factice ou idiot… écrit Kael. J'ai cessé très vite de croire en ce que disait Moore. Il est beaucoup trop beau parleur à mon goût. Lorsqu'il nous parle des différentes tentatives pour attirer les touristes, j'ai l'impression d'être en train de regarder l'adaptation cinématographique du best-seller des années trente, *A Short Introduction to the History of Human Stupidity*[74]… »

À l'instar de Jacobson et plusieurs autres, Kael remet en question le nombre de fermetures d'usines. En tout, onze avaient fermé leurs portes, mais Moore ne mentionne jamais clairement dans son film si les usines sont toutes véritablement situées à Flint. Les archives tirées des bulletins de nouvelles disent pourtant clairement que cette communauté est la plus touchée par la mesure de GM. Il est possible, bien entendu, que Kael n'ait pas pu vérifier chacun des points du documentaire, puisque Moore n'a jamais voulu lui envoyer une copie de son film pour qu'elle puisse le visionner à sa guise. Il insista plutôt pour qu'elle se déplace et vienne le voir à New York.

Quelques années plus tard, dans les pages de son blog, Moore rappellera avec beaucoup d'humour comment il en était venu à se considérer comme un « artiste », après la sortie de *Roger & Me*. Ainsi, quand les studios de la Warner Bros. lui avaient demandé de faire parvenir une vidéocassette de son film à Kael, afin qu'elle puisse le critiquer, Moore avait refusé en précisant péremptoirement qu'il était cinéaste et non pas vidéaste, et qu'un film se doit d'être vu sur un grand écran. Moore avait ajouté ne pas savoir qui était Kael, ce qui est fort improbable compte tenu sa réputation déjà bien établie. Plus improbable encore, de la part d'un ancien rédacteur en chef de *Mother Jones*, Moore affirmait aussi n'avoir jamais tenu un numéro du *New Yorker* entre ses mains. Au cours des années, le contenu de son blog s'est souvent promené entre l'autodérision désinvolte et la sincérité consciencieuse de ses diatribes. S'il lui avait fait parvenir une copie vidéo par la poste, Moore pensait-il alors que Kael aurait été séduite par son film ? Ou bien était-il encore en train de faire preuve de son talent de comédien ?

« Ah la la… Quel idiot j'ai été, concèdera Moore dix ans après l'incident Kael-*New Yorker*. Les studios ont appelé madame Kael pour lui faire part de ma réponse. Elle était âgée, nous étions en plein hiver et elle habitait à deux cent cinquante kilomètres de New York. Et j'exigeais, moi, Michael Moore, le grand auteur de film, qu'elle daigne se déplacer en voiture jusqu'à New York pour avoir le privilège de visionner mon chef-d'œuvre[75]. » De fait, c'est exactement ce qui se produisit. Dès le lendemain, à l'occasion de la rencontre annuelle des critiques de cinéma de New York, Kael démolit *Roger & Me*. Alors que ses collègues se préparaient à voter pour lui attribuer le prix du meilleur film de l'année, Kael ne se gêna pas pour affirmer son opposition au film de Moore.

En dépit de ses objections toutefois, le cercle des critiques de cinéma de New York décerna le prix de meilleur film à *Roger & Me*. Gene Siskel et Roger Ebert s'en étaient faits les deux plus grands défenseurs. Les deux critiques parleront souvent en bien du film, mieux même que n'aurait jamais pu le faire Moore, à cause, notamment, de sa tendance à réagir trop promptement aux flèches que lui lancent ses adversaires. Le documentaire fut d'abord accueilli triomphalement par Roger Ebert, dans le cadre du festival de Telluride, et Siskel le suivit de près dans son engouement. C'est d'ailleurs ce dernier qui eut l'idée de mener une entrevue chez un concessionnaire GM de Chicago en compagnie de Moore, Ebert et lui-même, assis sur le capot d'une Cadillac. Le vendeur n'y vit que du feu. Dans sa revue de fin d'année, Ebert plaça *Roger & Me* au cinquième rang de sa liste des dix meilleurs films. Siskel renchérit et plaça le documentaire en deuxième position. Dans une lettre adressée au *Chicago Sun Times*, Ebert prit soin de répliquer à l'attaque en règle de Kael. Selon Ebert, Kael et Jacobson étaient passés carrément à côté du sujet. Il affirmait que le film de Moore lui avait immédiatement plu à cause de son humour, son indignation et sa capacité de divertir du début à la fin. Il ajoutait : « Ce film dit des choses qui n'avaient jamais été dites au cinéma depuis fort longtemps, notamment que la morale actuelle de la réussite à tout prix qui carbure au

MBA n'est qu'un synonyme de "cupidité". Derrière l'image soigneusement façonnée par d'habiles relationnistes, les grandes entreprises sont toujours les mêmes : elles n'ont aucun scrupule[76]. »

Ebert s'entend avec Kael pour dire qu'il trouve que Moore est un grand parleur, mais que cette manière d'être est délibérée. « Il fait un pied de nez à la GM, écrit-il, alors il frappe sous la ceinture. Il le sait fort bien et nous aussi. Il était temps que quelqu'un le fasse pour nous. »

Un peu plus loin, Ebert ajoute qu'il est essentiel pour Moore d'avoir recours à une certaine forme de manipulation pour arriver à ses fins et que vouloir à tout prix dénoncer sa démarche nous fait sous-estimer un élément crucial utilisé par ceux qui depuis des générations manient la satire et l'utopie. « Ce que *Roger & Me* nous rapporte à propos de la General Motors, de Flint et des grandes entreprises dépasse le simple ensemble des faits qui sont énoncés dans le documentaire, écrit Ebert. Ce film nous apporte de la poésie, un point de vue sans équivoque, de l'indignation, des opinions, de la colère et de l'humour. »

Au festival de Sundance, en Utah, Ebert parlera à d'autres cinéastes reconnus. Tous s'entendront pour dire que le cinéma documentaire ne pourrait jamais être aussi intéressant sans montage ou sans manipulation. Ed Lachamn, un directeur photo qui avait déjà travaillé avec Herzog, déclara : « Quand vous filmez un documentaire, vous tournez les meilleures images possibles. Ensuite, vous les assemblez dans l'ordre le plus approprié pour transmettre au spectateur l'essentiel de vos intentions. » Lachman poursuit : « Si tous les documentaires étaient montés en ordre chronologique, plusieurs ne se rendraient jamais sur les écrans de nos cinémas. » Karen Thorson a travaillé plusieurs années avec Albert Maysles avant de réaliser ses propres films (Maysles est mieux connu pour son documentaire *Gimme Shelter*, tourné avec les Stones, et *Salesman*. Il a aussi aidé à populariser le style de documentaire dit « effacé », ou cinéma-vérité). Voici comment elle réagit à toutes les attaques adressées à *Roger & Me* : « Est-ce que les critiques qui ont vu ce film avaient déjà vu un autre film documentaire auparavant ? En portant la moindre attention au ton qui s'en dégage, ne pouvaient-ils donc pas pressentir de quoi il s'agit exactement ? »

Dans un article paru dans le *New York Times*, Richard Bernstein compara *Roger & Me* à « une sorte de combat revanche à la David et Goliath, dans lequel un rien du tout au franc-parler remporte une victoire morale sur une grande entreprise malintentionnée[77]. » Bernstein fit valoir que les doléances de Jacobson et Kael s'inspiraient de la présomption erronée selon laquelle « un documentaire est une forme de représentation journalistique filmée qui devrait obéir aux mêmes règles d'impartialité et d'objectivité que les journaux et les nouvelles télévisées ». En tant que satire, demande Bernstein, n'est-il pas nécessaire que *Roger & Me* recoure à l'exagération ? L'article de Bernstein, qui date de février 1990, considère qu'il serait préférable de couper la poire en deux. Une œuvre satirique comme *Roger & Me* n'a aucune obligation de s'en tenir à la véritable chronologie des événements ou de présenter les données d'une manière rigoureusement impartiale. Mais, en même temps, le manque de crédibilité du narrateur atténue l'impact du film. Bernstein compare *Roger & Me* à la *Modeste proposition* de Jonathan Swift, dans laquelle l'auteur propose aux parents affligés par la famine en Irlande de manger leurs nourrissons. Dans son article du *New York Times*, le journaliste soutient qu'il est inconcevable que les spectateurs ne puissent pas être conscients du ton délibérément plaisantin de Moore. Bernstein prend soin de souligner la raison qui se cache derrière cette approche : un reportage conventionnel sur le même sujet aurait attiré beaucoup moins l'attention du grand public. « Si, par exemple, écrit Bernstein, M. Moore avait intitulé son film *Chronique d'une calamité : Flint et la General Motors*, il aurait tout de suite été clair qu'il s'agissait d'un reportage journalistique au traitement conventionnel. Par contre, un titre comme *Roger & Me* annonce tout de suite les intentions excentriques et irrévérencieuses du réalisateur et le fait que celui-ci adoptera un point de vue très personnel pour raconter l'histoire de son film. »

Les critiques favorables au film arriveront trop tard pour faire oublier le mal causé par ses détracteurs. Malgré son prix décerné par le cercle des critiques de cinéma à New York, la candidature de *Roger & Me* ne fut pas retenue dans la course aux Oscars. Moore dut attendre plus de douze ans avant de pouvoir se présenter à la tribune devant les membres de l'Académie.

Ce ne sont pas seulement les critiques de cinéma qui étaient offusqués par *Roger & Me*. Larry Stecco, un avocat de Flint (devenu par la suite magistrat), poursuivit Moore et la Warner Bros. pour « diffamation et atteinte à la vie privée ». Il eut gain de cause. À l'époque, Stecco était membre actif du parti démocrate. C'est lui qui avait défendu Moore quand le conseil scolaire avait tenté de se réunir à son insu. Toutefois, Stecco considérait que Moore le dépeignait désavantageusement dans la séquence de la réception annuelle du Great Gatsby de Flint. Inspirée du roman éponyme de Scott Fitzgerald, cette fête se veut le reflet de l'opulence des années folles qui ont précédé la grande crise économique. Dans le film, on peut voir une vaste pelouse parsemée de tables aux nappes blanches recouvertes de hors-d'œuvres et de cocktails. D'innombrables plateaux de crevettes sont ornés de bouquets de fleurs et de cygnes sculptés dans la glace. Durant la fête, des hommes et des femmes vêtus avec élégance circulent autour de comédiens habillés en costume d'époque qui se tiennent debout comme des statues ; pour la plupart, ils sont Noirs et sans emploi. Vêtu d'un smoking, Stecco concède devant la caméra que les travailleurs mis à pied ont de la difficulté à joindre les deux bouts, mais souligne que d'autres, par contre, se sont déniché un emploi. Moore lui demande ensuite quels sont les bons côtés de la vie à Flint. Une connaissance de Stecco l'incite à mentionner les cours de ballets que suivent ses enfants. Pris de court et pressé de fournir une réponse, Stecco finit par dire : « Le ballet et le hockey. Flint est un endroit formidable pour y vivre. » En soi, le commentaire de Stecco est assez inoffensif. Le plan qui suit immédiatement, cependant, nous montre l'adjoint de Roger Smith, le shérif Fred Ross, en train d'expulser une famille de chez elle. Dans cette séquence, Ross sort d'une résidence vidée de ses biens et va déposer à la rue ce qui reste des biens de la famille. Puis, la caméra s'attarde sur un gros plan du mobilier de la chambre des deux enfants[78]. Un jury de huit personnes visionna la version finale du film ainsi que les séquences inutilisées. Judith Fullerton, une juge itinérante du comté de Genesee, trancha en faveur de Stecco et lui accorda un dédommagement de six mille deux cent cinquante dollars[79].

Stecco n'était pas la seule personne insatisfaite de son traitement cinématographique dans *Roger & Me*. Bob Eubanks, animateur de la populaire émission télévisée *The Newlywed Game* et célèbre citoyen de la ville de Flint, aura aussi un différend avec le réalisateur du film. Dans le documentaire, Moore s'entretient aux abords de la scène avec

Eubanks, alors qu'il s'apprête à animer une représentation de son émission bien connue lors d'une fête communautaire. Avant de faire son entrée en scène, Eubanks est très décontracté et, au cours de la conversation avec Moore, il exprime son opposition à la manière dont ce dernier utilise le mot « seins », précisant qu'il ne l'utiliserait jamais dans son émission. Et Eubanks enchaîne avec une blague de mauvais goût au sujet des femmes juives et du sida. À la sortie du film, selon Moore, l'animateur vedette rejoindra la ligue antidiffamatoire du sud de la Californie pour dénoncer à la télévision le contenu antisémite du documentaire. Les studios de la Warner Bros. refusèrent de censurer la réplique déplacée.

Avec le recul, il est fascinant de voir toute la controverse soulevée par un réalisateur néophyte qui décide, non pas de s'en prendre à un chef d'État, comme il le fera plus tard, mais bien à un géant de l'industrie. Kael et Jacobson, les critiques les plus sévères de *Roger & Me*, ont raison de penser que la chronologie des événements est biaisée et que l'histoire est partiale. Moore ne s'encombre pas des faits qui n'appuient pas son propos, comme par exemple le nombre d'employés qui étaient toujours à l'embauche de la GM, à Flint, en 1989. Avec le temps, les événements donneront toutefois raison à Moore et au contenu de *Roger & Me*. En 2002, il y avait toujours cinq usines de la GM en opération, mais selon la compagnie elle-même, elle n'avait plus que quinze mille deux cents employés dans le comté de Genesee, soit une diminution de près de soixante-sept mille employés en moins de trente ans. Dans le cahier d'information sur l'industrie automobile du quotidien *Detroit News* du 23 juillet 2002, on rapporte que « selon le dernier recensement des États-Unis, une maison sur huit à Flint est inoccupée, ce qui constitue le plus haut pourcentage de l'État du Michigan ». Le reportage se poursuit sur une note peu rassurante : « La ville, en manque d'argent, a coupé dans ses dépenses d'entretien des parcs et autres endroits publics dans la communauté. L'an dernier, la prison a fermé ses portes et l'on a mis fin au service ambulancier. Flint se retrouve également avec un poste de police et un poste de pompiers en moins. » Il existe encore actuellement des secteurs commerciaux qui se portent bien et la ville peut se vanter d'avoir une magnifique bibliothèque et quelques musées, mais plusieurs commerces continuent de mettre la clef sous la porte et les nouveaux taudis se multiplient.

Moore estime que le plus pénible de toute l'expérience de *Roger & Me* aura été le constat que son film ne parvint pas à sortir sa ville natale du marasme économique. Dans le commentaire qui accompagne la sortie de *Roger & Me* en DVD, en 2003, Moore admet son échec. Il concède que l'idée qu'un film puisse sauver une ville était peut-être un peu folle au départ et que Glynn et lui avaient peut-être été un peu trop ambitieux. Encore aujourd'hui, certains critiques accusent Moore de vivre dans le passé et de ne pas reconnaître que la situation économique du Michigan s'est améliorée sur certains points. Des régions ont même connu un essor. Mais pas Flint. En 2000, Moore persiste et signe : « Peu importe à quel point la situation s'aggrave, le président de la General Motors détiendra toujours le même nombre de voix que vous et moi : une seule ! Et n'oubliez jamais une chose : nous serons toujours plus nombreux que lui[80]. »

Même si le film *Roger & Me* n'aura pas ressuscité la ville de Flint, il aura tout de même eu le mérite de faire parler les gens : en bien, en mal, beaucoup et souvent. Dans les salles de cinéma à travers le monde, le documentaire engrangea huit millions de dollars de recettes brutes. De plus, *Roger & Me* entraîna dans son sillon une abondance de reportages journalistiques sur les pratiques déloyales de la General Motors et d'autres compagnies envers leurs employés.

Aujourd'hui, l'espoir règne toujours à Flint. Des idées un peu extravagantes circulent, comme celle de Ryan Eashoo d'introniser Moore au temple de la renommée de l'école secondaire Davison. Eashoo affirme : « Même si je ne partage pas toujours son point de vue, je crois en ce qu'il fait. Il donne la parole aux plus démunis d'entre nous… J'ai commencé cette campagne par moi-même puis j'en ai parlé à des amis, autour d'un verre. Je leur ai dit, "Allez, nous devons faire quelque chose. Michael le mérite". » Lorsque Eashoo créa son site Internet, il se mit à recevoir des dizaines de messages par jour, de partout à travers le pays, de personnes qui voulaient exprimer leur opinion pour ou contre Moore. Eashoo est fasciné par l'intérêt que suscite le réalisateur de *Roger & Me* et demeure convaincu que les villes de Flint et de Davison finiront par l'appuyer dans sa démarche. « Les réactions sont mitigées, dit-il. De ceux à qui j'ai parlé, environ 75 % sont en faveur de sa nomination, alors que 25 % s'y opposent[81]. »

Selon Eashoo, qui travaille dans l'immobilier, « les gens d'ici croient que Michael Moore a réalisé *Roger & Me* pour lancer la pierre à la ville de Flint. En réalité, ou du moins selon moi, Michael Moore n'a fait que dire : "Allez, réveillez-vous. Voyez ce que la GM est en train de faire à la communauté et aux gens qui l'habitent. Si la General Motors existe, c'est grâce à toutes ces personnes. D'une génération à une autre, les citoyens de cette ville ont travaillé dans ses usines. Si la GM est devenue l'une des plus grandes entreprises au monde, c'est en grande partie à cause des avantages fiscaux consentis par la ville." Plusieurs ne se rendent pas compte que Michael Moore a fait beaucoup plus qu'un simple film. Son intention première n'était pas de s'enrichir en faisant mal paraître certaines personnes ni de réaliser le documentaire qui connaîtrait le plus grand succès commercial de tous les temps. Il voulait seulement faire un film qu'il pourrait montrer dans des assemblées syndicales ».

Et effectivement, Moore présenta *Roger & Me* dans des salles syndicales. Il redistribua une partie considérable des recettes du film à la ville de Flint. Il fonda aussi un organisme de soutien pour les cinéastes indépendants. Il n'aura peut-être pas libéré sa ville natale des difficultés économiques, mais il sera néanmoins parvenu à accomplir ce qu'il voulait : attirer l'attention du public sur le fonctionnement sans scrupule des grandes entreprises, présentement et dans l'avenir avec l'ALÉNA. Avec ce film, Moore a réalisé un documentaire grand public présenté à des dizaines de milliers de travailleurs aux États-Unis et à travers le monde.

Bientôt, son message sera diffusé d'une nouvelle façon à des centaines de milliers d'autres personnes quand, s'éloignant presque malgré lui du milieu du cinéma, il se dirigera vers un autre médium communément appelé « la boîte à idioties ». À l'aide de ce nouvel outil, il créera *TV Nation*, l'une des plus brillantes et des plus dynamiques émissions jamais vues au petit écran, une sorte de version de gauche de l'émission à sensations fortes, *Real People.*

CHAPITRE 5

Crackers laisse des plumes à *TV Nation*

Lorsque TV Nation *a été diffusée pour la première fois en 1993 ou 94, je crois, j'ai été absolument renversé… Cette émission réunissait tous les éléments qui me plaisaient le plus : le journalisme, l'humour et le militantisme, le tout livré sur un ton délicieusement téméraire. On n'avait jamais vu pareille chose à la télé.*

John Derevlany, auteur et artiste chez *TV Nation*[82]

Quand les inconditionnels de l'émission *TV Nation* entendent le nom de « Crackers », leur regard s'embrume, puis ils se mettent doucement à sourire. La simple évocation de ce super héros fictif a sur eux le même effet attendrissant qu'un chiot déposé sur les genoux d'une personne au cœur sensible. Leur réaction unanime est déférente et larmoyante : « Oooooooh ! » C'est du moins l'effet que j'obtiens à tout coup lorsque je mentionne à des amis ou à des connaissances que je suis en train de correspondre avec John Derevlany, l'homme derrière Crackers, la mascotte poulet de deux mètres dix de *TV Nation* qui menait une lutte à finir contre les gens d'affaires coupables de méfaits. Derevlany était en fait l'homme à l'intérieur du costume de l'oiseau mythique.

Connu surtout sous les traits du poulet justicier à l'assaut des crimes d'entreprise, il avait d'abord débuté comme auteur chez *TV Nation*.

Qui était donc ce personnage de Crackers ? Et pourquoi Derevlany déguisé en volatile est-il tellement emblématique des années que passa Michael Moore à *TV Nation* ? Selon Moore et Glynn, productrice de l'émission et sa partenaire de vie, « chaque année, aux États-Unis, les fraudes commises par des entreprises se chiffrent à deux cents milliards de dollars, contre quatre milliards de dollars pour l'ensemble de tous les vols et toutes les entrées par effraction perpétrés sur le même territoire. Et chaque année, le nombre de personnes qui perdent la vie dans un accident de travail dépasse de quarante-cinq mille le nombre d'hommes et de femmes abattus par des armes à feu[83]. » Cette statistique macabre contraste certes avec l'attendrissante nostalgie évoquée plus haut ; elle est pourtant directement à l'origine du poulet justicier géant.

Derevlany explique : « Au début, Crackers ne devait être qu'une simple mascotte. Nous avions souvent des sujets difficiles à rendre visuellement, tels que la fraude, la corruption, la pollution, etc. Par conséquent, nous voulions que quelqu'un puisse apporter une présence amusante et divertissante à l'écran. Même aujourd'hui je trouve que c'était une idée géniale[84]. » L'idée des « crimes d'entreprises » avait déjà été développée par Moore auparavant alors qu'il travaillait au *Flint Voice*. Cette fois-ci, cependant, le concept va prendre son envol dans un glorieux déploiement de plumes. Là-dessus, toute l'équipe a suivi Moore. Selon Derevlany : « Nous ne parlons presque jamais de ces histoires de milliards qui s'envolent, car nous pouvons difficilement trouver des images pour les raconter à la télé. Oui, certaines entreprises, comme Enron, ont dilapidé des milliards de nos dollars. Et puis après ? Avez-vous des photos à me montrer ? Des traces de sang ? Une poursuite policière à vive allure ? À la base, cette histoire de détournement de fonds est ennuyeuse. Voilà en partie où Crackers entrait en scène. »

En 1985, une enquête menée par Roger Kerson avait paru dans les pages du *Michigan Voice* de Moore : « *Crime in the Suites : Michigans's Corporate Crooks and Big Business Bullies.* » Dans l'article, le journaliste s'interrogeait sur le rôle de la compagnie Ford dans le scandale meurtrier de sa voiture Pinto. En 1993 cependant, l'approche de Moore pour lutter contre les actions fautives d'entreprises diffère considérablement. C'est à lui que revient l'idée d'un justicier sous les traits d'une mascotte. Elle s'inspire en partie d'un personnage de dessin animé, le basset McGruff. Vêtu d'un paletot comme un détective, McGruff prodiguait de judicieux conseils sur l'art d'être un citoyen responsable et enseignait aussi la vigilance dans les zones résidentielles. Moore avait développé presque une fixation sur le petit chien au flair de justicier qui se faisait un devoir « de ne faire qu'une bouchée de la criminalité » aux États-Unis. Il décida donc d'intégrer le concept à *TV Nation*. L'idée fut élaborée avec l'aide de Jay Martel, un auteur de l'émission, qui lança d'abord l'idée d'un canari justicier. Selon Derevlany, « Michael a ensuite substitué le poulet au canari en expliquant "qu'un poulet, c'est toujours amusant." »

Quelques coups de crayon tracés sommairement esquisseront les premiers traits de Crackers : un volatile cravaté de grande stature, coiffé d'un chapeau, avec sa poitrine de poulet ornée d'une lettre « C » voyante. L'écusson finit par être remplacé par l'emblème de *TV Nation*. En peu de temps, Crackers deviendra le justicier masqué le plus remarqué de la télévision, atteignant la stature de ses émules, Big Bird de *Sesame Street* ou Charlie le coq, le volatile aux envolées lyriques des *Looney Tunes*. La raison d'être de Crackers était au contraire de nature beaucoup plus politique et controversée. La mission de Crackers évoluera tout comme son costume, porté par Derevlany. En plus de confronter les grandes entreprises à leur absence de responsabilité civile et patriotique, le poulet justicier faisait bec de tout bois et partait même aux trousses des annonceurs de l'émission dans laquelle il jouait. Au cours des années 1990, le personnage emplumé deviendra un membre récurrent des rubriques de *TV Nation*. Chaque fois que l'équipe de tournage pressentait qu'un sujet risquait d'importuner le réseau au point de lui faire perdre l'appui des commanditaires, Crackers prenait la relève. Quelques exemples : Crackers colle des étiquettes « extorsion » à des banques qui, comme la Boston Corp, demandaient des avantages fiscaux à la ville de New York ; Crackers s'insurge et vole à la rescousse des citoyens de Philadelphie pour contester la politique effarante des banques CoreStates d'imposer une pénalité de vingt-cinq dollars pour chaque chèque sans provisions (la démarche du poulet justicier incitera d'ailleurs la représentante de l'État, Babette Joseph, à déposer un projet de loi à l'assemblée législative de Pennsylvanie limitant à sept dollars cinquante les frais à débourser pour un chèque refusé) ; Crackers se charge personnellement de prélever des échantillons de terrain pour analyse au bénéfice des employés de la fonderie Doe Run, à St. Louis, préoccupés par la contamination au plomb. Au cours d'un conflit de travail, Crackers s'est même déjà rué à l'intérieur de l'édifice du *Detroit Free Press*, sans égard à sa propre sécurité. La mascotte poulet, qui voulait entendre le point de vue des grévistes, ne réussit qu'à se faire projeter violemment trois mètres plus loin par les agents de sécurité qui n'entendaient pas à rire. Le vol plané de la poule pas-si-mouillée-que-ça nécessitera un bref séjour à l'hôpital. En plus de rendre Crackers célèbre, les manœuvres de la mascotte démontrent assez clairement toutes les audaces que pouvait se permettre *TV Nation*.

L'émission hebdomadaire apportait un vent d'humour et de fraîcheur bien différent de la formule familière du magazine d'enquête télévisé *60 Minutes*. *TV Nation* allait bien plus loin que son auguste compétiteur. Les correspondants de l'émission faisaient fi de toute objectivité et ne se gênaient pas pour afficher leur programme. Des reporters iconoclastes, tels l'humoriste au franc parler Janeane Garofalo, la vidéo jockey de MTV Karen Duffy, sans oublier l'ancien collaborateur au *Voice* et ami indéfectible de Moore, le chroniqueur Ben Hamper, faisaient tous partie de l'équipe. Ensemble, ils s'intéressaient à un éventail de phénomènes caractéristiques des États-Unis : l'industrie croissante des prisons privées, le racisme des chauffeurs de taxi ou le nombre d'animaux domestiques qui reçoivent une ordonnance de Prozac de leur vétérinaire. Ils menèrent souvent des campagnes qui aboutirent à des changements dans les politiques institutionnelles ou communautaires. Garofalo, par exemple, dirigea l'invasion d'une fête de plage à Greenwich, au Connecticut, sur des rives sablonneuses prétendument réservées à l'usage exclusif des membres blancs et fortunés de la communauté. L'humoriste réussit à contraindre les snobinards à partager leur lopin de sable avec sa troupe improvisée de « combattants ».

Les allégeances politiques et les choix éthiques de l'équipe de Moore crevaient l'écran. *TV Nation* se voulait proprement ridicule. L'indicatif musical empruntait aussi bien à Metallica qu'à la chanson thème de *Leave it to Beaver*. Régulièrement, on affichait à l'écran les résultats farfelus de sondages authentiques menés par une firme du Midwest. Le réseau NBC mit en effet Widgery and Associates à contribution pour pondre une série de statistiques du style de celles que présentait déjà l'émission satirique *Saturday Night Live* : « 45 % des Américains estiment que les extra-terrestres rebrousseraient chemin s'ils pouvaient capter une allocution de Sonny Bono devant les membres du Congrès américain sur les ondes de C-SPAN » ou « 16 % des supporters de Ross Perot sont convaincus que les dauphins pourraient se sortir des mailles des filets s'ils étaient véritablement intelligents[85] ».

« J'aime croire que *TV Nation* prend le contre-pied des magazines d'information télévisés. Nous aimons briser toutes les lois non écrites de la télé », affirme Moore à cette époque[86]. Une correspondante de l'émission, Karen Duffy, corrobore l'affirmation de son ancien patron, allant même jusqu'à le qualifier de « gars perspicace de grande classe avec des *cojones* en inox ».

Comment donc l'homme natif de Flint était-il parvenu à passer d'une tournée de cent dix centres communautaires avec *Roger & Me* sous le bras à une rencontre avec des cadres d'Hollywood pour mettre sur pied sa propre émission de télévision ? Il lui était tout simplement arrivé la même chose qu'à bon nombre de personnes qui réussissent un projet avec brio : il avait subi un revers. Alors que son parcours professionnel semblait le destiner à réaliser un second long-métrage, un projet d'émission télévisée le fit dévier inopinément de sa trajectoire. C'est du moins ce qu'il raconte dans *Adventures in a TV Nation*, un livre coécrit avec Kathleen Glynn.

Après *Roger & Me*, l'existence de Moore était devenue un tourbillon de batailles médiatiques et d'interviews : le débat controversé avec Pauline Kael autour du statut « documentaire » de son film, les joutes écrites et verbales qui l'opposaient au syndicat des Travailleurs unis de l'automobile, à Ralph Nader et à la General Motors (qui enverra, selon Moore, des trousses d'information aux principaux réseaux de télévision pour dire « la vérité » et contredire ce qu'elle considérait être les affirmations mensongères du réalisateur), sans compter ses participations au *Tonight Show* et au *Larry King Show*. La tournée promotionnelle de *Roger & Me* fut beaucoup plus importante que celles qu'il avait menées quand il travaillait au *Flint Voice* ou chez *Mother Jones*. Pour la première fois, Moore se retrouvait *devant* la caméra. En juillet 1990, il écrira, dans les pages du *New York Times* : « Je répondais aux mêmes trente questions vingt fois par jour. Pour éviter de sombrer dans un état neurasthénique d'ennui extrême, j'ai commencé à inventer quotidiennement de nouvelles réponses aux anciennes questions, dit Moore à la blague. Je crois qu'on m'a posé une question originale à seulement trois reprises : "À quel âge avez-vous perdu votre virginité?" (la revue *People*), "Croyez-vous en Dieu?" (*The Chicago Tribune*) et "Auriez-vous l'obligeance de signer une autographe pour mon caniche?"(*The New Yorker*)[87]. »

Et puis, revenir à Flint n'était pas de tout repos. Moore y sera tour à tour honoré, adulé, froissé et harcelé. Partout où il allait, on s'empressait de l'approcher pour lui raconter les plus déchirantes histoires de mise à pied. La communauté était tiraillée. Les citoyens de Flint étaient fiers de la réussite de l'un des leurs, mais ne savaient pas trop comment interpréter la renommée que son film avait fait rejaillir sur eux. Ainsi, on invita Moore à venir autographier les boîtiers VHS de *Roger & Me* dans un club vidéo local, mais du même souffle on lui interdit de participer à certaines émissions de radio et de télévision de la région. L'animateur d'info-variétés, Phil Donahue, se déplaça de Chicago à Flint pour consacrer une émission au film de Moore et entendre les citoyens s'exprimer à son sujet. Selon Moore, la police de Flint intervint dix minutes avant le début de l'enregistrement pour l'informer qu'un tireur embusqué menaçait d'agir et lui proposer de se munir d'un gilet pare-balles. De toute sa vie, Moore n'avait jamais autant voyagé que durant la campagne de promotion. Avec un tel succès, il serait illusoire autant qu'utopique d'imaginer un seul instant qu'il pourrait rester la même personne qu'avant *Roger & Me,* même s'il répétait à qui voulait l'entendre qu'il ne possédait toujours « que trois paires de jeans et une casquette des Tigers de Détroit ».

La détermination d'un individu peut rester inchangée, mais son environnement et ses idées ne peuvent qu'évoluer. En 1993, Moore racontera au magazine *Esquire* : « J'étais entré faire des achats dans un commerce de Flint quand, tout à coup, l'un des employés a annoncé au micro : "Attention chers clients, veuillez prendre note que Michael Moore vient de franchir les portes de notre commerce." Vous voyez ce que je veux dire ? Moi, pendant ce temps, je me cachais derrière un étalage d'huile à moteur[88]. »

Bien entendu, Moore cherchait à attirer l'attention depuis sa plus tendre enfance. Il l'avait fait lorsqu'il rêvait de fonder un journal à son école primaire, lors de ses frasques durant les représentations de la chorale ; il l'avait fait aussi au tout début de sa carrière d'homme politique, en tant qu'éditeur de journal et, surtout, finalement, en tant que réalisateur d'un film documentaire. La question se posait alors à lui : que faire de sa vie s'il ne voulait pas qu'elle se résume à faire du shopping et à se la couler douce ? Il ne trouva pas la réponse du côté du petit écran, mais d'un premier film de fiction. À cette époque, Moore était souvent invité à des premières. Il participa à de nombreuses tribunes et prodigua des conseils à plusieurs jeunes cinéastes. À l'occasion d'une conférence au

Independant Film Project, à New York, Moore lança une nouvelle forme de subvention directe au cinéma en sortant son carnet de chèques. Dans une entrevue accordée au *People's Weekly World*, il expliquera que le Centre des médias alternatifs n'était pas une fondation au sens classique du terme : « Lorsque je vois un projet qui me plaît, j'appelle tout simplement son concepteur pour lui dire : "Je veux t'envoyer un chèque. Quelle est ton adresse ?" C'est ma contribution et ça reste un peu dans l'esprit d'entraide de *Roger & Me*. » L'ironie suprême, mentionnera Moore, aura été de prendre l'argent reçu de la Time Warner pour le « redistribuer dans des secteurs culturels qui s'opposaient aux grandes entreprises[89] ».

En tout, Moore se départira de 50 % des recettes reçues pour *Roger & Me*, soit quatre cent mille dollars en dons à des cinéastes qu'il choisit simplement parce que leur travail lui plaisait. C'est ainsi que Moore finança une partie du film *Just Another Girl On the IRT*, de Leslie Harris, une réalisatrice de race noire. « J'étais consterné d'apprendre qu'Hollywood n'avait jamais distribué de film réalisé par une femme afroaméricaine alors que nous étions en train de commémorer le centième anniversaire du cinéma. » L'esprit de mécène de Moore ne l'empêchait pas d'être déchiré entre le désir ambitieux d'aller faire des films de fiction et celui d'améliorer le modeste sort des gens de Flint. En 1990, ce ne sont pas les bonnes causes qui manquaient dans la ville dévastée, mais Moore demeurait l'un des seuls cinéastes de la région. La logique voudrait qu'il profite de son ascension inattendue dans le monde du cinéma pour faire des films au lieu d'incarner simplement le rôle du gars du coin, à la fois rebelle et redresseur de torts, qui revient faire un tour dans sa ville natale pour semer le bien.

Au festival de Sundance de 1991, quelques jours à peine après le début de la guerre du Golfe, la première idée d'un scénario de long-métrage germe dans son esprit. Il veut l'écrire et l'appeler *Canadian Bacon*. Assez curieusement, c'est un événement médiatique sans rapport direct qui lui inspira l'idée du film.

« Les bombardements venaient de commencer en Irak et nous nous retrouvions, quatre jours plus tard, au festival de Sundance, explique Moore dans une entrevue accordée au *People's Weekly World*. J'ai tout de suite pensé qu'en tant que cinéastes indépendants, nous devions prendre position au sujet de cette guerre[90]. » Il aborda donc le maître de cérémonie de la soirée de clôture, John Sayles, pour lui demander de lire une déclaration qui était, selon Moore, « une résolution sur laquelle nous pourrions voter et qui disait quelque chose comme ceci : "En tant que regroupement de cinéastes indépendants, nous affirmons nous opposer au déploiement de troupes américaines en Irak." Sayles a dit : "Bien, c'est une très bonne idée." » Mais quand il lut la résolution, les gens commencèrent à « le siffler, le huer et clamer qu'on "était dans un festival de films, pas dans une arène politique, et qu'on était là seulement pour décerner des prix" ». Moore réagit : « Nous avions pourtant affaire à des réalisateurs indépendants, qui ne sont pas des ignares, des gens qu'on aurait cru être sur la même longueur d'ondes. J'étais sous le choc. Je suis revenu chez moi en me disant, "si *eux* ne s'opposent pas à la guerre du Golfe, c'est tout un défi qui m'attend au détour". »

Bien avant de monter sur scène pour accepter son Oscar pour *Bowling à Columbine*, Moore savait donc déjà quelle serait la réaction probable des gens à une déclaration politique faite lors d'une cérémonie de remises de prix. À la cérémonie des Oscars de 2003, devant un auditoire aux sensibilités politiques beaucoup plus au centre, il ne se privera pas de parler de « présidents fictifs » et de « guerres fictives ». Moore sermonnera le président au sujet de la guerre en Irak, une répétition inadmissible, selon lui, de la guerre du Golfe. « Vous devriez avoir honte, monsieur Bush », déclarera-t-il, de sa tribune. Moore pensait-il vraiment que les États-Unis avaient eu le temps de changer à ce point durant l'intervalle de douze ans entre les deux conflits ? Est-il possible que le fait d'afficher ses convictions politiques et morales lui ait importé davantage que les réactions qu'il allait récolter, avec leurs conséquences ?

Quoi qu'il en soit, l'idée de réaliser *Canadian Bacon* naquit précisément au moment de la cérémonie de clôture du festival de Sundance et du déclenchement, par George Bush père, de l'opération « Tempête du désert ». La préproduction de *Canadian Bacon* s'échelonnera sur plusieurs années, marquée de rencontres à Hollywood avec des producteurs et des représentants de studios pour tenter d'obtenir du financement. C'est lors de l'une de ces discussions à Los Angeles que Moore se fera demander par un représentant californien de NBC s'il n'aurait pas des idées pour une émission de télévision.

Moore avait déjà été pressenti pour travailler à la télévision. Logiquement, c'est le secteur télé de la Warner Bros. qui aurait dû tendre la perche à Moore et Glynn. Le réalisateur de *Roger & Me*, cependant, ne souhaitait pas enchaîner un deuxième projet consécutif avec le même distributeur. Ce n'est qu'après avoir complété le scénario de *Canadian Bacon*, et avoir essuyé un refus de plusieurs studios, dont celui de la Warner Bros., que Moore se décidera enfin, par dépit, à rencontrer les responsables de la chaîne NBC. Plus d'un an venait de s'écouler depuis la première soumission de son scénario. La possibilité de voir un jour son film se réaliser s'amenuisait de semaine en semaine. L'écriture de *Canadian Bacon* avait débuté en 1991, au moment où la guerre du Golfe était encore beaucoup trop présente dans l'esprit des gens pour en faire une parodie. Moore réécrira donc le scénario une vingtaine de fois. En novembre 1992, il se cherchait toujours un studio pour réaliser et distribuer son film.

C'est au cours de cette période qu'une suite de vingt-trois minutes à *Roger & Me* fut diffusée sur les ondes de PBS. Après la sortie de *Roger & Me*, Moore était revenu à quelques reprises à Flint. Au cours de ses passages, il avait tourné quelques séquences pour faire une mise à jour de ses sujets principaux, notamment Rhonna Britton, la « femme aux lapins », Fred Ross, le shérif, et la ville de Flint elle-même. Pendant la diffusion de *Pets or Meat : The Return to Flint* sur les ondes de PBS, Moore avait naïvement fait paraître son numéro de téléphone à l'écran. Sa boîte vocale fut inondée de messages téléphoniques. « Trois cent quatorze appels! déclarera-t-il. Au cours de la première journée, seulement. Quatre-vingts pour cent des appels provenaient de gens qui venaient de perdre leur emploi et qui voulaient m'en parler. D'autres, par contre, avaient besoin d'une forme d'aide différente. Comme ce type qui se croyait victime d'un complot machiné par le gouvernement et la comédienne Sigourney Weaver. » Le petit film sortit en format VHS, accompagné de courts-métrages réalisés par trois autres auteurs-réalisateurs, dont Steven Wright, avec qui Moore allait bientôt travailler pour *Canadian Bacon* et *TV Nation*.

Le projet de long-métrage de Moore se voulait une satire de *Docteur Folamour* de Kubrick. Moore espérait produire « le premier film de gauche réalisé pour la clientèle des centres commerciaux ». Le scénario fut finalement mis en images avec des comédiens de renom, dont John Candy, Alan Alda, Rhea Perlman, Rip Torn et le Wright déjà mentionné. Le film comprend également des apparitions éclair de James Belushi,

Wallace Shawn, Dan Aykroyd et, bien entendu, Moore lui-même. Alda y joue le rôle d'un président américain en manque de popularité qui décide de se concocter une guerre avec son voisin du nord. John Candy, dans ce qui sera son ultime rôle au cinéma, défend le rôle principal, celui du Bud B. Boomer, le shérif de Niagara Falls déterminé à mener une bataille massive contre le Canada. L'idée de l'intrigue était née de la préoccupation de Moore « à propos de la guerre du Golfe et de la rapidité avec laquelle tout le monde s'était rangé derrière cette décision. Après les leçons que nous étions censés avoir tirées de la guerre du Vietnam, j'aurais pensé qu'on se serait subséquemment questionné davantage avant de déclencher une autre guerre, affirmera Moore. Notre santé économique pourrait-elle reposer sur autre chose que la guerre, qu'elle soit froide ou non[91] ? »

En dépit de l'engagement intransigeant de son réalisateur, la production de *Canadian Bacon* fut maintes fois retardée. Le film ne sortira en salle qu'en 1995. Pour produire un film et monter une équipe, il faut des capitaux. Sous de faux prétextes, Moore s'arrangea donc pour rencontrer Eric Tannenbaum, président de la Columbia TriStar Television, et Warren Littlefield, du réseau NBC. Il soutenait avoir quelques idées pour développer une émission de télévision, alors qu'en réalité, il n'en avait aucune. En route vers les studios de Burbank, en Californie, Moore mit au maximum le volume de sa musique heavy metal pour l'aider à réfléchir rapidement. Chemin faisant, sa compagne Kathleen Glynn et lui accoucheront d'un nouveau concept de magazine d'information : ce fut *TV Nation*. Au début, ils croyaient qu'aucun producteur ne serait séduit par leur idée et qu'aucun commanditaire ne voudrait s'associer à leur projet, à cause, notamment, du contenu politique de l'émission et de son point de vue manifestement biaisé contre les grandes entreprises. Ils avaient tort. Dans *Adventures in a TV Nation*, Moore décrira la situation comme suit : « L'émission devait être la chose la plus libérale jamais vue à la télévision. En fait, elle dépasserait même les limites du terme "libéral", car au fond, les libéraux sont des mauviettes qui ne nous ont jamais rien apporté de valable. Cette émission oserait aller là où aucune autre n'était allée auparavant[92]. » L'accueil fut sans réserves. « Des sourires, dans toute la salle. "Dites-nous en davantage !"[93] »

Moore bonimenta frénétiquement et avança ses idées les plus audacieuses. Les producteurs affichaient toujours leur plus beau sourire. Ils étaient particulièrement attirés par la perspective d'avoir une émission où les gens auraient l'air de vrais correspondants. Ils aimaient surtout la proposition de l'émission pilote : « Un guide du consommateur pour le confessionnal ». Ce projet aux visées caustiques et décapantes reçut le feu vert. Les producteurs accordèrent un million de dollars pour produire l'émission pilote. Les racines catholiques profondes de Moore lui inspireront de se tourner vers sa collègue sortie des rangs du catholicisme, Janeane Garofalo, pour lui confier la tâche de faire un relevé du nombre de boîtes consacrées aux « Je vous salue, Marie ». La production débuta en janvier 1993.

En plus de retenir les services de Garofalo comme « correspondante », Moore et Glynn firent aussi appel au cinéaste satirique Rusty Cundieff, ainsi qu'à Merrill Markoe, de *Late Night With David Letterman*. Chaque épisode d'une heure comprenait le résultat de sondages compilés par Robin Widgery et sa firme d'études en statistiques implantée à Flint. Au cours de sa carrière, Moore a souvent insisté pour embaucher des gens de sa région natale. Il recruta également Ben

Hamper à titre de correspondant : « Je veux le faire travailler le plus souvent possible. Si vous êtes un ami ou un proche, je vais toujours tenter de vous dénicher un emploi. Je ne peux pas vous garantir qu'il suffira à vous faire vivre, mais je me tournerai toujours d'abord vers les miens pour leur offrir un poste[94]. »

Moore et Glynn s'occupaient également du recrutement de collaborateurs, mais débusquer des artisans pour une émission dont les paramètres n'étaient pas encore définis constituait en soi tout un défi. Derevlany, qui se joindra à l'équipe un peu plus tard, se souvient : « Michael était à la recherche de gens aux multiples talents qui seraient à l'aise aussi bien dans le militantisme et l'écriture satirique que dans la production de documentaires rigoureux et objectifs. Heureusement pour moi, je baignais un peu dans tout cela. » Derevlany avait déjà travaillé « pour une émission affiliée à Comedy Central, un réseau dédié à la comédie qui en était à ses premières armes en télévision. L'émission s'intitulait *Night After Night* et n'a pas été renouvelée après sa première saison. À la fin de 1993, plusieurs membres de l'équipe se sont retrouvés chez *TV Nation* en tant que recherchistes, producteurs, producteurs-adjoints, etc. Le monde de la télévision à New York est étonnamment petit. Seules quelques émissions sont produites, alors les gens se déplacent souvent d'une production à une autre ».

Avec l'aide d'une équipe bien rodée, la production de l'émission pilote de *TV Nation* prit moins de trois mois. Il ne restait qu'un obstacle à surmonter : trouver un créneau horaire. Même si le résultat avait emballé à la fois les producteurs de la chaîne NBC, un groupe de discussion et un auditoire cible de Scranton, en Pennsylvanie, l'horaire d'automne du diffuseur n'offrait aucune ouverture. L'émission se retrouvant temporairement en suspens, Moore revint à *Canadian Bacon*.

La crédibilité professionnelle que lui apportait la production de son émission pilote lui assura la présence d'Alda et de Candy dans son film.

« J'ai alors compris un point important que je n'avais pas encore saisi au sujet d'Hollywood, explique Moore. Ce qui compte, d'abord et avant tout, peu importe la qualité du scénario, c'est le choix des comédiens et l'influence qu'ils peuvent avoir sur la vente de billets. J'avais certains noms de comédiens en tête, mais il ne m'était jamais venu à l'idée d'aller les aborder en premier lieu[95]. »

La présence assurée de comédiens de renom permettra à Glynn et Moore de mettre en œuvre leur talent de recruteurs de fonds. Le couple se servit de la notoriété des deux vedettes pour amener des producteurs à financer son film. Une fois de plus, Moore se tourna vers les chanteurs populaires pour chercher une aide financière. Il approcha Madonna, qu'il admirait depuis le début de sa carrière. Moore avait déjà défendu, dans les pages du *Flint Voice*, les intentions satiriques de son succès de l'époque, *Material Girl*. Le hasard fit en sorte que Madonna, également native du Michigan, n'était pas restée indifférente à *Roger & Me*. En effet, la chanteuse avait grandi à Pontiac, à moins de soixante-dix kilomètres de Flint. Elle pouvait donc facilement s'identifier aux propos du film documentaire de Moore. Non seulement Madonna consentit-elle à financer une partie de *Canadian Bacon*, mais elle mit aussi sa maison de production à contribution. Le long-métrage de Moore sera ainsi l'un des rares projets cinématographiques que la Maverick Picture Company appuiera au cours des années 1990, y compris *Dangerous Game*, dans lequel Madonna détient le premier rôle. Le gérant de la vedette pop, Freddy De Mann, qui apportera également une aide financière à *Canadian Bacon*, sera désigné producteur.

Le tournage de *Canadian Bacon* débuta à Toronto à la mi-novembre 1993. Le directeur photo était Haskell Wexler, mis en nomination à cinq reprises pour un Oscar et récipiendaire de deux statuettes dorées. Le premier assistant réalisateur s'appelait Walter Gasparovic. Il secondera David Cronenberg à quelques reprises par la suite. Avant d'être embauché par la maison de production, Gasparovic ne connaissait pas Moore. L'humour du scénario que lui avaient présenté le producteur Stuart Besser et le producteur délégué Terry Miller, par contre, l'avait convaincu de sauter dans le train. Gasparovic rappelle son expérience : « En somme, cette production était, comme toutes les autres, pleine d'obstacles et de défis à surmonter. Je me souviens que nous avons bien rigolé sur le plateau. Michael n'avait jamais fait de fiction, mais son talent naturel pour la comédie l'a grandement aidé à s'adapter à la structure inhérente d'un tournage de long-métrage[96]. »

« C'est plus simple qu'un tournage de film documentaire, racontera alors Moore pour comparer les deux médiums. Il y a plus d'espace pour créer. À la base, le scénario nous sert de plan de travail et les comédiens donnent les répliques que l'on veut bien qu'ils disent ! Alors qu'avec le documentaire, on ne peut jamais savoir de quelle manière les gens vont réagir[97]. »

En dépit de l'enthousiasme de Moore pour *Canadian Bacon*, la production fut de nouveau retardée… par un entrefilet. Un bout d'article au sujet de *TV Nation* paru dans les pages du *TV Guide* avait attiré l'attention du dirigeant de la chaîne BBC-2 au Royaume-Uni, Michael Jackson, qui avait demandé de visionner l'émission pilote. Dès lors, la BBC se montra intéressée à *TV Nation* et offrit de partager les coûts de production avec le réseau américain NBC. L'émission serait donc diffusée sur les ondes de *deux* importants réseaux de télévision. Un coup de téléphone reçu le lendemain de Noël annonça la bonne nouvelle à Moore : aux États-Unis, *TV Nation* serait insérée dans la prochaine programmation estivale. En janvier 1994, la nouvelle année commença donc pour Moore et Glynn par leur arrivée à New York pour y installer les premiers bureaux de *TV Nation*.

À la première réunion de travail, Moore et Glynn livrèrent à leur nouvelle équipe de collaborateurs un discours de motivation fait sur mesure : « À compter de maintenant, nous devons tous nous comporter comme si cet emploi était notre dernier. Car si nous atteignons nos objectifs, personne ne voudra plus jamais nous embaucher dans le domaine de la télévision. Pour plusieurs, nous aurons été trop dérangeants. "Ah, vous faisiez partie de cette émission qui a mis en rogne ses propres commanditaires !" Voilà ce qu'ils diront[98]. » Moore et Glynn pressèrent ensuite tous ceux et celles qui auraient caressé l'espoir de travailler un jour à l'émission d'affaires publiques *20/20* ou *Live with Regis and Kathie Lee*, ou qui pourraient penser que *TV Nation* contribuerait à leur avancement professionnel, de quitter immédiatement les lieux. « Nous ne ménagerons personne, que ce soit au sein du Congrès américain ou des grandes entreprises. Nous tiendrons toujours le spectateur en plus haute estime, dit Moore à ses employés. Par l'entremise de cette émission, vous avez la possibilité de saisir une occasion unique de vous faire entendre. » Moore servira ce type de discours à ses troupes tout au long de la production de *TV Nation*. Lorsque Derevlany arrivera au sein de l'équipe, à la fin de la première saison sur les ondes de la NBC, Moore tenait encore les mêmes propos[99].

Derevlany travailla d'abord comme auteur pour une période de six semaines, puis incarna le personnage de Crackers au moment où l'émission passa du côté du réseau Fox. Bien qu'il ait trouvé exigeant de côtoyer Moore, Derevlany garde tout de même un bon souvenir de son expérience professionnelle. « Travailler dans cet esprit est exceptionnel en télévision. Normalement, les gens dans ce milieu sont TOUJOURS en train de se positionner en vue d'une promotion ou du prochain contrat possible. Le discours de Moore était tout à fait juste. Je m'en inspire encore pour tracer ma ligne de conduite[100]... »

Avant d'œuvrer en télévision, Derevlany travaillait comme auteur comique et journaliste enquêteur. Il avait fait partie du personnel de deux journaux du New Jersey, le *Hoboken Reporter* et le *Hudson Reporter*, où il avait remporté de nombreux prix journalistiques. Il avait fondé un journal humoristique éphémère, le *Hoboken Review*, en plus d'être conseiller de rédaction au magazine satirique *The National Lampoon*. Après avoir acquis de l'expérience comme organisateur politique, il avait également été collaborateur au *Village Voice*, tout ceci avant l'âge de 26 ans. Le poste qu'il occupait au *National Lampoon* avait mené Derevlany à l'émission *Night After Night* sur les ondes de Comedy Central. Lorsque l'émission ne fut pas renouvelée à la fin de 1993, plusieurs auteurs se joignirent à l'équipe de *TV Nation*; Derevlany, lui, se dirigea vers Los Angeles. Il y travailla à différents projets qui n'iront jamais loin, y compris *This Just In*, une parodie de bulletin de nouvelles pour le réseau ABC.

« À l'automne 1994, se souvient Derevlany, j'ai croisé, je ne sais trop comment, une connaissance de Comedy Central qui travaillait pour *TV Nation*. J'avais entendu dire qu'ils cherchaient des auteurs. J'ai noté leur adresse puis je leur ai fait parvenir des choses que j'avais écrites : des articles de journaux, des vidéos, etc. Je leur ai peut-être aussi envoyé des idées, mais je ne m'en souviens plus. J'imagine que mes antécédents semblaient convenir, puisque Michael m'a lâché un coup de fil pour discuter. Je lui ai lancé quelques idées, mais la plupart ont piqué du nez. Par contre, il aimait bien cette émission à laquelle j'avais travaillé, *This Just In*. Il m'a donc invité à New York pour participer le surlendemain à une session de remue-méninges pour une émission de "rétrospective de l'année" au réseau NBC. » Sans aucune garantie d'être embauché ou même rémunéré, Derevlany prit le premier vol à destination de New York. « Fait à noter, précise-t-il, je venais tout juste de terminer la production d'un court-métrage qui m'avait laissé avec un déficit de vingt mille dollars. Je n'avais pas les moyens de payer mon loyer et encore moins de m'acheter un billet d'avion. Malgré tout, le risque que je prenais me semblait raisonnable[101]. »

Derevlany avança des idées qui furent retenues pour la série télé, comme par exemple celle de faire appel à une compagnie qui loue les services de gardiens de sécurité pour protéger la Maison-Blanche. L'idée d'approcher le dictateur de la Corée du Nord et grand cinéphile, Kim Jung II, pour lui demander ses meilleurs choix dans la course aux Oscars ne sera par contre pas retenue. Alors que *TV Nation* était encore diffusée sur les ondes de NBC, Derevlany collabora à différents segments pour l'émission spéciale de fin d'année : souligner le « *Auld Lang Syne* », en offrant aux individus les plus détestés d'Amérique (propriétaires, professeurs d'éducation physique, adeptes du satanisme) une trempette publique dans une baignoire à remous juchée sur le toit d'une limousine ; une chronique nécrologique inversée intitulée : « Ne nous ont pas quittés en 1994 », qui présentait des personnalités connues d'un âge respectable, mais toujours vivantes ; « Offre d'emplois », un segment qui jetait un coup d'œil aux emplois créés (ou pas) dans la ville de Scranton, en Pennsylvanie, durant le premier mandat de l'administration Clinton ; et enfin, la partie préférée des admirateurs de *TV Nation*, « Aide aux entreprises », dans laquelle Moore tentait de prolonger l'esprit du temps des Fêtes en offrant des dons en argent aux grandes entreprises les plus durement touchées par des poursuites judiciaires, telles Exxon ou Pfizer.

Quand Derevleny arriva dans l'équipe de *TV Nation*, les bases de l'émission satirique étaient maintenant bien posées. Cela n'empêchait pas l'équipe de se demander parfois si certaines de ses idées n'allaient pas trop loin, comme celle d'envoyer une escouade de meneuses de claques de race noire à une réunion des Nations aryennes (une sorte de « *Love Night* », qui part du principe « donnez et vous recevrez » pour tenter d'atténuer les propos haineux de certains groupes en leur tendant la main), ou celle d'envoyer un poulet géant au cœur d'une grève de journalistes dans l'une des villes les plus violentes d'Amérique. L'émission était composée de cinq segments de huit minutes présentés par Moore, entrecoupés des statistiques cocasses compilées par la firme de Widgery. Selon Derevlany : « Des correspondants étaient assignés à tous les reportages de *TV Nation*. Michael devait être le correspondant attitré de Crackers. Chaque segment était confié à un seul auteur, sauf pour les sujets choisis par Michael. Alors TOUS les auteurs devaient contribuer. » Les sketches de *TV Nation* étaient grossièrement scénarisés d'avance. « Nous avions à peu près un début, un milieu et une fin. Plus souvent qu'autrement, toutefois, notre sujet dérapait dans une direction inattendue. Nous décidions alors de nous départir de l'idée originale. Durant le tournage, les auteurs étaient libres d'alimenter les correspondants en blagues et de leur suggérer des idées de mise en scène. (De fait, sur le terrain, les auteurs de *TV Nation* étaient considérés au même titre que les réalisateurs)[102]. » Pour les chroniques de Crackers, tous les auteurs étaient sur place. À cause de son casque emplumé encombrant, les directives destinées au personnage déguisé en poulet ne lui étaient pas soufflées, mais criées, ce qui n'était certes pas la manière idéale de le diriger.

Moore et la production de *TV Nation* avaient embauché une personne de l'extérieur pour concevoir le costume de Crackers. Le déguisement sera décrit par Derevlany comme « un gadget géant mal conçu et encombrant ». Au début, ce n'est pas lui qui jouait le rôle du poulet justicier. « Nous nous sommes rendu compte dès le tout premier segment avec Crackers que le type à l'intérieur du costume n'était pas aussi débrouillard et agressif que nous l'aurions souhaité, se souvient Derevlany. Je trouvais absolument frustrant d'avoir à téléguider chacun de ses faits et gestes. Au lieu de lui crier les directives, j'ai proposé que ça serait bien plus simple si moi je revêtais le déguisement. Michael a tout de suite aimé l'idée, en partie parce qu'il trouvait que j'ai une drôle de voix. À bien y penser, je ne suis pas certain que c'était un compliment[103]. »

On auditionna donc Derevlany en tenue de Crackers. Pour ce faire, on le filma en train de tenter d'entrer au cinéma sans payer pour signifier, peut-être, que la mascotte poulet trouvait le prix des billets trop élevé. Derevlany décrocha l'emploi. Il fut promu d'auteur rémunéré selon les normes minimales de la Guilde des écrivains au titre de Crackers, le correspondant le plus important et le plus atypique de *TV Nation*. Sa première mission ? L'affaire des chèques sans provision des banques de la Philadelphia CoreStates. Derevlany se souvient avec amusement de son expérience : « Je ne suis ni comédien ni marionnettiste. Je suis encore moins un interprète… Endurer ce costume était un véritable cauchemar. À cause de la lourdeur de la tête du poulet, au moindre mouvement, la courroie qui la maintenait en place me glissait dans le cou et m'étouffait. De plus, je ne pouvais rien voir. Quelques minutes après avoir enfilé mon costume, j'étais déjà en nage[104]. »

A posteriori, Derevlany n'en revient tout simplement pas de voir jusqu'où lui et son équipe sont allés pour divertir les spectateurs. « Lorsque je suis allé travailler avec la Jim Henson Company un peu plus tard, j'ai appris que les gens qui revêtent des costumes de mascottes comme celui de Crackers ne le portent jamais plus que quelques minutes à la fois. Autrement, la température interne du corps risquerait d'atteindre un niveau quasiment mortel en moins de vingt minutes, même à l'intérieur d'un studio climatisé. Mais moi, j'endurais cette tenue sur le dos pendant près de dix heures par jour, sous une chaleur de quarante degrés, avec très peu de pauses entre les prises. » Même à cette époque Derevlany cherchait par tous les moyens à se rafraîchir : « Je leur ai fait installer un petit ventilateur à l'intérieur de la tête, mais je ne pouvais jamais le mettre en marche. Lorsque je parlais, le bourdonnement nuisait à l'enregistrement de ma voix. Il m'arrivait de porter le costume pour plus d'une heure à la fois, parfois deux. Si, au cours de l'émission, vous m'avez vu en train d'agir d'une drôle de manière, c'était sûrement à cause d'un délire provoqué par un coup de chaleur[105]. »

Derevlany dévoile un autre défi de cette émission à haut risque : « Parfois je conduisais la voiture de Crackers (un gigantesque véhicule de camping) vêtu de mon costume de poulet. Mais je ne voyais pratiquement rien. Je n'arrive toujours pas à le croire. Je manœuvrais à travers une foule de cinq cents personnes venues voir le poulet. »

« Pour ma première affectation en tant que Crackers, j'ai pénétré à l'intérieur d'une banque avec un groupe de gens qui scandaient des slogans. Vêtu de mon costume de poulet, j'ai demandé qu'on m'ouvre un compte chèque. Michael et son épouse Kathleen, qui produisait l'émission, regardaient le tout avec un mélange d'horreur et de consternation. Je me suis demandé si j'allais trop loin, mais j'ai tout de même continué. Je trouvais la situation assez divertissante. Plus tard, j'ai compris que leur expression traduisait un état de "bonne" consternation, comme dans : "Je n'arrive pas à croire qu'il pousse les choses jusque-là"[106]. »

« À partir de cet instant, Crackers est devenu davantage un correspondant qu'une simple mascotte. Ma carrière de poulet justicier venait de prendre son envol, explique Derevlany. À l'origine, il avait été prévu que Michael participe à plusieurs segments de l'émission. Par manque de temps (ou par paresse ?), il envoyait plutôt Crackers s'occuper de ses dossiers. Cela m'arrangeait fort bien. Même si je passais des heures à suffoquer à l'intérieur de ce satané costume, j'aimais beaucoup mes nouvelles responsabilités. On me donnait pratiquement carte blanche, ce qui est pas mal insensé, maintenant que j'y pense. Même si ce boulot m'a pratiquement achevé, ça demeure tout de même l'un des meilleurs emplois que j'aie jamais occupé[107]. »

Dans leur livre, Moore et Glynn reconnaissent les souffrances sudatoires de Crackers et rapportent avec humour un incident survenu au cours d'un match de baseball au stade des Tigers de Détroit. Dans le cadre d'un segment dédié au Canada, qui serait diffusé le 25 août 1995, Moore s'était présenté à la manifestation sportive, accompagné du poulet justicier, pour y chanter l'hymne national canadien. Selon les auteurs, c'est en sympathisant avec la mascotte de l'équipe de Détroit, ce soir-là, que Crackers apprit de la bouche même du tigre que tous les costumes de ce genre sont normalement munis d'un système de refroidissement. Il en exigea aussitôt un de ses employeurs. Un peu plus loin dans leur récit, Moore et Glynn poursuivent avec une version aseptisée d'une séance de signature d'autographes de Crackers avec les enfants. Les jeunes qui s'étaient approchés de la mascotte poulet, ce soir-là, voulaient surtout savoir si le digne représentant de *TV Nation* possédait autant de « *cojones* » que celles communément associées à l'émission. « Les enfants m'ont frappé à coups de poings dans les testicules », se souvient Derevlany avec humour[108].

À cause de cet incident, et d'autres également, Derevlany ne garda jamais un bon souvenir de la ville de Détroit, tout au long de sa carrière de justicier emplumé. En dépit des apparences, l'attaque des enfants aura été le moins douloureux des épisodes fâcheux subis dans la peau de Crackers. À Détroit, toute l'équipe de tournage fut rouée de coups.

Heureusement, Derevlany avait l'habitude de jouer dur. À la fin des années 1970 et au début des années 1980, il avait passé son adolescence au cœur du mouvement punk de New York. « M'impliquer physiquement dans un reportage m'était tout à fait familier. (J'étais BIEN en avance sur toutes ces émissions de type *Jackass*.) En fait, je suis étonné que les gens n'aient pas été plus agressifs envers Crackers, surtout pour cet épisode à la banque. Même Michael, à mon avis, était un peu mou. Il est bien plus aimable dans la vie de tous les jours que ce qu'il dégage à la télévision, affirme Derevlany. En ce qui me concerne, je trouve que les gens que nous pourchassions étaient de véritables ordures. Ils méritaient pleinement de se faire bousculer par un poulet de deux mètres[109]. »

Mais plus souvent qu'autrement, c'est le poulet qui se fera brasser la cage. Durant la saison où *TV Nation* fut diffusée sur les ondes du réseau Fox, un ancien prisonnier du nom de Louie Bruno apparut souvent dans l'émission : dans le rôle d'un homme blanc qui hèle un taxi au détriment d'un homme de race noire placé quelques mètres devant lui, avec un taux de réussite de 99 % (c'est le comédien primé Yaphet Kotto qui jouait la victime de cette discrimination). Au cours d'une campagne offerte gracieusement par *TV Nation*, il se porte candidat à la présidence des États-Unis et, à un autre moment, on voit Bruno se diriger vers Derevlany pour lui asséner un solide coup de poing en plein dans le bec. Cela n'est rien, cependant, comparé à ce qui arriva à Détroit. Alors que le poulet géant était en train de flairer les environs du *Detroit News* et du *Detroit Free Press* à l'occasion d'un conflit de travail qui secouait les deux entreprises, Derevlany se fit propulser sans ménagement sur une distance de plus de trois mètres[110].

« C'est l'une des choses les plus étranges que j'aie jamais vue, confiera Derevlany. Tout à coup, une meute de journalistes en grève en est venu aux coups avec les fiers-à-bras embauchés par la direction. Tout a commencé sans avertissement, sans cris ni bousculade, sans aucune escalade de la tension. Et puis, PIF! PAF! Les coups se sont mis à pleuvoir des deux côtés à la fois. Le caméraman, le preneur de son, Michael, et moi étions à l'avant de l'escarmouche. Michael, comme à l'habitude, était encadré par deux gardiens de sécurité (que nous ne voyons jamais à l'écran). Dans mon costume, j'étais plus ou moins à l'abri. Mais les gars du son et de la caméra étaient en train de subir toute une raclée. Je me devais d'intervenir. Je me suis donc précipité vers le garage pour créer une diversion. La première chose que j'ai sue, c'est que j'étais projeté vers l'arrière par les gorilles. »

« Le reste demeure un peu flou dans mon esprit, reconnaît Derevlany, mais je me souviens de m'être dirigé d'un pas chancelant vers la foule et d'avoir entendu un jeune enfant me dire : "S'il vous plaît, Monsieur Poulet, tenez-vous tranquille. Sinon des gens pourraient se faire mal." C'était absolument surréaliste. »

Il semble que les membres du personnel du journal de Détroit étaient d'une tout autre trempe que celle des banques de Philadelphie. Plus tard, ce jour-là, le coude de Derevlany « était enflé de la grosseur d'un pamplemousse. Il avait vraisemblablement été touché au cours de la mêlée. Le tournage n'était pas complété, cependant. Il me restait encore une séquence dans laquelle je devais enfourcher un vélo, toujours vêtu, bien entendu, de mon encombrant costume de Crackers. Puis j'ai enfin pu me rendre à l'hôpital pour recevoir de la glace et des antibiotiques[111] ».

La production des épisodes de *TV Nation* pouvait mettre le bien-être de ses correspondants en péril, mais d'autres obstacles devaient aussi être surmontés. « Je ne sais pas si c'est à cause du contenu, qui est peut-être trop politique au goût de certains, mais je trouve que c'est une émission difficile à produire, affirme Moore en référence au changement de réseau à la fin de la première saison de diffusion. C'est compliqué d'aborder certains sujets et les gens qui nous connaissent sont déjà sur leur garde[112]. » Et puis, les répliques de Crackers devaient souvent être réenregistrées en postproduction. « On le constate tout de suite, si on prête une oreille attentive à ma voix au cours des épisodes, explique Derevlany. Je devais surtout modifier mon texte et dire, par exemple, "action fautive" plutôt que "acte criminel". Accuser quelqu'un d'avoir commis un "acte criminel" peut vous attirer des poursuites alors que "action fautive" est un terme qui reste assez flou pour vous protéger face à la justice[113]. »

Les avocats qui travaillaient pour *TV Nation* étaient bien au fait des subtilités de la loi. Ils pouvaient conseiller aux producteurs la meilleure manière d'éviter l'arrestation de leurs employés, comme lors de l'invasion de la fête de la plage privée de Greenwich, le long des côtes du Connecticut. L'équipe avait été avisée de demeurer à l'intérieur du niveau de la marée haute car, selon Moore et Glynn, « la loi sur la propriété publique stipule que toutes les eaux côtières sont considérées zone maritime fédérale. Elles appartiennent, par conséquent, à l'État ». Les troupes de Garofalo en maillots de bain furent interceptées énergiquement par des policiers et un bateau de la garde-côte avant d'atteindre la plage, mais les mutins d'eau douce connaissaient bien leurs droits. On leur permit donc de se rendre à la nage mener à bien leur mission[114].

Plusieurs idées et bien des reportages ne furent jamais diffusés. Dans le livre qui relate leur expérience à cette émission, *Adventures in a TV Nation*, Moore et Glynn fournissent des détails sur l'un de ceux-ci. En fait, le couperet était tombé dès le tout premier épisode, soit l'émission pilote. L'élément perturbateur en question s'intitulait : « Le mensonge de la semaine ». L'idée était de brancher à un téléviseur un détecteur de mensonge à commande vocale pour mesurer l'exactitude de ce qui était transmis. « De deux choses l'une, écrivent-ils : ou bien notre appareil n'était pas parfaitement au point, ou alors la salle des nouvelles devait nous fournir de sérieuses explications, car quand nous l'avons testé, l'appareil a comptabilisé un mensonge pour à peu près chacun des reportages diffusés au bulletin de nouvelles. Il va sans dire que cette chronique n'a jamais vu le jour[115]. »

La production des huit épisodes s'avéra une tâche si lourde qu'elle nécessita tout le temps disponible jusqu'à la date de diffusion du 19 juillet 1994, soit plus de six mois. Si *TV Nation* avait été une émission hebdomadaire, Moore reconnaît qu'il aurait été pratiquement impossible d'avoir assez de main-d'œuvre pour relever le défi. En tout, neuf épisodes de *TV Nation* furent diffusés sur les ondes de NBC. Un important noyau de fidèles auditeurs suivit l'émission, tout au long de l'été 1994. Même si *TV Nation* se vit attribuer le prix Emmy pour la meilleure série d'actualité, le réseau ne renouvela pas le contrat. Moore et son équipe quittèrent donc NBC pour se retrouver, l'été suivant, sur les ondes de Fox[116]. On rapporta, dans les pages du *American Journalism Review*, que « le retour de l'émission est prévu pour cet été [1995] chez Fox, qui a réussi à séduire Moore en lui promettant de lui réserver une case horaire hebdomadaire et de lui accorder une plus grande liberté d'expression ». L'expression « séduire » n'est peut-être pas tout à fait juste. Moore continua d'aimer son travail au petit écran, mais le réseau Fox ne s'avéra pas finalement si généreux en temps et en liberté. Le réseau appuya *TV Nation*, mais Moore rapportera, dans les pages du *Washington Free Press*, qu'il avait « constamment, constamment des démêlés avec Fox. Ils surveillaient tout de très près[117] ». Le réseau NBC, par contre, s'était opposé à deux reprises à ses idées, mais laissait, la plupart du temps, le droit de regard final à Moore. La diffusion d'un segment humoristique de Ben Hamper, qui expliquait pourquoi les condoms ne sont pas disponibles en format « petit », ne sera jamais autorisée. La NBC estimait que ses stations affiliées des États du sud pourraient retirer leur appui si on traitait de petits pénis pendant sept longues minutes. Ce reportage fut toutefois diffusé sur les ondes de la BBC et celles de la Fox.

Les dirigeants de la Fox ne saisissaient pas toujours l'humour particulier de *TV Nation*. Ils exprimeront souvent des réserves quant au contenu et auront tendance à exercer de la censure. Les blagues qu'ils trouvaient de mauvais goût leur faisaient craindre de voir les cotes d'écoute diminuer ou les commanditaires se retirer. Dans un reportage jugé litigieux par la Fox, *TV Nation* avait fait appel à une troupe spécialisée dans la reconstitution de la Guerre civile américaine pour réinterpréter, dans ses plus beaux atours militaires, le bombardement de Hiroshima, la chute de Saigon et les émeutes de Los Angeles, après l'acquittement des policiers dans l'affaire Rodney King. Selon Moore et Glynn, le réseau Fox trouva ces reconstitutions de si mauvais goût qu'il exigea que Moore présente chacun des segments en les qualifiant de la sorte. L'épisode sur les émeutes de Los Angeles, décliné en trois parties : l'attaque contre King, le verdict et le chaos civil qui s'ensuivit, fut banni des ondes. Un reportage sur les responsables du scandale des caisses d'épargne et de crédit des années 1980 intitulé : « Que sont-ils devenus ? » fut également retranché. Certaines personnes qui s'étaient laissé filmer au sein d'un groupe de soutien avaient par la suite retiré leur permission d'utiliser les images. Moore soupçonne que cette volte-face joua un rôle décisif dans le vote de non confiance de la part du réseau. Une autre chronique intitulée : « Mouvement anti-gay à Topeka » ne fut jamais diffusée, par crainte anticipée, encore une fois, d'un retrait de la part des commanditaires. Dans cette enquête de fond à teneur politique, on racontait l'histoire d'un adolescent qui avait reçu une mention honorable de son école secondaire pour avoir tenu un piquet de grève aux funérailles de victimes du sida, en contestant au nom de Dieu leur « blasphème » religieux. Fox n'autorisa jamais la diffusion de ces images, mais elles se retrouvent sur la version VHS de l'émission. Moore se servit du même matériel plus tard à *The Awful Truth*. La seule chronique à « orientation gaie » diffusée sur les ondes de la Fox fut celle avec le sénateur Jesse Helms. Mais l'un des segments les plus controversés – et les plus risqués – fut sans contredit l'épisode intitulé : « *Love Night* ».

« *Love Night* » est le titre du quatrième épisode de la série *TV Nation*, diffusé à Fox le 18 août 1995. Le concept de l'émission s'appuyait sur la chanson des Beatles selon laquelle *All You Need Is Love*, l'idée étant de ridiculiser des groupes haineux en leur envoyant de l'amour. *TV Nation* avait choisi quatre cibles controversées : le Ku Klux Klan, à l'occasion d'un rassemblement en Georgie, les Nations aryennes, dont le congrès se déroulait en Idaho, Opération rescousse, un groupe d'opposants à l'avortement représenté par son dirigeant et, enfin, le sénateur de la Caroline du Nord, Jesse Helms, qui n'avait jamais cessé, au sein du Sénat américain, de dénoncer les hommes gais en plus de s'opposer à des projets de lois destinés à venir en aide aux victimes du sida.

Pour s'occuper à sa façon du rassemblement des membres du Klan, *TV Nation* leur envoya un groupe de *mariachis* d'origine mexicaine et une escouade de meneuses de claques de race noire d'un collège des environs. On ajouta, pour la forme, des roses, des ballons en forme de cœur et un kiosque pour recevoir des baisers, comme lors des fêtes foraines. Les partisans de la suprématie blanche réagirent par des railleries racistes et bousculèrent quelque peu les musiciens et les danseuses, le tout sous l'étroite surveillance de la police locale convoquée sur les lieux. Dès l'arrivée de citoyens attirés par la commotion et la présence des caméras, le Klan quitta les lieux, le son de leurs quolibets noyé par le rire des citoyens venus s'attrouper autour du groupe haineux. La rencontre avec l'Assemblée aryenne internationale ne se déroula pas aussi bien. Au début, les auteurs de *TV Nation* voulaient faire pleuvoir des milliers de mots doux par avion au-dessus de l'enceinte dans laquelle se tenait le congrès aryen, mais l'idée tomba à l'eau quand dix-neuf pilotes refusèrent la mission. Un pilote accepta, mais changea vite d'avis lorsqu'un tireur d'élite fut aperçu en haut d'une tour située à proximité de l'immeuble ciblé. On se rabattit donc sur une chorale composée de chanteuses de groupes ethniques minoritaires qui vinrent, en face de la guérite, offrir aux officiers aryens une version chorégraphiée du grand succès des Supremes, *Stop! In the Name of Love*. Aucun policier ne se trouvait sur les lieux, mais les responsables de *TV Nation* s'assuraient de la sécurité des choristes. Contrairement aux directives de Moore, cependant, et à sa grande déception, les agents de sécurité de *TV Nation* étaient venus armés. Impuissant, Moore vit la tension monter alors que les néo-nazis en uniforme se mirent à saluer à la manière d'Hitler la performance musicale. Puis des *skinheads* se ruèrent sur l'équipe de tournage pour asséner des coups de tête aux caméras. La police arriva juste à temps.

La mission consacrée à Opération rescousse et la visite à la résidence du sénateur Jesse Helms furent moins tendues, mais non moins controversées. La résidence des Helms reçut la visite impromptue d'une chorale ambulante formée d'hommes gais qui chantaient : *On the Street Where You Live*, et les chanteurs furent accueillis poliment par madame Helms. Quant à Opération rescousse, l'équipe de *TV Nation* eut recours à des tactiques comparables à celles qu'adoptait la faction extrémiste, à savoir le piquetage devant la résidence des médecins qui pratiquent des avortements, sans compter le recours aux tactiques de harcèlement, les menaces de mort, les voies de fait, les tentatives d'assassinat et les actes de vandalisme. Au cours du reportage, un groupe de féministes partisanes du libre choix descendit d'un autobus nolisé par *TV Nation* et alla planter des fleurs dans le parterre d'un lobbyiste réputé pour sa position anti-avortement. Ce dernier piétina avec rage les nouvelles plantations, ratant du même coup l'occasion de saisir l'ironie du geste posé par les femmes.

Des quatre reportages, c'est celui des fleurs plantées pacifiquement qui inquiétait le plus le diffuseur. Fox, en fait, avait des inquiétudes quant aux quatre sujets. Le réseau voulait éviter de faire la promotion de groupes haineux et craignait que ces épisodes ne mènent à du harcèlement. Par-dessus tout, Fox redoutait de perdre des commanditaires. Moore et Glynn rencontrèrent plusieurs fois les responsables du Service des normes et pratiques du réseau pour défendre leur idée. Le projet d'émission « *Love Night* » leur tenait beaucoup à cœur. Les deux tentèrent d'éviter la censure. En bout de ligne, Fox accepta de diffuser tous les segments, sauf celui qui traitait de l'avortement, un sujet que le réseau avait déjà déconseillé à l'équipe de *TV Nation*. Deux des cinq symboles de swastikas furent enlevés du reportage sur les partisans de la suprématie blanche et l'insulte raciale « *gook* », entendue à trois reprises, fut camouflée une fois par le jappement d'un chien.

Comme il restait du temps d'antenne à combler pour compléter l'épisode « *Love Night* », les images tournées chez le militant anti-avortement seront finalement diffusées, mais le reportage sera abrégé et son contenu, aseptisé. Une mise en garde au début du segment précisait que le populaire mouvement du droit à la vie se dissociait sans réserves des méthodes d'Opération rescousse. Ce n'était pas la première fois que Moore et *TV Nation* devaient faire face à de l'opposition sur le sujet de l'avortement. En 1994, au temps de la NBC, un autre reportage sur l'avortement avait été censuré. Non seulement le document n'a-t-il jamais été diffusé, mais il a été saisi par les Services secrets, dans le cadre d'une enquête. Comme l'écrivit Marvin Kitman dans *Newsday* : « Moore et sa troupe de guérilla-journalistes venaient de passer quelques jours en compagnie d'un des dirigeants du mouvement anti-avortement. Certains des membres de ce mouvement prônaient la mort de tous les médecins qui pratiquent l'avortement. Durant sa tournée des cliniques en compagnie de Moore, l'individu invective chaque femme qu'il croise. Ce sont des images très intenses. Mais NBC avait estimé qu'elle perdrait l'appui de ses annonceurs parce que le reportage parlait 1. de l'avortement et 2. des opposants à l'avortement, alors que le vrai sujet, en fait, était autre : il s'agissait plutôt de dénoncer les meurtres perpétrés à l'endroit des médecins. Mais comment accorder un droit de réplique à ceux qui étaient en faveur ? Moore avait insisté : "Faudrait-il les laisser justifier l'assassinat des médecins ?"[118] »

Un article de l'Associated Press écrit par Lynn Elber, une chroniqueuse télé de Pasadena, en Californie, jette un peu de lumière sur la gravité du scandale : « Les Services secrets voulaient examiner une interview télé non diffusée, dans laquelle un opposant à l'avortement affirmait que l'assassinat du Président Clinton et des juges de la Cour suprême serait justifié pour défendre sa cause[119]. » Cet opposant s'appelait Roy McMillan et dirigeait le Mouvement d'action chrétienne à Jackson, au Mississippi. Il affirma que ses propos avaient été mal cités, lors de la retranscription de son entrevue menée par *TV Nation*. L'interview avait été enregistrée alors que l'émission était encore rattachée au réseau NBC. Selon Moore, si le segment fut retiré de la programmation de *TV Nation* du 28 décembre, c'est par manque de temps pour trouver des commanditaires prêts à endosser un pareil sujet durant le temps des Fêtes. Moore soutient que son document n'a pas été retiré à cause de son contenu. Il reste que la décision fut prise alors que les tensions étaient vives entre les différents groupes anti-avortements. Deux jours après le retrait des ondes du reportage, deux cliniques de planification familiale de Brookline, au Massachusetts, furent la proie des flammes. L'incendie d'origine criminelle fit sept victimes, dont deux morts. Des accusations furent portées contre un étudiant du New Hampshire inscrit à une école d'esthétisme, John C. Salvi III, l'un des trente signataires d'une pétition qui déclarait que le recours à une violence meurtrière était justifié quand il s'agit de se porter à la défense des enfants à naître. Paul Hill, qui était responsable d'avoir recueilli les noms, sera condamné plus tard en Floride pour deux meurtres commis à l'extérieur d'une clinique de Pensacola.

« Nous aimerions vérifier la transcription par nous-mêmes et voir dans quel contexte les propos ont été tenus. Et c'est ce que nous allons faire, dit un certain Harnischfeger des Services secrets, cité dans l'article d'Elber. Selon la transcription, on demande à McMillan : "Pensez-vous que votre cause puisse justifier l'exécution du Président?" Il répond : "Je crois qu'il n'est pas à l'abri du danger s'il continue d'endosser toutes ces morts au lieu de s'en dissocier... Mais je crois qu'il serait plus justifié de mettre à mort les juges de la Cour suprême", dit plus loin McMillan. Ce dernier expliqua toutefois à la journaliste Elber qu'il avait été interrogé durant plusieurs heures au cours desquelles "plusieurs questions hypothétiques et tendancieuses" lui avaient été posées[120]. »

Sans doute trop préoccupé par ses responsabilités à *TV Nation* et le tumulte engendré par ses problèmes avec la censure, Moore accorda moins d'attention et de discernement au projet de long-métrage *Canadian Bacon*. L'équipe de tournage composée de cent vingt techniciens effectua avec lui maints allers-retours entre les villes de Toronto et de Niagara Falls. Le film débute avec une version country de la chanson patriotique *God Bless America* avant de faire une plongée ironique dans le monde des lieux communs américains. On y parle de transformer « des citrons en limonade », tandis que Perlman et Candy entonnent avec entrain les paroles de *High Hopes*, la chanson mièvre qui décrit l'ambition démesurée d'une fourmi de déraciner une plante hévéa de mille fois sa grosseur. Le film de Moore est clairement d'abord et avant tout une parodie et, en même temps, un hommage voilé à son grand-père originaire du Canada. Drôles ou pas, les allusions culturelles au voisin du nord avaient peu de chance d'intéresser les Américains établis à plus de deux cents kilomètres au sud de la frontière canadienne. Au cours d'une séquence filmée durant un match de hockey, par exemple, Candy en vient aux poings avec un adversaire sous prétexte que la bière brassée au Canada est « imbuvable ». Les citoyens américains se rangent alors du côté de leur président, qui en a grandement besoin pour retrouver la faveur populaire de ses électeurs. Des sympathisants s'activent ensuite à débusquer toutes les caractéristiques canadiennes de nature suspecte, comme la panne de courant de Niagara Falls, la hauteur de la tour du CN, le système métrique, le chanteur Neil Young, l'antiesclavagisme et la venue au pouvoir d'un gouvernement socialiste en Ontario. Le shérif Bud B. Boomer, joué par John Candy, écume les rues de Toronto avec ses troupes, émerveillé par la beauté de la capitale ontarienne : « Une ville qui ressemble à Albany, mais en plus propre. » Après avoir réussi à pénétrer sans entrave dans une usine hydroélectrique de Niagara Falls, côté canadien, Boomer s'exclame : « Aucune porte n'est fermée à clé dans ce pays ! » C'est un couple âgé qui tricote et sirote le thé qui a la charge de distribuer de l'énergie à la grandeur du pays. Boomer menace de modifier l'accent atypique des Canadiens : « Nous avons des méthodes pour vous faire mieux prononcer certaines voyelles, vous savez. » Sur le plan humoristique, *Canadian Bacon* est assez réussi, même s'il arrive bien loin derrière le chef-d'œuvre politique *Docteur Folamour*, de Kubrick, avec lequel Moore souhaitait rivaliser.

Kevin Mattson, professeur d'histoire américaine à l'Université de l'Ohio, auteur de *Intellectuals in Action* et coauteur de *Steal This University*, un ouvrage savant qui dénonce la structure de l'enseignement universitaire, a écrit, dans la revue *Dissent :* « Dans l'un de ses films les plus méconnus, *Canadian Bacon*, [Moore] atteint la quintessence du cynisme. Ce film à saveur politique a été scénarisé, produit et réalisé par Moore[121]. » Puis Mattson souligne le manque de solutions avancées par Moore dans ses œuvres en général. L'universitaire maintient que l'approche détachée de Moore est en tout point semblable à celle que l'on peut retrouver dans certaines autres émissions populaires de la même époque telles *Beavis and Butthead, Married With Children* et *Seinfeld,* toutes divertissantes en soi, mais dont le contenu demeure superficiel. Mattson cite ensuite les propos du critique culturel Mark Crispin Miller, qui souligne le goût présumé des téléspectateurs pour le détachement ironique et leur volonté d'être « tendance » à tout prix. Mattson soutient que plus le spectateur se détache du contenu des émissions, plus la qualité de celles-ci a tendance à décroître. « Toute prétendue forme de vérité est rejetée par le spectateur qui préfère plutôt se réfugier dans le confort du cynisme. »

Au cours de la diffusion de *TV Nation*, on accusa souvent Moore de traiter certaines situations trop à la légère. Le critique de télévision du *Washington Post*, Tom Shales, ira jusqu'à comparer désavantageusement l'émission à *The Gong Show* (un concours amateur avec des participants au talent douteux) et *Candid Camera* (dans lequel une caméra cachée filme à leur insu des gens placés dans une situation cocasse). Après avoir visionné le tout premier épisode de *TV Nation*,

Shales dénonça immédiatement la tendance de Moore « de traîner des gens devant les caméras dans l'unique but de les humilier ». Selon lui, cette approche peu subtile « n'apporte strictement rien qui puisse justifier la production d'une émission de télévision[122] ». Même aujourd'hui, les opinions des téléspectateurs sont nettement partagées quand on évoque la présence de *TV Nation* sur les ondes. Un site Internet très couru, *Jump the Shark*, permet aux auditeurs de débattre entre eux pour déterminer si l'émission a vendu son âme ou non, dès le premier épisode. À ce jour, 60 % des internautes qui ont voté sur le site soutiennent que *TV Nation* ne l'a jamais fait. Et même si le magazine *Mother Jones,* cette épine au pied de Moore, se montra enchanté par le concept de l'émission, le critique des médias au *Village Voice*, James Ledbetter, écrivit par contre que la « principale lacune de *TV Nation* est que Moore se cantonne encore à l'intérieur du personnage qu'il avait créé dans *Roger & Me*. Après un certain temps, les gens finissent par se lasser de cette approche sans cesse ressassée du journaliste qui se veut défenseur de sa communauté[123] ».

Tout comme la plupart des sympathisants de la gauche durant les années 1970, Moore consacra beaucoup d'énergie à chercher des solutions aux maux de la société. Sa présence au *Flint Voice* l'atteste. Au début des années 1980, il se rendra compte que la solidarité jadis présente au sein de la base militante avait été remplacée par des querelles intestines. L'arrivée triomphale de Moore chez *Mother Jones*, suivie peu de temps après par son départ fracassant, illustre parfaitement le vent de changement qui prévalait à cette époque. C'est un concours de circonstances qui avait fait que Moore adopte le médium de la télévision et y trouve sa véritable voie de dénonciation satirique, à défaut de s'en servir pour proposer des « solutions ». Vers le milieu des années 1990, le style satirique mordant de ses chroniques, soutenu par un montage accrocheur, plut tout de suite aux partisans d'une culture alternative en forte croissance. À peu près au même moment où les premiers hymnes de Kurt Cobain sur l'aliénation se faisaient entendre à des milliers de nouveaux admirateurs, *Roger & Me* devint un succès culte, puis un succès monstre. Quand *TV Nation* occupera les ondes de la télévision, quelques années plus tard, le militantisme politique commençait à retrouver sa fougue d'antan, décliné sous des formes aussi diverses que la nouvelle tendance musicale punk rock féministe des Riot Grrrls et l'essor phénoménal du mouvement anti-mondialisation. La chanteuse rock Joan Jette branchera son amplificateur sur la surface gazonnée de l'allée de la Maison-Blanche et vociférera des slogans au million de militantes du N.O.W. et du NARAL. Soudain, la politique de gauche retrouvait ses lettres de noblesse et devenait aussi rassembleuse que le rock and roll. Contrairement à la plupart de ses contemporains, Moore pouvait être crédible auprès des adeptes de ce mouvement de renouveau.

Toujours selon l'analyse de Mattson dans *Dissent Magazine*, « Moore a réussi quelque chose que la gauche peut rarement se targuer de faire, c'est-à-dire rendre la critique des institutions politiques divertissantes. Les sondages montrent que la source d'information principale des générations X et Y aux États-Unis se trouve de plus en plus dans des émissions de divertissement, comme par exemple l'humour décapant que l'on rencontre dans *The Late Show With David Letterman* et *The Daily Show With Jon Stewart*. Effectivement, les données démographiques recueillies pendant la diffusion de *TV Nation* sur les ondes de NBC et du réseau Fox, de 1994 à 1995, montrent que l'auditoire est composé en grande partie des 18-35 ans. Les succès de Moore révèlent que l'on rejoint plus

efficacement les jeunes par l'entremise des antennes parabo-
liques et des librairies des centres commerciaux que par des
articles publiés dans des magazines à faible tirage ou la visite
de cafés et de salles communautaires[124]. »

Mattson soulève de bons points à propos du sentiment de
cynisme chez les gens de la gauche puis pose la question suivante : « Qu'arrivera-t-il aux nobles aspirations de la gauche si
le contenu de son discours est dilué en petites bribes médiatiques de deux ou trois mots ? » C'est avec son long-métrage
que Moore répondra, à sa manière, au discours de Mattson.
Le dénouement de *Canadian Bacon* montre la compagnie
Hacker Corp, en charge des missiles américains, se préparer
à les lancer en direction de la tour du CN, là où est postée
l'adjointe de Bud B. Boomer, l'officier Honey (jouée par
Perlman). Au lieu de faire appel aux mesures diplomatiques de
circonstance, le seul recours du président Alda sera de négocier
un cessez-le-feu en échange d'espèces sonnantes et trébu-
chantes. Où Moore veut-il en venir ? À ceci : les entreprises
détiennent plus de pouvoir que le président ou les forces
armées. À la sortie de *Canadian Bacon*, Moore reconnaîtra le
côté pessimiste du film. « Je me sers de l'humour, par contre,
pour faire passer un point important. En fait, ce film exprime
beaucoup d'indignation, dira-t-il. Je crois que les meilleures
comédies proviennent de gens qui sont profondément indignés
par rapport à ce qu'ils observent dans le monde. L'humour est
un outil qui nous aide à sublimer toutes les frustrations inhé-
rentes à la société dans laquelle nous vivons[125]. »

Le 4 mars 1994, un événement encore plus dévastateur se
produisit : John Candy succomba à un arrêt cardiaque. Inévi-
tablement, sa mort entraîna la fin du film. « Ce dont je me rap-
pellerai le plus à propos de ce tournage, c'est la joie que j'ai eue
à côtoyer John Candy, dira le premier assistant réalisateur de

Canadian Bacon, Walter Gasparovic. Jamais au cours de ma carrière en cinéma, je n'ai rencontré quelqu'un d'aussi aimable et chaleureux[126]. » L'équipe sera dévastée par l'interruption abrupte du tournage. Le montage n'arrivera pas à combler tous les problèmes causés par l'arrêt de la production. Le manque de fonds affectera irrémédiablement l'achèvement du projet. Le produit final ressemble davantage à un collage qu'à un long-métrage monté selon les règles de l'art. Dans une entrevue accordée à cette époque, Moore soutient que les responsables du studio ne lui ont pas facilité la tâche : « Ils voulaient exploiter au maximum la dernière présence cinématographique de Candy en "déversant" dans le film le plus possible d'images de lui. Malheureusement, cela s'est fait au détriment de la plupart des idées sous-jacentes du film[127]. »

« Dès le départ, il y avait une divergence entre le type de film que Michael voulait tourner et le type de film que les studios souhaitaient produire, explique Gasparovic. Je pense que Michael voulait davantage atteindre le niveau d'une satire dans la veine de *Dr. Folamour* (l'un de ses films préférés). Les studios, par contre, préféraient mettre davantage l'accent sur Candy et les autres comédiens. Je crois que la mésentente entre les deux parties est devenue plus apparente au stade de la promotion du film ou plutôt dans l'absence de promotion[128]. »

À vrai dire, c'est à peine si *Canadian Bacon* fut mis en marché. Le film sortit le 22 septembre 1995, dans quatorze salles seulement. Contrairement à ce qu'avait souhaité Moore, il ne se rendit jamais dans les centres commerciaux. Selon ses dires, qui s'avèrent bien fondés, la promotion de *Canadian Bacon* ne figurait pas dans la liste des priorités des studios. D'après le site Internet *Box Office Mojo,* les recettes brutes du film ne totaliseront que cent soixante-trois mille neuf cent soixante et onze dollars. Le film sera toutefois inscrit à d'importants festivals, dont ceux de Cannes et de Toronto, en plus d'être distribué en format VHS, où il se vendra étonnamment bien, dépassant les deux cent mille copies. Même si les admirateurs de Moore ne tiennent certainement pas ce film en haute estime, *Canadian Bacon* est indissociable de *TV Nation*. Tous les deux ont façonné l'image de Moore, un individu que l'on n'apprécie pas toujours, mais dont les succès ne se démentent pas.

Derevlany, de *TV Nation*, exprime de l'admiration pour Moore, mais avec de sérieuses réserves : « Je dois vous dire que je trouve Michael l'une des personnes les plus drôles, brillantes et stimulantes que j'aie jamais rencontrée. Cela étant dit, est-ce que je travaillerais encore avec lui ? Jamais de la vie. Je ne peux même pas blairer ses films. (Je n'ai pas encore vu *Bowling for Columbine*, dont on dit le plus grand bien.) Sachant déjà à quel point il peut être pénible de se consacrer à ses projets, je suis encore trop sensible à tout ce que les gens doivent endurer pour faire en sorte que leur travail fasse bien paraître Michael – et uniquement Michael – auprès de l'auditoire[129]. »

Après son passage chez *TV Nation* et sa nomination à un prix Emmy pour son rôle de Crackers, Derevlany se vit offrir une multitude de projets d'émissions pour enfants. La Jim Henson Company retint ses services pour plusieurs années. Encore aujourd'hui, il tire une bonne partie de ses revenus d'émissions pour enfants, où il considère que son apport est beaucoup plus constructif et positif que l'ensemble de son œuvre chez *TV Nation*. En dépit de toutes les souffrances subies dans son rôle du poulet justicier, Derevlany tient tout de même à rendre un ultime hommage à son ancienne émission : « Après *TV Nation*, j'ai reçu plusieurs offres pour participer à des émissions de télé réalité ou d'autres dans lesquelles on joue des tours, mais aucune d'entre elles ne m'a vraiment accroché. Souvent, ça ressemblait à : "On va faire ce gag à un type et tu vas voir, ça sera marrant !" Et ma question était toujours : "Oui, bon, et puis après ? Où voulez-vous en venir, au juste ?" Il n'y avait jamais de "puis après". Chez *TV Nation*, au moins, on se servait toujours de nos frasques ou de nos coups montés pour transmettre un point de vue ou une prise de position, politique ou autre, à l'auditoire. De nos jours, on ne voit plus cela au petit écran. Même dans une émission géniale comme *The Daily Show*, les segments servent à faire rire, et non pas réfléchir. *TV Nation* parvenait toujours à faire les deux à la fois, et le faisait bien[130]. »

TV Nation aura révélé à Moore sa manière à lui de s'exprimer et sa méthode de travail. Accompagné souvent de la même équipe, il aura recours à la même approche pour le reste de la décennie, jusqu'à ses grands succès que seront *The Awful Truth* et *Bowling for Colombine*. Au moment du dernier épisode de *TV Nation*, Moore a 41 ans. Bien qu'il ait entamé très tôt sa carrière de militant, il n'est pas encore au sommet de son ascension. Toujours à l'aide de sa plume et d'images tournées par ses caméras, il prépare sa prochaine mission, qui visera à démonter la manière dont les grandes entreprises tendent à « dégraisser » leurs opérations au détriment des travailleurs.

CHAPITRE 6

Comment dégraisser dans le maigre

Des dédicaces, de la malbouffe et des baskets

E ssayez de vous représenter quarante-sept villes à travers les États-Unis, ce pays que Michael Moore aimerait tant voir transformé, en commençant par le renommer : « The Big One ». Imaginez un instant visiter chacune de ces nombreuses métropoles en l'espace d'une cinquantaine de jours. Et dans quel dessein ? Effectuer une tournée littéraire. Mais pas n'importe laquelle : celle de Michael Moore.

1995. Le réseau Fox n'a pas reconduit l'émission de télévision de Moore, *TV Nation*, dans sa programmation d'automne. Même si des projections de *Canadian Bacon* avaient été prévues pour ce même automne et que des engagements avaient été pris pour mousser la popularité de son deuxième long-métrage, il est vite devenu évident que, victime d'un manque flagrant d'effort promotionnel de la part des studios, Moore sera loin de connaître le succès inattendu remporté par *Roger & Me*. Dépité, Moore retourne à ses premières amours : l'écriture. Les parents de Michael, Frank et Veronica lui avaient appris à écrire avant même le début de son école primaire. À ce stade-ci de sa vie, il a eu amplement le temps nécessaire pour se peaufiner un style de dénonciation politique livrée avec verve et parfaitement au diapason du sentiment de révolte du milieu des années 1990. L'ouvrage qui en résulte, *Dégraissez-moi ça!* reprend la plupart des thèmes abordés dans *Roger & Me* et *TV Nation*, mais sa publication a pour conséquence inattendue d'ouvrir la voie à un autre projet de film, *Le géant*, portant sur Moore lui-même dans sa propre tournée littéraire à travers l'immensité des États-Unis d'Amérique[131].

Au début du film, un Moore à la mine sombre déambule le long d'une rue, tandis que sa voix se fait entendre hors champ : « Qu'est-ce que je deviens? Eh bien, je suis sans travail. Alors j'ai fait ce que la plupart des gens comme moi font quand ils ne se trouvent pas de boulot. J'ai écrit un livre... *Dégraissez-moi ça! Petite balade dans le cauchemar américain*, que j'ai ensuite vendu aux éditions Random House. Ils m'ont proposé de participer à une petite tournée de promotion... un circuit de quatre ou cinq villes, tout au plus[132]. » Est-ce vraiment ce que la plupart des gens font quand ils se retrouvent sans emploi? Rien n'est moins sûr. Au moment de rédiger son livre, Moore n'était pas sans travail. En fait, il est à peu près impossible et, à la fois, assez invraisemblable, qu'un cinéaste, militant, ancien éditeur et trublion médiatique comme lui puisse distinguer clairement quand il est « actif » et quand il est « en recherche d'emploi ». Mais toujours fidèle à la terminologie des usines où travaillent les modestes employés de la classe ouvrière, Moore cadre ainsi aussi bien dans *Dégraissez-moi ça!* que *Le géant*, et avec grand succès.

L'ouvrage parut aux États-Unis en septembre 1996. Il fut acclamé par une critique du *Publishers Weekly*, qui le décrit comme « une satire cinglante qui laisse dans l'embarras aussi bien les membres de la droite que ceux de la gauche...

Personne n'est épargné; des propos acerbes et bien documentés, livrés avec humour, qui plairont à ceux qui ont aimé *Rush Limbaugh Is a Big Fat Idiot* d'Al Franken ». *Dégraissez-moi ça!* se maintint honorablement pendant quatre semaines dans la catégorie non romanesque de la liste des best-sellers du *Publishers Weekly*.

Comment la « petite tournée » montée par les éditions Random House a-t-elle pu prendre de l'expansion au point de passer de quelques villes américaines d'importance à pratiquement tout le territoire des États-Unis? Elle a tout simplement été « engraissée », à la manière Moore. Dans une section du livre intitulée : « Pat Buchanan encaisserait-il un chèque envoyé de la part de Satan? », Moore relate un coup monté à l'endroit des politiciens : « Comme nous le savons tous, les politiciens font peu de cas de l'origine des dons reçus pour financer leur campagne électorale, écrit-il au chapitre deux. Mais jusqu'où sont-ils prêts à aller? » En se servant de l'adresse résidentielle de son assistante, Gillian Aldrich, Moore ouvrit des comptes bancaires en bonne et due forme et créa de fausses fondations tels Les admirateurs de John Wayne Gacy, Les adorateurs de Satan en faveur de Dole ou Les ivégistes pour le soutien de Buchanan, pour n'en nommer que quelques-unes. Le 3 mars et le 8 mai 1996, des chèques furent émis au nom de Pat Buchanan et de son organisation. Ils furent encaissés après trois et dix jours respectivement. Les organisations de Bob Dole et de Ross Perrot, quant à elles, retournèrent tous les chèques reçus de donateurs au nom douteux. Les aides de camp de Clinton, par contre, mordirent à l'hameçon et s'empressèrent d'encaisser un chèque en provenance des Cultivateurs de chanvre d'Amérique. À deux mois des élections présidentielles américaines de 1996, la publication de *Dégraissez-moi ça!* et, surtout, la démonstration éloquente du manque de discernement de certains candidats faite dans ses pages, attirèrent tout de suite l'attention d'une bonne partie du pays. Un porte-parole de la Maison-Blanche, Mike McCurry, qualifia Moore de « danger public », ce qui aura pour effet d'inciter ce dernier à présenter, lui aussi, sa propre plate-forme électorale. Au lieu d'afficher les couleurs d'un quelconque parti politique, Moore se présenta contre les « Républicrates », un terme employé dans les pages du livre léger et distrayant qu'il était en train de promouvoir. Durant sa tournée, Moore ajouta de nombreuses petites agglomérations de son choix à l'itinéraire prévu par son éditeur, des villes comme Flint, particulièrement éprouvée par les mises à pied, ainsi que Des Moines, en Iowa, véritable plaque tournante des élections américaines. Avec son ouvrage, Moore venait de découvrir une arme médiatique redoutable, à laquelle il pourrait de nouveau avoir recours tous les quatre ans (ou tous les deux ans, pour profiter au maximum de la tenue des élections au Congrès). En faisant correspondre l'expression de son art avec le déroulement des élections, l'œuvre de Moore ne se retrouvait pas seulement au bulletin de nouvelles, elle *devenait* la nouvelle.

« J'ai toujours été écrivain et je n'avais pas eu l'occasion d'écrire depuis un bon moment, expliqua Moore, dans un entretien avec le *Washington Free Press* durant sa tournée. Plus l'année avançait, plus j'en arrivais à la conclusion que *TV Nation* ne serait pas prolongée pour une autre saison. Je me suis alors dit : "Cela n'augure pas bien. Nous sommes en pleine campagne électorale, et nous ne serons même pas au petit écran pour en parler…" Alors je me suis tourné vers le seul choix qu'il me restait, écrire un ouvrage et tenter de le faire publier. » Avant même d'avoir complété la rédaction de *Dégraissez-moi ça!*, Moore se vit offrir une avance dans les six chiffres pour rédiger la suite. Il en résultera *Adventures in a TV Nation*, coécrit avec Kathleen Glynn. Dans *Dégraissez-moi ça!*, le ton est léger et l'écriture concise. Moore saute d'un sujet à un autre à la manière d'un humoriste qui jongle avec les plaisanteries. La longueur des chapitres varie entre quatre et dix pages. Bien que sombre par endroits, le ton de *Dégraissez-moi ça!* est beaucoup moins implacable que celui des ouvrages subséquents aux ambitions claires et délibérées : *Michael contre-attaque, Tous aux abris, The Official Fahrenheit 9/11 Reader* et *Vont-ils encore nous croire?* Avec une ironie moqueuse, Moore analyse les conséquences de l'ALÉNA et ne se gêne pas pour se servir du même concept que *TV Nation* et montrer à la face du monde le vrai visage des hors-la-loi du milieu des affaires. Il voulait dénoncer, par-dessus tout, la facilité avec laquelle certaines entreprises retiraient beaucoup d'avantages de l'État en toute impunité. En sautant d'un sujet à un autre, Moore livre ses réflexions sur la culture populaire et ses préoccupations concernant le monde politique. Il critique vertement les industries qui ont eu recours, durant la Deuxième Guerre mondiale, à une main-d'œuvre trouvée dans les camps de concentration, se demande si le candidat aux élections primaires de 1996, Steve Forbes, ne serait pas un extra-terrestre et prend même le temps d'aborder le sujet de son amour impossible pour Hillary Rodham Clinton.

Le tournage du documentaire sur sa tournée littéraire ne débuta qu'à mi-chemin de l'itinéraire prévu. Sans aviser son éditeur, Moore convoqua une équipe de tournage composée de quatre techniciens pour venir le rejoindre à St. Louis. Que s'était-il donc passé en route pour que Moore décide de contacter les Productions BBC et leur demande qu'une équipe de documentaristes se joigne à lui le plus tôt possible? C'est fort simple. Moore n'aimait pas ce qu'il voyait dans les villes qu'il traversait pour parler de son livre[133].

« Je lisais dans les journaux à quel point l'économie roulait bien et que Wall Street affichait une prospérité sans précédent, mais cela différait beaucoup de ce que je voyais dans toutes ces villes », expliqua Moore, neuf mois plus tard, à Flint, au lancement de son film *Le géant*. Bien entendu, Moore devait bien se douter un peu de ce qu'il allait voir. Après tout, il en avait déjà constaté l'ampleur des années auparavant, au Michigan, et en 1990, il avait déjà pressenti la misère économique à venir durant sa tournée promotionnelle de *Roger & Me* à travers les États-Unis. En réalité, le titre de son livre et les photos qui se trouvent au début de l'ouvrage de Moore illustrent d'une manière éloquente la fausse naïveté avec laquelle il présentait *Le géant* au public. Ces photos montraient, sans faire de distinctions, l'acte terroriste du bombardement de l'immeuble fédéral d'Oklahoma City, en 1995, et la destruction d'une usine à Flint consécutive aux mises à pied massives de la General Motors. S'il n'avait pas su ce qui se trouverait sur sa route, Moore n'aurait certainement pas ajouté les petites villes de Baltimore, au Maryland, ou de Centralia, en Illinois, à son itinéraire. Ni d'ailleurs l'agglomération de Rockford, en Illinois, qui venait tout juste, selon le magazine *Money*, de déclasser la ville de Flint comme l'endroit désigné comme le pire aux États-Unis pour y habiter.

Dès ses premiers succès, Moore s'était fait qualifier de maître de la mascarade aux airs d'emprunt. Le *New York Times* est même allé jusqu'à prédire que « M. Moore ne pourra sans doute pas maintenir intacte son image (du type ordinaire, sans instruction, issu de la classe ouvrière et qui se porte à la défense des syndicats) encore bien longtemps[134] ». Le *New York Times* pouvait bien formuler ces commentaires dans sa critique littéraire. Dans les faits, cependant, c'étaient surtout les travailleurs, à l'emploi souvent précaire, qui achetaient le plus les livres de Moore. La plupart d'entre eux ne consultaient jamais les cahiers littéraires du *New York Times*. Il reste que c'est la somme de leurs vingt et un dollars qui contribua le plus à hisser *Dégraissez-moi ça!* dans la liste des best-sellers du *Times*.

Le 27 octobre 1996, dans un terrain de stationnement quelque part à Milwaukee, au Wisconsin, Moore se tenait debout, un téléphone cellulaire dans une main et une boisson gazeuse grand format dans l'autre. « Ça par exemple, s'exclama-t-il en riant de bon cœur, nous venons d'être classés sur la liste des best-sellers du *New York Times*! Diable… Je n'en reviens pas, c'est tellement une grande nouvelle[135]. » Pour cet individu dont l'émission télé avait été abandonnée, dont la promotion du dernier long-métrage avait été grossièrement bâclée par les studios, qui serait loin de sa conjointe et de leur fille adolescente pour les deux prochains mois et dont le sort du prochain film dépendait directement du succès de sa tournée actuelle, cette nouvelle ne pouvait pas tomber plus à point. La première réaction de Moore fut de demander à son entourage si quelqu'un avait pensé appeler sa compagne, Kathleen Glynn, pour lui faire part de la nouvelle. Quelques jours plus tard, Glynn vint le rejoindre à Chicago pour célébrer leur anniversaire, le temps d'un bref retrait de la tournée promotionnelle de son ouvrage. Pour l'heure, entouré de son équipe de tournage dans un terrain de stationnement du Midwest, et encore un peu sous l'effet du choc, Moore poursuivit sa litanie enthousiaste de blasphèmes véniels. « Je suis stupéfait », reconnut-il.

Jusqu'à ce jour, la tournée *Dégraissez!* prenait de plus en plus les allures soporifiques de celle du documentaire *Roger & Me*, avec sa « même vingtaine d'entrevues quotidiennes composées des mêmes vingt questions ». Dans des librairies à grande surface, flanqué des panneaux cartonnés grandeur nature de Tina Turner et Stephen King, le nouvel auteur à succès demeurait sur les lieux bien après le départ du dernier admirateur en quête d'une dédicace. Il restait pour signer des exemplaires supplémentaires de son livre, avec l'espoir que sa griffe motiverait les acheteurs qui n'avaient pu se déplacer pour le rencontrer. Comme il arrive fréquemment au bout d'une longue période sur la route, Moore commença à se lasser de l'image que lui renvoyait son propre miroir. Au cours d'une allocution, il pointa du doigt le traitement cosmétique que les éditions Random House avaient fait à sa photo sur la couverture. « Pusqu'ils se sont amusés à me transformer ainsi, se demanda-t-il ouvertement, pourquoi les infographistes ne se sont-ils pas aussi donné la peine de soustraire quelques kilos de plus à mon visage joufflu ? » Pour échapper un peu à la routine ronflante de sa tournée, Moore se réfugiait dans les ambiances sonores franches et engagées des chanteuses pop folk, Fiona Apple, Paula Cole et l'interprète de *I Ain't A Pretty Girl*, Ani DiFranco. « Je n'ai jamais vraiment compris l'idée de se raser les aisselles », admettra Moore[136].

Les engagements de Moore le long de sa route promotionnelle furent nombreux. Dans une interminable succession de campagnes de sollicitation, dans les stationnements d'usines et les discussions avec des camionneurs et des mères de familles monoparentales dans les Hearty Platters et autres relais routiers, Moore s'enquérait de leur intention de vote ou de leur indifférence avouée (dans les faits, le taux de participation à ces élections s'avéra le plus bas de l'histoire des États-Unis). Tout cela commençait à peser de plus en plus lourd. Dans le film *Le géant*, on voit Moore accorder des entrevues et citer de mémoire de larges extraits de son bouquin au cours d'émissions radiodiffusées ou encore devant un auditoire. En dépit de la bonne humeur apparente de Moore, les déplacements quotidiens d'une ville à une autre n'étaient certes pas une partie de plaisir : être escorté constamment de ses « aides de camp médiatiques » au détour d'innombrables couloirs, subir leurs reproches et se faire dire par l'une d'elles qu'il aurait besoin d'une mère, devoir adapter le contenu de ses discours dans chacune des communautés pour y tenir quelques propos à contenu local et filer à l'anglaise dès qu'il le pouvait, aller décerner le prix du « Dégraisseur de l'année » à certaines compagnies comme Pillsbury, Johnson Controls ou celle qui fabrique les tablettes de chocolat PayDay. Lorsqu'on lui demanda si ça l'ennuyait de harasser et relancer constamment les relationnistes qui se trouvaient sur sa route durant la tournée, Moore exprima un sentiment contradictoire : « Écoutez, ce sont des travailleurs, eux aussi. Les chefs de la direction ne descendront certainement pas du dernier étage pour venir m'adresser la parole, alors ils n'ont guère d'autre choix que de me les envoyer. Alors je sympathise, en quelque sorte, avec ces employés-là… Ils sont installés bien confortablement dans leur petit bureau douillet et tous les jours, les médias importants leur lancent des questions aussi faciles à saisir qu'un ballon de plage, déclara-t-il. Et voilà qu'une seule fois au cours de leur existence insipide, un individu obèse coiffé d'une casquette pénètre dans le hall d'entrée et leur pose une question fort simple : comment pouvez-vous justifier que votre entreprise puisse jeter dix mille de ses travailleurs sur le pavé, alors qu'elle vient tout juste d'engranger des profits records? Ils savent très bien que cette position est impossible à défendre. Ce ne sont pas des imbéciles[137]. »

À Chicago, au cours d'une entrevue qu'il accorda au syndicaliste et animateur de radio Studs Terkel, Moore dut expliquer le lien qu'il faisait entre le terrorisme et les photos de les photos au début de *Dégraissez-moi ça !* Il répliqua : « Évidemment, si vous placez un camion bourré d'explosifs en face d'un immeuble et que vous tuez cent soixante-huit personnes, c'est un acte de terrorisme. Il n'y a aucun doute là-dessus. Mais comment appelez-vous cela, Studs, si vous faites d'abord gentiment évacuer l'édifice par les gens qui s'y trouvent ?... » Moore voulait simplement souligner le fait que supprimer le gagne-pain principal d'une communauté pouvait entraîner tout autant de pertes de vies humaines et que les problèmes sociaux qui surgissent, quand les gens se retrouvent sans emploi, conduisent souvent à des décès causés par les suicides, la violence conjugale, la drogue et l'alcoolisme.

« Nous ne disons pas que les entreprises sont des assassins. Je considère toutefois que c'est un acte de terrorisme économique que de congédier des employés alors que vous réalisez des profits records et, ce, dans le simple but d'accroître encore davantage vos bénéfices nets[138]. »

Après avoir traversé plusieurs fois « le géant », au cours de ses tournées de promotions, une interrogation était devenue lancinante dans l'esprit de Moore : pourquoi licencier des travailleurs si ça pouvait être évité ? Mais pour l'instant, d'autres préoccupations l'assaillaient. À partir du moment où Moore avait convoqué une équipe de tournage pour l'accompagner dans ses déplacements, il devait faire triple emploi dans chacune des villes qu'il traversait : auteur, réalisateur et comédien principal de son propre film. Le site Internet *Salon* critiquera cette approche tripartite, en la qualifiant de vanité infinie et d'égoïsme ultime. Avant longtemps, un autre tapage médiatique s'ensuivrait. Entre les séquences filmées de Moore qui réconforte des employés nouvellement mis à pied, en les serrant dans ses bras, un duo avec Rick Nelson, de Cheap Trick, à Rockford, en Illinois, durant lequel il prend un malin plaisir

à chanter *Blowin' in the Wind* (il semble que Moore se souvient mieux que quiconque des paroles des chansons de
Bob Dylan), la prise en charge d'un travailleur qui vient d'être
remercié par la Johnson Controls après vingt ans de service
à temps plein (Moore l'accompagnera à Manpower International, un bureau de placement pour la main-d'œuvre tempo-
raire), l'incarcération évitée de justesse en face des industries
LEAF en prouvant aux policiers, à l'aide des images vidéo
tournées, que l'équipe avait été avisée d'attendre en face de
l'édifice plutôt que de quitter les lieux… Moore doit trouver
comment assembler ces images de manière intelligible pour en
faire un film qui tienne la route et, en même temps, qui attire
les masses. Devant des contenus si disparates, le défi était de
taille. Selon Mary Gielow, son aide de camp auprès des
médias, « la présente tournée de Michael Moore est de loin
la plus improvisée que j'aie jamais vue. Et je pratique ce
métier depuis sept ans. À tout moment, des engagements sont
annulés ou d'autres s'ajoutent. Il est constamment sollicité de
toute part… pour échanger, et il s'y plie volontiers, mais le
plan de travail s'en trouve complètement chamboulé ».
Lorsqu'elle se fait demander comment tout cela affecte sa vie,
elle répond sèchement qu'elle n'a toujours pas développé de
tic facial, tout en feignant un tic facial.

Pendant que les aides auprès des médias menaient Moore
sans ménagement, ce dernier menait son équipe sans merci.
À un certain moment, un directeur photo protesta : « Que
veut-on faire ici ? On ne pourra jamais… » La réplique de
Moore serait toujours la même : « Vous n'éteignez jamais la
caméra ». Les deux opérateurs obtempérèrent, le premier, en
filmant Moore, le second en tournant l'autre caméraman[139].

À l'exception des accrochages personnels inévitables
dans toutes les tournées, un autre conflit pointait à l'horizon,

tout aussi inévitable : celui qui devait tôt ou tard opposer un auteur ouvertement contre la fusion des entreprises, mais qui avait conclu une entente avec une importante maison d'édition pour effectuer une tournée dans sa chaîne de librairies. C'est à Philadelphie que la situation commença à se gâter. Les employés d'un magasin Borders étaient en grève. Solidaire jusqu'au bout des ongles avec les travailleurs, malgré le chapitre de son livre intitulé : « Comment j'ai syndiqué mes assistantes », qui dénonce les chefs syndicaux, Moore refusa de traverser les lignes de piquetage. « Comme je ne voulais pas franchir le piquet de grève, j'ai demandé aux employés s'ils ne désireraient pas venir plutôt à l'intérieur m'entendre lire des extraits du livre », expliqua Moore. À partir du moment où les deux parties s'entendirent pour se tenir bien tranquilles, Borders accepta[140]. Parmi les grévistes invités à se joindre à la lecture d'extraits se trouvait Miriam Fried, qui venait d'être licenciée apparemment à cause de son allégeance syndicale. On lui donna même la parole. Après cet incident, le *Philadelphia Enquirer* cita un représentant du syndicat selon lequel Moore aurait incité les gens à acheter des livres chez le compétiteur de Borders. Moore le nia et soutint qu'il n'avait jamais voulu endosser un quelconque boycott de Borders. Mais une porte-parole du siège social de la compagnie à Ann Arbor, au Michigan, Jody Kohn, corroborera les dires du représentant : « Il a dit : "Dites, vous connaissez la librairie Rizzoli à quelques pas d'ici ? Et bien, vous pouvez vous y rendre pour acheter vos livres[141]". » Au cours de la longue querelle qui opposa par la suite Borders et Moore, les deux se relancèrent la balle en s'accusant réciproquement de malhonnêteté.

Peu après l'incident de Philadelphie, une controverse survint à une autre libraire Borders, celle du World Trade Center. Selon Moore, la direction de la grande chaîne de librairies avait annulé son allocution quelques heures avant son arrivée, de manière à éviter que les mêmes événements ne se reproduisent : « Ils m'ont dit que je pourrais dédicacer des livres, mais que je ne pourrais rien dire sous aucune considération. » Kohn, elle, soutiendra que la séance de signature avait été annulée par la police de l'autorité portuaire parce que celle-ci voulait que la librairie disperse l'« énorme » rassemblement d'admirateurs venus s'attrouper pour entendre l'auteur.

À Des Moines, en Iowa, tel que raconté dans *Le géant*, Moore fut contacté par un groupe d'employés de Borders qui voulaient se syndiquer. Alors qu'ils discutaient secrètement avec Moore, un soir, dans un coin du terrain de stationnement, les travailleurs scrutaient nerveusement les voitures qui passaient près d'eux. Ils lancèrent à la blague leur crainte de recevoir la visite d'un dur à cuire venu d'Omaha pour les dissuader de se syndiquer. Ils révélèrent aussi que leur employeur prélevait des fonds de leur chèque de paie pour financer un plan collectif de soins de santé, appelé HMO, auquel pourtant aucun médecin de Des Moines n'était affilié. Le 10 décembre, ce groupe d'employés de Borders vota en faveur d'un syndicat et se joignit à l'union des Travailleurs de l'alimentation et du commerce[142].

La goutte d'eau qui fit déborder le vase pour Moore arriva à la mi-novembre, alors qu'une séance de signature prévue à Fort Lauderdale fut carrément annulée. Selon Moore, « la librairie affirme avoir reçu une directive du siège social l'avisant qu'il ne fallait plus autoriser Michael Moore à prendre la parole dans aucune des librairies Borders, partout au pays ». Dans un article paru dans le *New York Times*, Kohn soutint que l'annulation en Floride était due au fait que certains engagements n'avaient pas été confirmés. Un quotidien du sud de la Floride, le *Sun-Sentinel*, relata la version de

Moore de façon plus objective, tout en concédant qu'il était possible qu'un directeur local se soit empêtré dans les nombreux engagements du calendrier des entrevues. Quoiqu'il en soit, Moore était furieux. Dans une chronique parue dans l'édition du 18 novembre de *The Nation*, il prétendit qu'il venait d'être banni irrévocablement de toutes les librairies Borders. Du même souffle, il annonça qu'il remettrait à la campagne de syndicalisation en cours toutes les sommes touchées en droits d'auteur pour mille exemplaires de son livre. À raison de huit mille travailleurs en quête de meilleures conditions de travail et d'un tarif de droits d'auteur qui devait varier entre 10 et 20 % du prix coûtant, selon l'entente contractuelle conclue avec l'éditeur (pour une valeur totale oscillant entre deux mille et quatre mille cinq cents dollars), la promesse de don équivalait à cinquante cents par employé. Si on considère le nombre de livres que Moore vendit à cette époque, sa contribution fut bien modeste, mais le geste posé à l'encontre des librairies, qui venaient d'annuler sa tournée promotionnelle, fut d'une portée symbolique significative[143].

« Les propos que j'ai tenus les ont tellement décontenancés qu'ils ont perdu un peu la tête, conclut Moore au sujet des dirigeants de Borders, dans une entrevue accordée au *New York Times*. J'attendais cette tournée littéraire avec impatience. Mon intention n'était pas de me lancer dans une campagne de mobilisation syndicale. » La réplique de Borders fut à l'effet que Moore souffrait d'un complexe aigu de persécution. Les représentants de Borders expliquèrent qu'il aurait été tout à fait insensé de leur part de museler le meilleur auteur de la rentrée pour les ventes et, de ce fait, leur principale source de revenus, après avoir investi tant d'argent dans la promotion de *Dégraissez-moi ça !* De plus, ajoutèrent-ils, les employés de quatre de leurs librairies seulement voulaient se syndiquer. Les deux parties finirent par s'entendre à l'amiable et l'auteur, temporairement victime d'un dégraissage, poursuivit sa tournée promotionnelle dans les librairies Borders. La discorde, cependant, était bien loin d'être terminée. L'été suivant, à la sortie de son film *Le géant*, dans divers festivals, Moore fulminait encore. En juillet 1997, comme nous l'avons vu au chapitre trois (« Flint ou Frisco »), Moore s'en prit à l'éditeur de *Salon* : « En lisant vos propos diffamatoires me concernant, dans l'article de *Salon* intitulé *"Moore is Less"*, je me suis demandé si vous vous étiez posé la question suivante, avant de décider de le publier : *"N'avons-nous pas la responsabilité morale de dire à nos lecteurs qui nous sommes et pourquoi nous choisissons de publier cet article ?"* »

Moore ne manqua pas de souligner que le magazine *Salon* était « présenté et commandité par la Borders Books and Music ». Il décrivit ensuite avec force détails la dispute qui venait de l'opposer à la grande chaîne de librairies au cours de l'année précédente, en plus d'attribuer une partie de ses difficultés à la parution des articles dans *Salon* : « *Salon* n'a pas cru bon de vous aviser de son association avec Borders. En ne vous dévoilant pas que leur commanditaire principal et moi-même étions aux prises avec un différend, je crois que le magazine a fait preuve de malhonnêteté. Mais qu'un éditeur de livres, par ailleurs respecté, de la trempe de Borders se serve ensuite de la tribune de *Salon* pour y tenir des propos diffamatoires est vraiment un coup bas[144]. »

En quoi consistait donc l'attaque parue dans *Salon* ? Un auteur du nom de Daniel Radosh venait de descendre en flammes tous les faits d'armes de Moore, depuis le début de sa carrière. Intitulé « Cinq raisons pour lesquelles la gauche pourrait se passer de Michael Moore », l'article répondait à la question dès la première phrase : « 1. *Roger et moi*, moi, moi,

moi, moi! » La chronique soulignait la tendance de Moore à s'autopromouvoir constamment et à avoir eu souvent recours, tout au long de sa carrière, à la supercherie, en commençant par la chronologie floue de *Roger & Me*. Le journaliste en rajoutait, en définissant le court-métrage *Pets or Meat* comme une suite imbue d'elle-même de *Roger & Me*. Radosh écartait ensuite *Canadian Bacon* du revers de la main sans même l'avoir vu, puis se lançait dans une critique de la contribution de Moore à *TV Nation* et de sa série de chroniques intitulée « *Media Matters* » dans *The Nation*, incluant sa provocation initiale dans la dispute qui l'opposa à Borders. Le chroniqueur de *Salon* arrivait à la conclusion acerbe que le seul média qui semblait compter pour Moore était celui qu'il contrôlait lui-même[145].

La colère contenue dans la contre-attaque de Moore est palpable. Les insinuations de Radosh devaient l'avoir forte-ment ébranlé. La plupart des attaques émises à l'endroit de Moore furent reprises par d'autres, au cours des années subsé-quentes et, ce, autant de la part de critiques respectés de la gauche, tel Christopher Hitchens, que de citoyens de la droite équipés du redoutable réseau de communication que consti-tue l'Internet. Ces derniers montèrent des sites pour les dé-tracteurs de Moore, tels Moorewatch.com et Moorelies.com, et publièrent un livre au contenu souvent erroné, *Michael Moore is a Big Fat Stupid White Man*, où une hypothèse fut échafaudée à partir d'une fausse prémisse selon laquelle Davison, la banlieue de Flint, est confondue avec sa voisine beaucoup plus fortunée de Clarkston, au Michigan. À l'ex-ception de ce dernier livre, la plupart des remontrances faites à l'endroit de Moore sont probablement valables : sans doute Moore est-il imbu de lui-même ; sans doute Moore dépense-t-il un peu trop d'énergie à se promouvoir, lui, dans son rôle de faiseur de bonnes œuvres, alors que l'on s'attend à ce que les militants de gauche demeurent modestes et effacés ; sans doute Moore fait-il preuve de paternalisme en déployant tant d'efforts pour rendre son message le plus accessible possible ; et sans aucun doute Moore s'est-il considérablement enrichi tout en s'accrochant de façon opportuniste à son image de citoyen ordinaire. Cela étant dit, la chronique de Radosh était tout de même d'une grossièreté et d'un mépris certains, le tout livré dans un texte qui, dans l'ensemble, respirait l'immaturité.

Après cette première salve contre Moore, le rédacteur en chef de *Salon*, David Talbot, ne fit preuve d'aucune indulgence à l'égard de l'orgueil meurtri de l'auteur-réalisateur. Il rétorqua par l'entremise de son magazine en ligne : « L'accusation de Moore selon laquelle la chaîne de librairies Borders "se serait servi de ce magazine pour me diffamer" est scandaleuse et absolument fausse. Je le mets au défi d'apporter des preuves. Soit, Borders est l'un des commanditaires de *Salon* : nous ne nous en cachons pas, c'est même plastronné sur la page d'accueil de notre site. Jamais, cependant, le contenu éditorial de *Salon* n'a été dicté par Borders ou n'importe quel autre de nos commanditaires. Jamais non plus Borders n'a tenté d'influencer de quelque manière que ce soit les critiques, les reportages et les opinions parus dans les pages de *Salon*, poursuivit Talbot. Avec ces attaques, Moore ratisse large et il le sait fort bien[146]. »

La dispute entre Borders et Moore sera temporairement reléguée aux oubliettes, le temps d'organiser la production et la promotion du nouveau film de Moore, *Le géant*. Le documentaire fut présenté à Cannes au mois de mai et à Flint, à la mi-juillet, dans le cadre d'une représentation spéciale dans la ville natale du réalisateur. À la mi-septembre, il fut projeté au complexe City Cinemas Angelika de New York, dans le cadre du Marché du film indépendant, un salon commercial de l'industrie du cinéma comprenant une série d'ateliers répartis sur une semaine. La programmation de cette année-là comprenait plus de quatre cents œuvres, mais seulement soixante-six documentaires étaient offerts au public. De ces derniers, *Le géant* représentait l'un des dix films seulement à se classer dans la catégorie long-métrage. Pour la troisième fois en huit ans, Moore avait le privilège d'arriver à ce marché du film en portant épinglé au revers de son veston l'« écusson vert », la marque distinctive qui sert à identifier les réalisateurs de long-métrage. Même si la présence de Moore à un tel événement était loin de lui garantir la diffusion de sa dernière œuvre dans les salles de cinéma, il pressentait qu'il pourrait à tout le moins se trouver une maison de production par l'entremise des Productions BBC, ce qui s'avéra juste. Il s'associa à l'un des meilleurs distributeurs de l'heure, les Films Miramax, producteurs de *Pulp Fiction*, en 1994, et de *Chasing Amy*, produit plus tôt en 1997 et présenté au Marché du film indépendant la même année. Le 21 janvier 1998, Moore se retrouva à nouveau à ce qu'il convient d'appeler le paradis du documentaire, le festival du film de Sundance à Park City, en Utah. Accompagné de Glynn, son épouse, il en profita pour bavarder avec David Mamet, venu présenter *La prisonnière espagnole* aux festivaliers. Parmi les autres œuvres dignes de mention cette année-là, *Buffalo '66* de Vincent Gallo ; *Sexe et autres complications* de Don Roos, un second film présenté au festival dans lequel Christina Ricci détenait le premier rôle, *Kurt & Courtney* de Nick Broomfield, un autre documentariste qui aimait bien se mettre en scène dans ses films et enfin *Central do Brasil* de Walter Salles, un drame qui puise son inspiration dans le cinéma documentaire. Paul Schrader, enfin, scénariste de *Taxi Driver*, l'un des films préférés de Moore, proposait au public son dernier film, *Affliction*.

Quand le documentaire *Le géant* sortit en salle le 10 avril 1998, un an après la fin du tournage, la critique du *New York Times* fut élogieuse : « Voilà l'un des rares films populaires américains qui soulève enfin les vrais enjeux et, chose plus rare encore, l'un des seuls documentaires dont le succès commercial semble passablement assuré. » Pour Moore, les choses sont reparties de plus belle. En dépit de prévisions trop optimistes de la critique Janet Maslin[147] – les recettes brutes réalisées en sol américain totalisèrent un peu moins d'un million de dollars, bien en-deçà des résultats de *Roger & Me* –, *Le géant* reçut un accueil favorable qui rehaussa, du même coup, le moral et le niveau de productivité de Moore. Il commença l'écriture d'un film de fiction pour la maison de production britannique Channel Four Films. Il signa une entente pour donner une suite à *TV Nation*, qui n'avait pas encore de titre et qui deviendra *The Awful Truth*. Avec l'aide de Glynn, il compléta un nouvel ouvrage qui racontait en détail leurs premières armes en télévision. Puis, il prépara *Better Days*, l'émission pilote d'une comédie de situation semblable à *All in the Family*, avec Jim Belushi dans le rôle principal, et dont l'action se déroulait dans une ville gravement affectée par le chômage. Bien que la moitié de ces projets n'aboutirent jamais, Moore continuait d'être animé d'une énergie contagieuse. Lorsque *Le géant* prit l'affiche dans un grand nombre de salles en avril, le réalisateur se retrouva au cœur d'une véritable campagne promotionnelle et médiatique.

Une campagne médiatique pour un documentaire qui parlait d'un livre ? Mais d'où venait donc cet engouement ? D'une paire de baskets, assez bizarrement. Moore avait déjà déclaré qu'il n'aurait jamais pu imaginer obtenir une entrevue avec le fondateur et chef de la direction de la Nike Incorporated, Phil Knight. Après tout, ce même Knight avait été classé « Col blanc criminel numéro trois » dans le palmarès des dix pires contrevenants richissimes publié dans *Dégraissez-moi ça !* Quant à savoir ce qui a bien pu pousser le directeur des relations publiques de Knight à contacter directement Moore, le 30 octobre 1996, pour l'inviter au siège social de la Nike, alors que celui-ci était en train de participer à une émission de ligne ouverte sur les ondes AM de la station KXL de Portland, le mystère demeure entier. Puisque la ville de Portland allait être la dernière à être présentée dans le film, il va sans dire que cette entrevue, qui mettait un terme au périple épuisant de la tournée, revêtait une importance capitale. Sans cette rencontre imprévue, il aurait manqué quelque chose d'important, pour ne pas dire un scandale, pour permettre aux médias de s'accrocher au film et donner bonne presse à *Le géant*.

Dans les pages de *Variety*, Moore explique : « [Knight] accorde rarement des interviews, et je ne suis pas si sûr qu'il savait dans quoi il s'embarquait… À un certain moment, je lui ai demandé comment il se sentait par rapport à l'idée d'employer de jeunes Indonésiens de 12 ans pour fabriquer des chaussures, et il a répliqué : "Ils n'ont pas 12 ans, ils en ont 14." Il ne blaguait même pas[148]. » Dans le film, la séquence montre Knight en pleine conversation avec Moore, très à l'aise devant la caméra, mais déclinant l'offre du réalisateur d'accepter des billets d'avion à destination de l'Indonésie (où il n'avait jamais mis les pieds) pour aller visiter ses usines de fabrication de chaussures.

« Mon but n'est pas l'argent, dit Knight. Je ne cours plus après l'argent. Ce que je veux, avant d'aller au ciel, c'est créer la meilleure entreprise. Je crois sincèrement, pour avoir déjà tenté l'expérience et y avoir laissé des plumes, que les

Américains ne *veulent pas* fabriquer des chaussures[149]. » Knight indique sans détour à Moore que l'implantation d'une usine de fabrication de chaussures à Flint était très improbable, bien qu'il acceptât de considérer sa proposition. Puis Moore lui lance le défi de sceller le sort de l'usine par l'issue d'une course à pied ou d'une partie de bras de fer, avant de finalement consentir à un compromis : que Knight accepte d'égaler sa propre contribution de dix mille dollars au système scolaire de Flint.

Le quotidien *The New York Times* qualifia le film de décousu, mais fit l'éloge de son dynamisme : « Une joute verbale animée avec le président de la Société Nike, Phil Knight, n'aboutit pas à la construction d'une usine de chaussures Nike dans la ville de Flint, comme l'aurait espéré M. Moore. Mais nous retrouvons ces deux adversaires dans un face à face où règne quasiment la bonne entente, alors qu'ils discutent de préoccupations entourant la main-d'œuvre, un sujet qui ne se rend pas souvent dans les cinémas multiplexes. Au moins, c'est un bon début[150]. »

Selon Moore, les gens de chez Nike ont été contrariés quand ils ont vu une copie pirate du film. « Ils… m'ont appelé pour me dire : "On aimerait vous rencontrer". Au début, je croyais qu'ils allaient me dire qu'ils iraient de l'avant avec la construction de l'usine à Flint, car je les avais mis au défi d'en construire une là-bas, expliqua Moore à Ian Hodder, de *Industry Central : The Motion Picture and Television Industry's First Stop!* Au lieu de cela, leur directeur des relations publiques a pris l'avion pour New York et m'a invité à petit-déjeuner avec lui. Je me suis assis à table et il m'a demandé : "Qu'est-ce qu'il faudrait, de notre part, pour que vous enleviez deux scènes de votre film ?" » Moore se souvient avoir été « fortement ébranlé. Je ne voulais même pas savoir quelle était leur offre. Je leur ai tout simplement dit : "Eh bien, je ne vais retirer aucune séquence du film. Je vais plutôt en ajouter une, celle où vous êtes en train de construire une usine à Flint[151]" ».

Selon Moore, le directeur des relations publiques lui aurait rapporté que Knight sentait qu'il ne s'était pas exprimé clairement, qu'il s'était présenté de manière inexacte et que deux choses l'indisposaient dans le film. Sa première préoccupation avait trait à l'âge des travailleurs Indonésiens. Au début, Knight avait dit qu'ils avaient 14 ans, mais dans une deuxième interview avec Moore, il s'était rétracté et avait plutôt parlé de 16 ans. Le film conservait la réponse initiale de Knight. « La deuxième chose, paraphrase Moore, était "dans moins de cinq ans, l'un de ces pauvres petits Indonésiens deviendra votre propriétaire". Ils ont fini par se rendre compte que cette déclaration pouvait contenir une certaine nuance raciste, alors ils voulaient l'enlever du documentaire[152]. »

Les deux scènes restèrent intactes.

Dans un article paru dans le magazine *Dissent*, Kevin Mattson raisonnera : « La dernière séquence de [*Le géant*] se termine avec Moore qui nous dit : "Je sais ce que vous pensez pour la plupart d'entre vous : j'aurais bien aimé voir cette course à pied. Et bien, ça sera peut-être pour un autre film." Ce qui implique, si je comprends bien, que sa confrontation avec Knight s'était transformée en déconvenue drôle et que les problèmes de la mondialisation demeureraient entiers pendant que l'assistance attendrait le prochain numéro de divertissement de Moore[153]. » L'évaluation de Mattson selon laquelle la majorité des cinéphiles, même les plus instruits, cherchent surtout à se divertir, semble juste. Lorsque l'on revient sur les événements du printemps 1998, cependant, on dirait qu'une transformation était sur le point de s'opérer.

Moore se rendit à Portland au plus pressant, juste avant la sortie de son film à New York et dans les salles de cinéma à travers les États-Unis. À une conférence de presse improvisée, il répondit à des journalistes réunis au café Utopia de la rue Southeast Belmont, un endroit pas assez m'as-tu-vu pour exclure la présence d'un magazine de quartier dans le même présentoir que les autres journaux. À la première du film au théâtre Bagdad, commanditée par Portland Jobs With Justice, The Western States Center et la station de radio FM KBOO, Moore arriva en limousine. Il ouvrit la soirée en montant sur scène et livra un monologue enjoué dans lequel il qualifia la croissance du sentiment anti-Nike « de mouvement étudiant de la fin des années 1990 ». Faisant allusion à la salle comble de la brasserie-cinéma, Moore dit : « Voilà qui est très bien… présenter mon film à six cents personnes en état d'ébriété. De toute manière, mes films tiennent mieux la route après une bière ou deux », ajouta t-il, lui qui est pourtant reconnu pour avoir très rarement pris un verre[154]. Le film fut accueilli par un mélange de sifflements et de quolibets, surtout vers la fin, durant la séquence avec le grand Chevalier de la chaussure et natif de Portland, Phil Knight. D'après un hebdomadaire alternatif de Portland, le *Willamette Week* : « Les spectateurs voulaient savoir si Moore avait rencontré au moins un des deux cent cinquante employés de la Nike, licenciés quelques jours auparavant (il ne l'avait pas fait). Ils voulaient aussi savoir si Moore considérait Knight bienfaisant ou malveillant ("Il est ignorant sur certains points"). »

Le 13 mai, Nike annonça qu'elle augmenterait l'âge minimum de ses travailleurs et hausserait les normes de qualité de l'air pour l'ensemble de ses installations en Indonésie, à parité avec celles des États-Unis. Selon le *New York Times*, « la compagnie a été affectée par une réduction de la valeur de ses actions et une diminution importante de ses ventes, au moment même où elle était en train de connaître un échec lamentable au niveau de ses relations publiques, y compris lorsqu'elle fut ridiculisée par la bande dessinée *Doonesbury* et lors de la rencontre entre M. Knight et le cinéaste empoisonneur Michael Moore dans son dernier documentaire, *Le géant*[155] ». Le film de Moore étant sorti en salle à peine un mois plus tôt, Knight attribua plutôt le déclin des ventes chez Nike à la crise financière en Asie et à une mauvaise appréciation de la tendance de la consommation dans le domaine des chaussures de randonnée. « Je ne crois tout simplement pas que les attaques sur les droits de la personne ont eu un impact négatif sur les ventes de Nike », dit Knight, en se référant aux études de marketing menées par sa compagnie. Le *Times*, toutefois, signala aussi que la compagnie avait commencé à recevoir de plus en plus de plaintes au sujet de ses pratiques d'embauche, depuis que des groupes d'étudiants exigeaient que leurs universités demandent des comptes à Nike avant de lui vendre de l'espace publicitaire.

Le géant tomba dans l'oubli, mais *Dégraissez-moi ça!* continua, six ans après sa première parution, à faire des profits, se hissant même au sommet du palmarès des best-sellers du *Der Spiegel*, en Allemagne. L'ouvrage fut réimprimé par Piper, un éditeur littéraire installé dans une boutique centenaire, reconnu surtout pour avoir été le premier à présenter Dostoïevski aux lecteurs allemands, il y de cela fort longtemps. Les États-Unis, entre-temps, se relevaient du mieux qu'ils pouvaient de ces années de mises à pied massives et poursuivaient lourdement leur route. Ailleurs dans le monde, particulièrement après le 11 septembre 2001, des citoyens d'un peu partout continuèrent à trouver leur compte dans l'expression des critiques de Moore envers sa mère patrie. De plus en plus, les pays situés au-delà des frontières des États-Unis accueillirent favorablement toute forme d'opposition à l'administration Bush. En 2003, c'est plus d'un million d'exemplaires de *Dégraissez-moi ça!* qui furent vendus en Allemagne. Pris ensemble, *Dégraissez-moi ça!* et *Mike contre-attaque* restèrent sur la liste des best-sellers pendant dix mois consécutifs. *Publishers Weekly* rapporta, au sujet de ce phéno-mène germanique : « Les Allemands, victimes d'un taux de chômage dans les deux chiffres, dirigés par un gouvernement de coalition aux mains liées et engagés dans un débat tortueux sur la réforme de l'aide sociale, continuent d'être curieuse-ment obsédés par la déroute des autres pays... Il est vrai que Moore a très bien fait pour Penguin, au Royaume-Uni, ainsi que pour Crown, Harper et sans doute Warner, maintenant, aux États-Unis, sans oublier les autres maisons d'édition au Japon, en France, en Australie et ailleurs. Mais le chiffre des ventes en Allemagne est tout simplement stupéfiant. Même si vous accumuliez toutes les données possibles, vraies ou fausses, au sujet de l'obsession de la France pour Jerry Lewis, ou celle des Allemands pour David Hasselhoff, vous n'obtien-driez même pas une idée approximative de l'engouement de ce pays pour Michael Moore. Les gens dévorent tout ce qu'il fait[156]. »

Quand elle réédita *Dégraissez-moi ça!* en 2003, la maison d'édition allemande Piper organisa une tournée avec Moore à travers l'Allemagne et l'Autriche, *en plus* de lui commander une « préface particulière sur l'état de l'économie allemande et de sa politique extérieure[157] ». L'homme muni d'un diplôme d'école secondaire avait-il donc un message important à livrer aux Allemands, au sujet des affaires étrangères et de l'écono-mie de leur pays? Chose certaine, lorsque Moore avait publié *Dégraissez-moi ça!* en 1996, et commencé à filmer sa propre tournée de promotion, il ne pouvait pas savoir qu'il venait de mettre en marche pour de bon la machine médiatique Michael Moore. Il ne pouvait pas savoir que sa tournée irait bien au-delà des quarante-sept villes américaines prévues au calendrier et qu'elle ne cesserait plus.

CHAPITRE 7

L'inavouable vérité derrière l'écran télé

Le 9 novembre 1998, nous sommes à l'Université du Massachusetts. Un conférencier s'apprête à prendre la parole. Soudain, dans la salle, un individu se lève et brandit un avertisseur sonore à air comprimé. Des vibrations stridentes et importunes traversent la salle et surprennent l'homme qui se tient au micro : Michael Moore.

Dix ans après *Roger & Me*, le palmarès professionnel de Moore était enviable. Il avait à son actif un court-métrage documentaire primé, une série télévisée qui avait duré deux saisons, un long-métrage de fiction, un grand succès de librairie et un documentaire sur la tournée littéraire de son best-seller. La quarantaine déjà bien entamée, il voyait sa fille, Natalie Rose, sur le point d'entrer à l'université. Dix ans après avoir talonné Roger Smith, la trajectoire de Michael Moore l'avait conduit à des années-lumière du petit bureau qu'il occupait jadis au 5005, Lapeer Road. Contrairement à toutes les prévisions, sa renommée dépassait désormais les frontières. Le vent tournait.

Mais la formule gagnante de Moore commençait à montrer des signes d'essoufflement. Il amorça une nouvelle saison à la barre de *TV Nation*. Dorénavant, l'émission serait diffusée, sous une autre appellation, sur les ondes de Channel Four, en Grande-Bretagne, et du réseau de télévision câblé Bravo, au Canada et aux États-Unis. Les droits d'utilisation de l'appellation *TV Nation* étant toujours la propriété de Fox, Moore contre-attaqua. « J'avais vu l'affiche d'un film des années 1930, *The Awful Truth*, dans lequel jouait Cary Grant, se rappela-t-il. Je me suis dit : "J'aime bien ce titre". Il évoque assez bien ce que nous faisons ici, alors nous l'avons retenu comme titre de notre émission[158]. » Inspiré d'une pièce de théâtre, le film, réalisé en 1937, mettait en vedette Irene Dunne et Grant dans le rôle des Warriner, un couple de la bourgeoisie en instance de divorce. Déjà tombés dans les bras d'autres amants bien en vue dans la société, les deux complotaient de saboter la nouvelle union de l'autre. Le principal objet de leur convoitise était l'obtention de la garde exclusive de leur fox- terrier adoré. Qui sait si, ayant divorcé en quelque sorte du réseau Fox, Moore n'avait pas développé une certaine affinité avec le petit chien et sa fâcheuse situation ? Depuis *Roger & Me*, d'ailleurs, sa maison de production Dog Eat Dog Films affichait un logo animé dans lequel un cabot malicieux au cœur de battant ne faisait qu'une bouchée de son opposition féroce et mordante.

En novembre 1998, Bravo annonça la diffusion d'une série de douze épisodes à compter du mois d'avril suivant. Selon le premier vice-président et directeur général de Bravo, Ed Carroll, « Michael Moore exprime un point de vue que nous n'avons pas souvent l'occasion de diffuser dans les médias d'aujourd'hui[159] ». Dans cette nouvelle mouture, dérivée de *TV Nation*, Moore occupait encore les fonctions d'animateur, de producteur et de réalisateur de l'émission. L'approche de *L'Amérique de Michael Moore* était en tout point semblable à celle de *TV Nation* : les caméras étaient braquées sur les avocats, les entreprises, les hommes politiques et même sur les forces policières. Mais bien avant la diffusion du tout premier épisode de *L'Amérique de Michael Moore*, au printemps 1999, dans son créneau horaire du dimanche soir à 21 h, Moore lui-même se retrouva dans la ligne de mire d'une caméra.

L'homme derrière cette caméra s'appelait Alan Edelstein. Au cours de l'été 1998, il avait été producteur chez *L'Amérique de Michael Moore* pendant sept semaines. Durant ses premières années à l'université, Edelstein avait commencé à réaliser un film documentaire intitulé *The Wizard of Strings*, avec l'aide de Peter Friedman. Il décrit ce court-métrage comme un « projet étudiant qui traçait le portrait d'un ancien artiste de music-hall ». Ne cadrant pas vraiment avec le cursus normal d'un étudiant universitaire, la production n'avait été achevée qu'après la collation des grades, avant d'être, à la surprise générale, mise en nomination dans la course aux Oscars de 1985. J'ai interviewé Edelstein à New York en 2005 pour la rédaction de cet ouvrage. Parlant de sa période de travail antérieure à *L'Amérique de Michael Moore*, il dit : « Nous étions en lice pour la présentation des Oscars et nous trouvions cela hilarant. J'ai touché un peu à tout dans le domaine de la production de films. Avant d'être embauché par Michael Moore, j'étais scénariste et recherchiste en cinéma documentaire pour une petite maison de production à l'approche un peu semblable à celle de la télévision publique PBS. » En réalité, le poste occupé par Edelstein pour *L'Amérique de Michael Moore* était son premier emploi salarié depuis bien des années dans le domaine de la télévision. Après avoir entendu parler de l'émission à travers les branches, il avait décidé de soumettre sa candidature à titre de recherchiste, « un poste dont les compétences requises étaient bien moindres que celles rattachées au travail qu'on m'a finalement offert ». L'importance inattendue de ses nouvelles fonctions reposait sans doute en grande partie sur sa nomination dans la course aux Oscars et sur son succès probant dans « une sorte d'essai comique ». « Je ne suis pas débarqué là en tant qu'admirateur, ni en tant qu'agent double ou pour faire du dénigrement, souligne Edelstein. Je n'aimais pas tellement ce qu'il faisait, mais je n'étais pas *anti*-Michael Moore pour autant[160]. »

Lorsqu'il parle de Moore et de *L'Amérique de Michael Moore*, Edelstein fait preuve de considération et de sollicitude, même. Cela étonne, quand on connaît les démêlés qu'il eut avec Moore par la suite : « Je n'étais pas à plaindre. Je n'ai jamais eu de disputes avec [Moore] ou personne d'autre, en fait. J'en étais, comme je le disais, à mon premier véritable emploi dans le domaine de la télévision. Je n'avais pas vraiment de repères. Ailleurs, la cadence était beaucoup plus relâchée. J'ai donc trouvé l'ambiance assez chaotique quand je me suis retrouvé là. J'avais entendu des plaintes au sujet de son inaccessibilité que j'imagine avoir pu constater, dans la mesure où je me suis retrouvé là… un peu moins de deux mois, mais je n'ai jamais eu de plaintes majeures en ce qui me concerne. Ce n'est qu'après mon départ que j'ai eu des doléances, poursuit Edelstein. Je savais déjà qu'il avait mauvaise réputation, mais je ne l'ai jamais vu adopter l'attitude d'un chef de camp de concentration que lui attribuaient certains médias. »

Avant d'être congédié pour cause de « compressions budgétaires », Edelstein avait donc été recherchiste et avait travaillé sur le terrain durant deux épisodes de *L'Amérique de Michael Moore*. Edelstein raconte : « J'ai collaboré à deux [segments d'émission], mais je n'ai jamais pu compléter aucun des deux. Le premier parodiait William Cohen, le secrétaire d'État de l'époque. Le second, qui m'intéressait davantage, mais sur lequel je n'ai travaillé qu'en préproduction, avait pour sujet les Talibans et la télévision, plus précisément, le parachutage de téléviseurs en sol afghan. L'un de mes principaux sujets d'intérêt est la religion et le fondamentalisme – d'ailleurs, je prépare actuellement un film sur ces deux thèmes. Ce sujet de reportage était donc tout à fait dans mes cordes. Mais je n'ai jamais pu le développer[161]. »

Dans le segment d'émission sur les Talibans qui finit par être diffusé (et dont les images seront reprises dans *Fahrenheit 9/11*), Moore brosse d'abord un tableau de l'histoire politique de l'Afghanistan. Il se présente ensuite aux bureaux new-yorkais des Talibans pour en savoir plus long sur leur croyance religieuse qui interdit la possession de téléviseurs, puis leur offre un appareil acheté et payé par les auditeurs de *L'Amérique de Michael Moore*, grâce à une campagne de financement baptisée : « Des télés pour les Talibans ». Dans le montage final, on voit Moore à bord d'un avion qui semble en plein vol se charger personnellement de la livraison aérienne des téléviseurs accrochés à des parachutes. Une scène tournée en plein désert présente ensuite des Afghans réunis autour de cette boîte à malices tombée du ciel – gracieuseté de Moore – et visionner les premières images de *Roger & Me*[162].

La production de tous les épisodes dirigés par Moore (de *TV Nation* à *L'Amérique de Michael Moore*) nécessitait toujours un effort considérable de la part de son équipe. Le segment sur les Talibans était toutefois encore plus exigeant, car des images devaient être tournées à l'étranger. Pour que le produit final réponde exactement aux critères de Moore, rien ne devait être laissé au hasard. Au début, Moore voulait vraiment tourner quelque part en Asie australe et avait même lorgné du côté de l'Afghanistan. « J'ai appelé pour évaluer les conditions de tournage là-bas, dit Edelstein, ce qui démontre bien que ce n'était pas un sujet comme les autres. » Edelstein compara aussi le prix coûtant des téléviseurs avec magnéto-scope intégré et se renseigna auprès d'experts en aéronautique pour savoir comment livrer le cadeau de façon sécuritaire en sol afghan. Un jour, jetant un coup d'œil au tableau des affec-tations du bureau, une pointe d'inquiétude surgit en lui : alors que seulement deux sujets lui avaient été assignés, il fit le constat que les autres producteurs à l'émission s'en parta-geaient entre quatre et six. Comme le projet sur les Talibans était complexe, Edelstein se raisonna, décida de balayer son inquiétude du revers de la main et de ne pas s'attarder à ce détail. C'est alors que son licenciement survint « de manière abrupte et soudaine, dit-il, sans aucune explication précise. Quand le chef de la production m'a convoqué et m'a demandé de refermer derrière moi la porte de son bureau, j'ai tout de suite compris que quelque chose n'allait pas ». Après cette rencontre, Edelstein conclura qu'il avait été démis de ses fonc-tions sous de faux prétextes. Il prétendra avoir été congédié sans raisons valables et décidera donc que le moment était venu de se venger et de faire goûter à son ancien employeur de sa propre médecine à base de satire[163].

Le tout premier épisode de *L'Amérique de Michael Moore* présentait une chasse aux sorcières en plein cœur de Washington. Au moment de la diffusion, l'intérêt du public était encore vif pour le scandale du président Clinton avec Monika Lewinsky, les rumeurs sur la procédure de desti-tution et le rapport détaillé du sénateur Ken Starr sur les frasques sexuelles du président. *L'Amérique de Michael Moore* délégua un bataillon de comédiens déguisés en Puri-tains pour effectuer une descente à la Maison-Blanche, y inviter ses occupants à la conversion et à l'expiation de leurs fautes, d'une façon moins compromettante. La même troupe de Puritains se rendit aussi à la résidence de Starr et se mit à ses trousses alors qu'il roulait en voiture. Dans un autre épisode en début de saison, Moore dirigea l'une de ses offensives satiriques contre Lucianne Golberg, l'agente littéraire qui avait persuadé Linda Tripp d'enregistrer ses conversations avec Monica Lewinsky de manière à les transcrire pour fins de publication. Devant l'auditoire présent dans son studio, Moore se référa au droit à la protection de la vie privée inscrit dans la Constitution américaine et demanda : « Que puis-je faire pour lui montrer l'importance que nous accordons au droit à la vie privée ? »

En guise de réponse, *L'Amérique de Michael Moore* s'inspira de l'effervescence suscitée à l'époque par le concept de la « JennyCam », et il en conçut le produit dérivé : la « LucyCam ». (Le projet « JennyCam », qui avait bénéficié d'une vaste couverture médiatique par des émissions de divertissement telles que *Entertainment Tonight*, présentait Jenny, une jeune étudiante, dont la caméra d'ordinateur était ouverte en permanence et transmettait des images d'elle en train d'étudier, de dormir et même, à l'occasion, de se dévêtir.) Bien que la LucyCam ne fût pointée que vers la fenêtre extérieure du logement de Goldberg, les images qu'elle capta furent diffusées sur un site Internet vingt-quatre heures sur vingt-quatre, sept jours par semaine, pendant un mois. Au cours de la série télévisée, deux publicités de promotion pour la LucyCam furent consacrées à Greenberg et, au cours du huitième épisode, un segment complet, durant lequel Moore téléphone directement chez elle tard dans la nuit, la placera, bien malgré elle, sur la sellette de *L'Amérique de Michael Moore*. Sur le site Internet, on pouvait lire l'explication suivante : « Lucianne ne respecte pas le droit d'autrui à la vie privée. Elle préfère plutôt garder un œil sur les gens qui constituent une menace pour la nation. Nous aussi[164]. »

Malheureusement pour Moore, Edelstein était également de cet avis. Se croyant injustement licencié, il décida de recourir aux mêmes tactiques que Moore et de lui braquer une caméra sous le nez, sans avertissement, afin d'obtenir des explications à chaud. Le *New York Times* écrit : « Pendant le discours de M. Moore à l'Université du Massachusetts à Amherst, M. Edelstein s'est levé, muni d'une caméra et d'un porte-voix, un accessoire déjà utilisé par M. Moore devant l'entrée des bureaux de dirigeants d'entreprises... À deux reprises, M. Edelstein s'est présenté à la maison de production de M. Moore, à l'angle de la 57e Rue Ouest, près de la 11e Avenue. Il y a filmé quelques employés, sans toutefois parvenir à attraper M. Moore. Il a repris sa caméra plus tard pour tenter à nouveau d'intercepter M. Moore lors de quelques-uns de ses autres déplacements publics, mais en vain[165]. »

Au moment d'être congédié, Edelstein avait déclaré : « On m'avait dit que le budget était trop serré, mais je ne crois pas que c'était vrai. J'ai appris plus tard que l'on doutait de mes compétences, mais ce sujet n'a jamais été abordé quand j'étais là. Je suis mécontent de leur manière de me traiter[166]. »

Lors de notre interview, Edelstein se souvenait du moment précis où il avait confronté Moore à l'Université du Massachusetts : « C'était à peu près deux mois après mon renvoi. Je venais de décider, pour des raisons professionnelles, d'avoir recours à ce genre d'humour satirique pour les fins du film auquel je travaillais. S'il n'y avait pas eu le film que j'étais en train de réaliser à ce moment-là, je n'aurais jamais agi de la sorte. Mais j'avais besoin d'images de rencontres ou de tentatives de rencontres pour le montage de mon film. » Ce n'est pas sans appréhension qu'Edelstein se voyait confronter l'homme responsable de son congédiement. Moore était tout aussi mal à l'aise. « Il fut d'abord irrité, raconte Edelstein, mais il s'est vite ressaisi. Il a d'abord tenté de faire croire aux gens que c'était un coup monté et que je faisais partie de sa présentation. Nous avons échangé quelques plaisanteries, mais je n'ai pas insisté vraiment plus qu'il ne fallait. Après une minute ou deux, j'ai fini par m'affaisser. Je ne sais trop pourquoi. J'étais sans doute très nerveux et je sentais, en même temps, que j'avais atteint mon but pour la soirée et que je pouvais quitter les lieux. Ce n'était pas du tout dans ma nature d'agir ainsi. Je suis une personne passive et solitaire. J'étais en train de faire des choses qui ne me ressemblaient pas du tout et je pense bien que c'est pour cette raison que ça le dérangeait autant. Il ne s'attendait pas du tout à cela, venant de moi[167]. »

Au moment de rédiger cet ouvrage, le film d'Edelstein était encore en chantier. Edelstein décrit son projet comme « un essai ou un journal de bord en préparation depuis plus de dix ans, soit bien avant ma première rencontre avec Moore, bien avant, même, d'avoir entendu parler de lui. Ça explique la rencontre d'un athée avec diverses croyances : celles des juifs, des catholiques et des musulmans ». Edelstein confie : « J'intègre Moore dans le segment sur les musulmans, les Talibans et tout le reste... parce que j'avais rencontré des Talibans à New York dans le cadre de mon travail. Ça me donnait une bonne entrée en matière et un mode narratif que je suis en train d'essayer d'élaborer. » Puis mon interview avec Edelstein prit une drôle de tournure quand il me demanda la permission de m'interviewer et de m'enregistrer, dans le cadre de son projet, en même temps que je l'enregistrais. J'ai accepté. Selon Edelstein, Moore s'inscrit bien dans sa démarche puisqu'on peut lire son œuvre comme un texte religieux et que le rôle de prédicateur fait partie intégrante du personnage de Moore. Mon intérêt pour Moore, en quelque sorte, le fascinait par association.

« Le but premier de mon film n'est pas de prendre ma revanche sur Michael Moore ni de le discréditer. Même si le film n'est pas flatteur à son égard, il traite d'un sujet beaucoup plus vaste que l'homme et ses réalisations, affirme Edelstein. Je l'ai utilisé comme un accessoire, il n'est pas le sujet principal. C'est un film de confidences, mais c'est aussi du journalisme. Ça touche autant l'individu que l'ensemble de la société[168]. »

Selon le *Washington Post*, après s'être frotté plusieurs fois à Edelstein et sa caméra vidéo, Moore finit par l'appeler pour lui présenter ses excuses au sujet de son licenciement. Au cours de notre interview, Edelstein ne m'en a pas parlé, mais il a quand même pris soin de me faire parvenir l'article du *Post* qui en fait mention. Le *Washington Post* rapporte qu'en plus de l'incident survenu à l'Université du Massachusetts, Edelstein a aussi talonné Moore jusqu'au quartier de Harlem, durant le tournage d'un segment de *L'Amérique de Michael Moore,* et aussi à Chicago, alors que Moore s'adressait à l'Institut de la technologie de l'Illinois.

Inquiet du comportement de traqueur d'Edelstein, Moore se plaignit à la police. Il disait craindre autant pour la sécurité de sa famille que celle de ses employés. « S'il ne faisait que tourner son petit film qui parle de moi, ça ne m'aurait pas dérangé, dit M. Moore, selon le *New York Times*. Mais ça importunait d'autres personnes. Nous avions affaire à un employé mécontent un peu timbré. Tous les membres de notre personnel se sentaient en danger. Les femmes craignaient pour leur propre sécurité. Demandez-leur. Elles vous le diront[169]. »

La couverture de l'incident avec Moore ne parut dans les pages du *Times* qu'un an après le dépôt de sa plainte. Le journaliste à l'emploi du quotidien prit tout de même contact avec le bureau de Moore et rapporta : « J'ai interrogé plusieurs femmes, y compris celle que M. Moore m'avait recommandée, et aucune d'entre elles n'a semblé apeurée. Même si elles ont dit avoir trouvé le comportement de M. Edelstein quelque peu obsessif, elles le considéraient plutôt doux et inoffensif. » Selon la directrice de bureau Kyra Vogt, qui était présente sur les lieux quand Edelstein était arrivé avec sa caméra, « personne, ni de près ni de loin, n'a été alarmé par la présence d'Alan… La plupart d'entre nous avons trouvé la situation amusante. La seule personne qui se faisait du mauvais sang, c'était Michael. Il ne pouvait pas supporter l'idée d'avoir quelqu'un à ses trousses tout le temps[170] ».

Edelstein fut avisé qu'un mandat avait été émis contre lui, mais on lui laissait le choix de se livrer lui-même à la police. Le 8 mars 1999, il se rendit à un poste de police de Manhattan, accompagné d'un caméraman pigiste qui filma le tout. On le détint sous deux chefs d'accusation : harcèlement et introduction illégale. Au moment de cette affaire, l'avocat de Moore, Marshal Fishman, expliqua au *New York Times* que la situation impliquait un ancien employé contrarié, animé d'un désir de vengeance envers Moore. Il ajouta être convaincu que le Service de police de New York saurait comment s'occuper d'une brute de cette trempe. Il avait raison. Edelstein fut incarcéré pendant neuf heures dans une cellule du commissariat de Midtown North. Le bureau du procureur général finira par laisser tomber la poursuite. Lors de l'audience à la cour criminelle de Manhattan, le 1er novembre 1999, l'assistante du procureur général, Erin Koen, fit part à la juge Ellen M. Coin que la partie demanderesse avait finalement retiré toute accusation à l'endroit du défendeur. Edelstein intenta aussitôt une action en justice contre Moore pour poursuite injustifiée. Dès que parut l'article du *New York Times* sur ce revirement de situation, la poursuite d'Edelstein fut l'objet d'une vague de publicité alimentée par plusieurs autres médias, dont le *Washington Post* et le tabloïd à sensations *Globe*. L'émission *Good Morning America* présenta un assemblage des images de Moore filmées par Edelstein.

« L'affaire n'aboutit jamais devant les tribunaux, explique Edelstein. On m'a proposé une entente qui stipulait que toute l'affaire prendrait fin si je m'engageais à me tenir loin de lui et de sa famille pour une période de six mois. J'ai décidé d'aller à l'encontre des recommandations de mon avocat et de refuser cette offre, pour deux raisons. La première, c'est qu'accepter aurait été admettre une forme de culpabilité. La deuxième, c'est que je tenais à ce que justice soit faite. Je risquais de perdre, mais j'estimais que les accusations étaient tellement absurdes qu'il serait très intéressant de voir Moore dans l'obligation d'étayer les preuves qu'il prétendait avoir contre moi[171]. »

Six ans après les faits, Edelstein ne s'attarde pas trop longtemps sur les détails de l'affaire. « Les accusations de Moore étaient un mélange de mensonges et de vérités, commente-t-il. Tout à fait comme son travail à la télé ou en cinéma, du moins, c'est comme ça que je le vois. Certaines choses étaient vraies, comme ma présence à l'Université du Massachusetts et mon recours à un porte-voix pour l'interrompre. D'autres éléments de sa preuve étaient fabriqués de toutes pièces, mais c'était précisément sa défense sur ces points-là que je voulais le plus entendre. C'était donc une partie de bluff, que j'ai finalement remportée. Cette victoire m'a ensuite permis de le poursuivre. Si j'avais accepté l'entente, tout aurait été terminé. »

Mais la poursuite d'Edelstein se conclut de manière décevante. Bien qu'il ne se souvienne pas des détails précis, il prétend qu'elle fut considérée frivole et par conséquent, jugée irrecevable.

Ce n'était pas la première fois – et ça ne sera pas la dernière – que Moore avait maille à partir avec d'anciens employés ou des collègues de travail. L'épouse de Moore, Kathleen Glynn, décrit assez bien la situation dans un article de son cru au sujet de son mari, paru en deux volets dans le *New Yorker* : « En cours de route, nous nous sommes délestés de pas mal de mauvaises blagues, de pertes de temps et d'individus amers. Les récriminations d'anciens employés ne mènent à rien… Elles tournent en rond et nous avons pris l'habitude de les survoler[172]. » Edelstein n'aura été qu'un parmi tant d'autres ex-travailleurs à porter plainte. Il y eut aussi Eric Zicklin, un auteur à *TV Nation* cité par le *New York Times* après une mauvaise expérience professionnelle avec Moore, Chris Kelly, un auteur qui a travaillé à *TV Nation* et pour le film *Canadian Bacon*, et même John Derevlany, qui m'a indiqué, lors de notre entretien, que bien qu'il considère Glynn comme « une femme très aimable », il n'avait jamais « véritablement pu savoir ce qu'elle faisait à *TV Nation*, à part inscrire son nom au générique de l'émission. Je n'ai pas assisté à toutes les réunions, concéda Derevlany, mais j'ai participé à un bon nombre d'entre elles et je peux vous dire que je n'ai jamais été témoin de quoi que ce soit qui puisse justifier le titre de productrice qu'elle se donnait. J'imagine qu'une bonne partie de son travail consistait à gérer Michael et ses humeurs du moment, ce qui, à mon avis, était sans doute une tâche ingrate et ardue[173] ».

Dans un article de fond consacré à Moore dans les pages du *New Yorker*, Larissa MacFarquhar cite Zicklin : « Michael a donné la chance à tellement de personnes de pratiquer un métier qu'ils n'avaient jamais exercé auparavant. Cela n'arrive pas souvent dans l'industrie du divertissement... C'était absolument grisant pour tout le monde. Nous arrivions au travail tout à fait emballés[174]. » Mais le plaisir était de courte durée. Même si Moore prétend avoir insisté pour que *TV Nation* soit une émission dont les employés soient syndiqués et que Derevlany confirme avoir été payé selon les normes syndicales, Zicklin affirme avoir été avisé, en même temps qu'un autre auteur, qu'un dépassement budgétaire les empêcherait d'être rémunérés au tarif établi par le syndicat.

« Je n'arrive pas à le considérer comme un individu politisé, a dit Zicklin au *New Yorker*. Je n'adopte pas cette idée que "Michael Moore est de votre côté". C'est comme essayer de me convaincre que Justin Timberlake serait un grand sentimental. Moore est un produit de consommation médiatique : il essaie de me vendre quelque chose[175]. »

Le reportage de MacFarquar cite également un membre de l'équipe amèrement déçu de son expérience de travail avec Moore, Chris Kelly. Même si Kelly « trouve qu'il a été splendide à la cérémonie des Oscars », il soutient ne pas être capable d'aller voir ses films ou lire ses livres. Lorsque Moore commença à tenir une chronique régulière dans *The Nation*, Kelly a tout simplement annulé son abonnement. Les blessures étaient profondes à ce point[176].

Quand Moore commença à mettre en branle sa propre machine médiatique, vers la fin de son adolescence, sa renommée ne dépassait pas encore les frontières de sa ville natale de deux cent mille habitants. Mais depuis le succès retentissant de *Roger & Me*, l'ensemble du pays voulait être au courant de ses moindres faits et gestes. Lorsque Moore sentait que l'attention des médias n'était pas tournée vers lui, il créait lui-même l'événement, comme dans *Le géant*, où il avait transformé sa tournée littéraire en film documentaire, essentiellement pour promouvoir la vente de son livre. Certains ont même prétendu que le livre offre moins matière à réflexion que le film. Où se trouve exactement la démarcation entre Michael Moore et l'industrie Michael Moore ? Car en plus de diriger une équipe formée de pigistes et d'une cinquantaine d'employés à plein temps à *L'Amérique de Michael Moore*, il fallait bien s'occuper aussi des mises à jour du site Internet et des envois électroniques de son blog aux membres de la « Milice de Mike ». Comme si tout cela n'était pas suffisant, la préparation de son prochain film, *Bowling à Columbine : le jeu des armes*, était déjà commencée.

Le budget total de *L'Amérique de Michael Moore* fut pratiquement défoncé au cours des premiers épisodes. Pour le reste de la saison, l'équipe dut se contenter de miettes monétaires. Mais malgré les problèmes financiers de l'émission, la simplicité des coups montés n'était pas directement imputable à la grosseur (ou plutôt à la minceur) de la bourse. Au cours de la deuxième saison, l'humour de Moore devint de plus en plus macabre, comme si *Columbine* venait envelopper d'un épais linceul son sens avéré de la comédie.

Moore finit par présenter des excuses à Kelly ainsi qu'à Merrill Markoe, un ancien correspondant, en disant : « J'avais atteint un point dans ma vie où je ne me considérais plus comme un être parfait et je tenais à m'excuser pour tout ce que j'avais dit ou fait à ces gens. » Il admit également : « Ce genre d'émission n'était pas le plus simple à produire. Chacun de nous devait y mettre toutes ses énergies. » Moore prétend ne pas savoir comment lui ou son équipe aurait pu réussir à passer au travers sans le soutien de Glynn, qu'il considérait comme la personne la plus essentielle au bon fonctionnement de l'émission.

En dépit de toutes les chicanes internes qui survinrent dans le monde de la télévision, c'est tout de même durant son passage à *L'Amérique…* que Moore commença à se monter une équipe stable de fidèles collaborateurs. L'un de ceux dont la loyauté se manifestera sans défaillir, depuis *TV Nation* et *L'Amérique de Michael Moore* jusqu'à *Bowling à Columbine* et *Farhenheit 9/11*, fut Jay Martel, un consultant au contenu créatif. Cet auteur et producteur joua un rôle important à *L'Amérique de Michael Moore*, couvrant souvent les sujets les plus percutants, comme « La course folle de la guerre du Golfe ». Dans cet événement bénéfice, d'anciens combattants victimes du syndrome de la guerre du Golfe devaient courir (en fait, marcher très lentement ou rouler en fauteuil roulant) pour amasser des fonds destinés à couvrir les frais médicaux découlant des séquelles de la guerre que le gouvernement américain refusait de reconnaître ou d'indemniser.

Il y eut aussi la correspondante Karen Duffy qui a épaulé Moore tout au long des deux séries télévisées et lui resta fidèle bien longtemps après. Elle qualifie de mesquines les récriminations dirigées contre Moore : « Je trouve que ces gens sont des fillettes qui devraient enlever leur jupe et cesser de pleurnicher… Nous faisons de la télé ! Quand vous devez produire une émission par semaine, vous subissez beaucoup de pression, mais au cours de mes cinq années avec [Michael], je ne l'ai jamais vu péter les plombs[177]. » Duffy a également été citée par le *New Yorker* : « Dans tout ce que j'ai accompli, rien ne m'a rendu aussi fière que le travail que j'ai fait aux côtés de Michael Moore. Ça me répugne de voir à quel point la gauche est toujours en train de s'entre-dévorer. »

Heureusement pour Moore (et pour Duffy, qui a souvent participé à l'émission), les médias avaient de meilleures choses à dire au sujet de *L'Amérique de Michael Moore* que certains des anciens membres de l'équipe. La presse écrite a traité Moore de façon équitable et ce, en dépit de la séquence d'ouverture où un narrateur annonçait qu'« à la fin du millénaire, cinq individus contrôlaient tous les médias », pendant que les têtes de Rupert Murdoch, Michael Eisner, Sumner Redstone, Bill Gates et Ted Turner décrivaient une orbite autour d'un globe tourbillonnant. Même si *L'Amérique de Michael Moore* ne faisait que récupérer, en quelque sorte, la formule – et souvent le contenu – de son ancienne incarnation, l'émission était tout de même considérée comme remarquablement rafraîchissante.

Les premiers épisodes de *L'Amérique de Michael Moore*, câblodiffusés sur les ondes de Bravo, côtoyaient, dans la grille horaire, d'autres émissions irrévérencieuses telles *The Tom Green Show* et *Celebrity Deathmatch*. *Celebrity Deathmatch* était une création de la chaîne musicale MTV, dans laquelle des figurines animées en pâte à modeler et à l'effigie de célébrités se confrontaient, à chaque semaine, dans une arène de lutte. Les combats, qui mettaient aux prises des personnalités qui n'étaient pas particulièrement reconnues pour leur carrure athlétique (comme les réalisateurs Martin Scorsese et Oliver Stone), étaient mis en scène avec les mêmes techniques de scénarisation utilisées pour un long-métrage, le tout assaisonné de quelques blagues d'initiés. Pendant que les deux figurines se décapitaient l'une l'autre comme dans un film d'animation, un éventail d'effets spéciaux des plus sanglants éclaboussait les décors. Depuis que la voie avait été ouverte par *South Park*, il était désormais admissible qu'une matière fécale s'éjecte d'un cabinet de toilette et devienne un personnage animé. En bref, la rectitude politique prédominante du début des années 1990 était en train de rendre l'âme autant de fois que le jeune souffre-douleur Kenny McCormick, misérable icône de la pauvreté créée par Matt Stone et Trey Parker.

Le passage de *TV Nation* à *L'Amérique de Michael Moore* entraîna avec lui un degré d'audace accru dans l'échelle des confrontations et une augmentation notable du niveau de la cruauté désormais jugée acceptable. Dans l'un des premiers épisodes, par exemple, *L'Amérique de Michael Moore* se posta en face des bureaux de la mutuelle Humana, (une « *Health Maintenance Organization* », membre d'une coopérative d'assurance médicale). Moore invita ensuite ses dirigeants à venir assister aux obsèques *pre mortis* de l'un de ses assurés, un homme originaire de la Floride en attente d'une greffe du pancréas et à qui l'on refusait le remboursement des frais reliés à une telle opération. Pendant ce temps, à une autre émission, et dans un tout autre ordre d'idée, le comédien canadien Tom Green frottait des excréments de chien sur son microphone avant de le mettre sous le nez de passants interrogés aléatoirement ou, encore, chevauchait une vache à l'intérieur d'une épicerie avant de s'accroupir sous elle et de lui téter le pis. Comme le mentionne Caryn James dans le *New York Times* : « Les grands réseaux de télévision considéreraient ce genre d'émissions subversives, même si à bien des égards, elles fournissent un aperçu plus juste des attitudes sociales que l'aperçu qui ressort des grands réseaux et leurs normes circonspectes… Lorsque ces émissions font volontairement preuve de grossièreté, et c'est le cas pour plusieurs, elles ne font que refléter le côté cru de la culture populaire, souvent atténué d'une manière cosmétique par l'industrie télévisuelle du divertissement[178]. »

Même si le *Times* reconnaissait que certains des segments de *L'Amérique de Michael Moore* montraient Moore et son équipe de tournage en train de se buter d'une manière tout à fait prévisible à des relationnistes, « l'émission démontre avec vigueur certains des aspects irrationnels de notre culture des grandes entreprises. Les cadres cupides sont à *L'Amérique de Michael Moore* ce que les célébrités sont à *Deathwatch*[179] ».

Contrairement à *TV Nation*, aucun épisode de la première saison de *L'Amérique de Michael Moore* ne fut mis en nomination pour un prix Emmy. L'ensemble des douze émissions, par contre, reçut le prix Hugh M. Hefner du premier amendement, dans la catégorie Arts et spectacles. La fondation Playboy souligna qu'« avec son humour et sa satire, [*L'Amérique de Michael Moore*] informe son auditoire de sujets d'une importance capitale pour le maintien des droits liés au premier amendement de la Constitution. En ayant recours aux mêmes tactiques que celles utilisées dans *Roger & Me*, Moore harcèle, traque et se moque des individus qui font l'événement. Il se démène sans relâche dans un combat impitoyable contre la censure pour exprimer son point de vue sur un vaste éventail de questions d'ordre social aux États-Unis[180] ». Ce prix, habituellement attribué à un humble *libéral*, convenait davantage à la véritable allégeance de Moore, qui ne se voit pas comme un gauchiste, comme on le qualifie souvent. C'est une distinction qu'il ne cesse de rappeler à son sujet.

À bien des égards, la première saison de *L'Amérique de Michael Moore* est allée encore plus loin que n'avait été *TV Nation*. Tous les coups étaient permis. Cette fois, Moore ne mena pas de combat idéologique avec le Klan, mais il parvint tout de même à remplir d'hommes et de femmes gais une caravane rose baptisée la « Sodomobile » pour aller visiter tous les États où l'homosexualité était illégale. Dans *TV Nation*, Moore avait voulu soulever le sujet du droit des personnes homosexuelles en dénonçant une école secondaire qui appuyait le piquetage moralisateur du neveu du pasteur Fred Phelps aux funérailles des victimes du sida. Cette fois-ci,

Moore et l'équipage de la Sodomobile se rendirent directement chez Phelps lui-même, qui leur répondit : « Vous irez tous en enfer à bord d'un sac à main de pédale. »

L'Amérique de Michael Moore dut jouer du coude pour arriver à se maintenir au même niveau de popularité que les autres comédies diffusées par câble. Même si les coups montés étaient souvent de nature juvénile, l'auditoire qui assistait aux enregistrements de l'émission était composé majoritairement de personnes dans la trentaine avancée. C'est toutefois un *mosh pit* ambulant qui contribua le plus à ce que l'on parle de l'émission aux nombreux bulletins de nouvelles, partout au pays et durant les débats de la campagne présidentielle de 2000. Au cours des élections primaires de 2000, *L'Amérique de Michael Moore* cherchait une nouvelle façon de choisir un président. Une solution ? Lancer les candidats dans un *mosh pit* ! Selon Moore, l'idée lui est venue de la base : « Certaines des meilleures idées que nous avons eues pour l'émission provenaient d'auditeurs. On prétend que nous les avons rémunérés pour leur collaboration, mais je n'ai jamais vu de chèque émis à cet effet, alors je n'en suis pas si certain[181]. » Juste avant le caucus de l'Iowa en janvier 2000, l'équipe de *L'Amérique de Michael Moore* se rendit à Des Moines. Sur l'air de rock *Guerilla Radio*, du groupe Rage Against the Machine, elle recruta un chargement complet d'étudiants d'une école secondaire, un jour de classe de surcroît, pour les amener au quartier général du candidat républicain, Gary Bauer. Moore n'est même pas en mesure de se rappeler si l'émission était assurée contre le risque de placer quelques dizaines de jeunes gens agités sur la plate-forme arrière d'un camion en mouvement. Dans le commentaire qui accompagne le DVD, le réalisateur se demande si les parents auraient pu le poursuivre en justice. Fort heureusement, personne n'est tombé du camion.

Pour se garder au chaud, les adolescents sautaient sur place en chahutant, retenus seulement par une mince longueur de pare-neige en plastique de couleur orange. Peu après leur arrivée, deux officiers de police de Des Moines débarquèrent pour annoncer à Moore que les jeunes étaient trop bruyants et qu'ils troublaient la paix publique. Et même s'ils cessaient de hurler, leur expliqua l'officier, les jeunes seraient tout de même reconnus coupables d'intrusion sur la propriété d'autrui. Pour Moore, les mots « intrusion sans permission » équivalaient toujours à une alerte rouge. Dès qu'il entendit les policiers prononcer ces mots, il quitta immédiatement les lieux. Le *mosh pit* ambulant pour la démocratie s'empressa d'aller ailleurs.

Un jour, un segment d'émission montra Moore en train de tenter de convaincre le futur président et son ennemi de toujours, George W. Bush, de se joindre à lui pour un petit tour au cœur de la fosse ambulante. Bush réplique : « Tenez-vous bien, voulez-vous. Allez vous trouver du vrai travail ! » En guise de riposte, Michael appelle sur le champ son propre père et lui demande s'il n'aurait pas une compagnie pétrolière ou peut-être bien, encore, une équipe des ligues majeures de baseball à lui donner afin qu'il la dirige. Moore soutient que cette conversation n'était pas scénarisée. Son père Frank finit par répondre : « Comment ? Peux-tu répéter ? »

Le point culminant du segment est une gracieuseté du candidat à la présidence, Alan Keyes, et des membres de son équipe électorale. Sans trop se faire prier, le directeur national de la campagne de Keyes, Chris Jones, accepta de venir se laisser porter à bout de bras par les adolescents, debout dans la fosse. Par un temps frigorifique de moins vingt-cinq degrés, il enleva son veston et plongea sans hésiter. Moore n'en croyait pas ses yeux. « Quand j'ai vu cela je me suis tout simplement dit : "Voilà, on a eu ce qu'on voulait. C'est sans doute le mieux que l'on puisse faire ici." » C'était sans compter sur la jeune fille de Keyes qui réussit à convaincre son père d'aller surfer lui-même dans la « Fosse pour l'avancement de la démocratie ». Encouragé sans réserve par les adolescents, Keyes se laissa tomber sur le dos, les bras ouverts à la manière d'un Jésus miséricordieux et se laissa transporter quelques instants au-dessus de la tête des jeunes. « Hé! c'est un candidat qui se présente pour devenir président des États-Unis, rappela Moore. C'était incroyable. J'ai pratiquement perdu les pédales. Je pouvais à peine croire ce qui était en train de se dérouler sous mes yeux… Je me disais, "Diable, doit-on vraiment s'en tenir uniquement au public de la chaîne Bravo? Ce que nous avons ici vaut largement la peine d'être vu ailleurs." »

Selon Moore, une photo de Keyes en train de brandir l'une de ses affiches électorales alors qu'il est maintenu à bout de bras par les jeunes s'est retrouvée « dans tous les journaux des États-Unis. Nous avons été vus à tous les bulletins de nouvelles ce soir-là ». Les chaînes CNN, CNBC, les animateurs d'émissions de fin de soirée, Jay Leno, Conan O'Brien et d'autres encore en ont parlé en ondes. Gail Collins, journaliste du *New York Times*, au cours d'un entretien avec l'animateur de l'émission *The World Today*, à CNN, déclara : "Je suis désolée, mais aujourd'hui, la séquence avec la fosse d'adolescents était tellement géniale que rien d'autre ne peut être à la hauteur[182]." »

Durant les débats télévisés qui suivirent, on reprocha à Keyes d'avoir agi de la sorte, mais il réussit à transformer le tout à son avantage, utilisant l'image où il s'avance, porté à bout de bras, comme une métaphore de l'entraide dont pouvait faire preuve le peuple américain. « J'admets m'être laissé volontairement tomber dans la fosse, répliqua Keyes. Et voulez-vous savoir pourquoi je l'ai fait? Parce que c'est bien l'illustration parfaite que la confiance est au cœur de notre campagne. » Après les débats, Keyes se classa troisième, un résultat très surprenant pour un candidat considéré comme marginal. À la fin de la course, cependant, il n'était déjà plus parmi les favoris des élections présidentielles. Dans le commentaire qui accompagne *L'Amérique de Michael Moore*, Moore s'exclame, encore stupéfait de son propre manège : « Vous rendez-vous compte, mesdames et messieurs? Oui, soit, vous êtes bien en train d'assister à un débat *présidentiel*. Mais de quoi débattent-ils? De la fosse d'adolescents! Hé! Êtes-vous toujours là? »

Gail Collins s'efforça de trouver une explication raisonnable à toute cette controverse autour du *mosh pit*. « Croyez-le ou non, ceci a des implications qui font partie d'un enjeu beaucoup plus considérable, écrit-elle dans les pages du *New York Times*. Tous les candidats à la présidence nous ont promis qu'ils ramèneraient un certain décorum à la Maison-Blanche. Mais ils mènent une campagne à une époque où les politiciens sont obligés de rivaliser avec les vedettes du cinéma et de la télévision pour obtenir du temps d'antenne ou faire la page frontispice des magazines. La tentation d'accomplir un geste qui sorte de l'ordinaire pour attirer l'attention n'a jamais été aussi grande. » Collins poursuit, incisive : « Les Démocrates sont sur le point de montrer la porte de sortie à un président venu discuter de ses choix de sous-vêtements à la chaîne musicale MTV et les Républicains se cherchent un candidat pour remplacer le type qui parle de dysfonction érectile dans des messages publicitaires à la télé[183]. »

Alan Keyes et son saut dans la fosse ambulante d'adolescents avaient propulsé *L'Amérique de Michael Moore* à la *une* de tous les médias. Mais pourquoi s'arrêter là? C'est alors qu'il commençait la production d'une bande de promotion pour Rage Against the Machine que Moore apprit que *L'Amérique de Michael Moore* était devenu un sujet de discussion dans les débats présidentiels. Rage Against the Machine avait émergé en 1992 de la scène musicale alternative de Los Angeles avec un son cru, résultat d'un croisement entre le punk, le hip hop et le trash. Les paroles licencieuses du groupe encourageaient à la révolte contre les abus d'autorité gouvernementaux, le *statu quo* en général et les grandes entreprises en particulier. De concert avec le groupe populaire Porno for Pyros, les membres de Rage s'étaient présentés à la deuxième et à la troisième grande tournée Lollapalooza. Au cours de l'année 1993, deux de leurs chansons, *Bullet in the Head* et *Killing in the Name*, avaient connu des succès inattendus. Le son cru de leur musique, craché par les chaînes stéréo des voitures, se répercutait à travers les campus universitaires. À Philadelphie, en juillet, lors du troisième rassemblement Lollapalooza, Rage Against the Machine avait organisé une protestation contre la censure dans le silence et la nudité. Ils montèrent nus sur scène pendant quinze minutes, sans chanter ou jouer une seule note. La bouche recouverte de ruban adhésif, chaque membre du groupe affichait une lettre griffonnée sur sa poitrine pour épeler P-M-R-C. Rage Against the Machine devint vite réputé pour son statut de groupe marginal. Le groupe avait aussi participé à des concerts anti-nazis et Rock for Choice (pour le libre choix à l'avortement), en plus de partir en tournée avec les hip-hoppers de Cypress Hill, amateurs invétérés de marijuana.

Pour le lancement de leur album, *The Battle of Los Angeles*, en 1999, le groupe avait donc pressenti Moore pour réaliser une bande de promotion. Moore proposa de filmer la chanson intitulée *Sleep Now in the Fire*, « dans le ventre du dragon ». Pendant que le quatuor de musiciens montait son équipement sur une scène érigée devant les bureaux de la Bourse de New York, Moore installa son équipe de tournage sur les marches du Federal Building. Devant un public d'à peu près trois cents admirateurs, le groupe à la musique survoltée ne fit qu'une bouchée de *Sleep Now...*, qu'ils interprétèrent six fois. Puis des policiers arrivèrent sur les lieux et ordonnèrent de mettre un terme au concert impromptu. « Avant même que nous ayons la chance de nous arrêter, quatre policiers me sont tombés dessus pour me faire l'une de ces fameuses prises de tête policières identique à celles que l'on voit à l'antenne de cette merveilleuse émission éducative, *Cops*, prétendra Moore. Pendant qu'un policier tentait de me fracturer un bras, un autre m'appliquait une prise de strangulation au cou. Au cours de toutes les années où j'ai tourné à New York, ceci ne m'était jamais arrivé. La seule chose à laquelle je pensais était : "en tout cas, j'espère que le déboucheur à ventouse qu'ils utiliseront sera neuf"[184]. »

La foule ne toléra pas l'interruption du tournage avec autant d'humour que Moore : des individus franchirent les barricades de la police et se ruèrent vers les portes de la Bourse. Le rassemblement pacifique venait soudainement de se transformer en émeute. Avant que les jeunes n'aient pu pénétrer dans l'entrée de l'édifice de la Bourse, des barrières protectrices en titane tombèrent avec fracas, protégeant ainsi l'accès aux doubles portes. Ce jour-là, la Bourse de New York cessa ses opérations deux heures avant la fermeture, un événement de nature tout à fait exceptionnelle. À peu près au même moment, durant les débats télévisés, le socioconservateur Gary Bauer fit un lapsus en désignant le groupe en partie responsable du chaos. Ironique malgré lui, il parla de « *The Machine Rages On* » au lieu de Rage Against the Machine.

Au cours du troisième épisode de la seconde saison, *L'Amérique de Michael Moore* consacra du temps d'antenne à la candidature d'Alan Keyes. Le tout débutait sur un gros plan de Keyes accompagné de l'hymne national américain. À la fin, un fondu enchaîné menait aux images de la fosse d'adolescents, ponctué de la narration suivante : « Avant que vous n'alliez voter pour Alan Keyes, nous aimerions vous faire part de certaines choses. Alan Keyes est contre le droit des femmes au libre choix. Alan Keyes est contre un système de soins de santé accessible et abordable. Alan Keyes est pour la censure et contre les gais. Il insiste pour se faire appeler "Ambassadeur" même s'il n'est, en réalité, qu'un animateur d'émission de radio. » En fait, le message publicitaire conçu par *L'Amérique de Michael Moore* soulevait la question suivante : pourquoi demander aux auditeurs de voter pour Alan Keyes ? La seule réponse valable était : parce qu'il avait osé descendre dans le *mosh pit*[185].

L'affaire Keyes marqua d'une pierre blanche la deuxième saison de *L'Amérique de Michael Moore*. Tout comme Keyes, malheureusement, l'émission ne sera portée aux nues que quelques instants avant de redescendre sur terre. Des compressions budgétaires, jumelées avec la répartition des énergies de Moore et Martel entre la production de l'émission et le projet de film, entraînèrent de nouvelles difficultés et de nouvelles concessions. Après la première saison, la routine de monologuiste de Moore devant un auditoire en studio fut supprimée. Désormais, Moore se tenait debout, seul avec son micro, au milieu de Times Square. Il accostait des piétons pour leur poser des questions et demandait à d'autres de regarder dans l'œil de la caméra pour présenter le plus récent reportage de *L'Amérique*. La musique de la séquence d'ouverture changea aussi. Beethoven fut choisi, essentiellement parce que les droits ne coûtaient rien. En l'espace de quelques épisodes seulement, les frais de location de voitures décapotables (pour permettre à Martel de se rendre en Floride acclamer les exécutions capitales autorisées par Jeb Bush, comme s'il s'agissait de matchs de football) et de billets d'avion (pour que Moore-le-militant puisse faire du jet-set entre le Minnesota et Washington, afin de défendre des travailleurs mexicains menacés de déportation) engloutirent le budget en entier. Les coups montés durant la deuxième moitié de la seconde saison eurent donc tendance à être moins ramassés et à nécessiter peu d'accessoires. Moore se rabattit sur d'anciennes idées du temps du *Michigan Voice* et les adapta à son émission, comme celle du recours, par certains constructeurs d'automobiles, à de la main-d'œuvre issue directement de camps de concentration. Moore envoya Sal Piro, un casseur intimidant du New Jersey, embauché pour jouer l'agent de recouvrement à *L'Amérique de Michael Moore*, parler dans le blanc des yeux aux dirigeants de la BMW au New Jersey. Ses questions étant accueillies par un mur de silence, on le voit sortir son fidèle pied-de-biche et le lancer sur la BMW la plus proche, en l'occurrence une voiture de location payée par l'émission. Pour le coût d'un pare-brise, *L'Amérique de Michael Moore* venait de se payer une histoire avec une fin jubilatoire.

Prenons encore « Entartez les pauvres », un segment dans lequel la correspondante Duffy réunit des équipes de millionnaires qui consentent à rivaliser entre elles pour humilier, d'une manière sous-entendue, de véritables sans-abri et autres individus au revenu modeste. Recrutés dans les bars de Wall Street à l'heure de l'apéro, les gentlemen cravatés furent répartis en deux équipes, celle du Dow et l'autre du Nasdaq. À tour de rôle, ils lancèrent des tartes à la crème au visage des pauvres et des balles de baseball en direction d'une cuve d'eau surmontée d'une trappe, pour le jeu « Saucez les sans-abri ». « Frank », qui jouait le rôle du prétendu sans-abri, avait en fait été repêché à Times Square. Il fut rémunéré pour sa participation à l'émission, mais ne prit manifestement aucun plaisir à y être. Dans le cadre d'un autre petit jeu mesquin, « Placez la queue de l'âne au bon endroit du réfugié illégal », les visages de Maria et Claudio furent embrouillés à l'écran pour cacher leur identité. Le commentaire de Moore, qui accompagne le DVD de l'émission, admettra ce qui était déjà une évidence, c'est-à-dire, que tout ceci « était bien sombre ». Les millionnaires ne se firent pas prier pour participer, mais Moore prétend qu'à la fin de la soirée, certains d'entre eux avaient fini par saisir la satire implicite.

Un autre sketch semblable, « La soirée du drapeau Dixie », se déroula durant le septième épisode. En guise d'intermède, on voit quelques Afro-Américains faire face à la caméra et dire aux spectateurs combien d'heures ils travaillaient (beaucoup), combien d'argent ils gagnaient (très peu) et de quels avantages sociaux ils bénéficiaient (aucun). Tous montraient ensuite leurs mains menottées en disant : « Ramenez-moi à la plantation ».

Dans l'épisode dix, l'équipe de *L'Amérique de Michael Moore* décide de « Poursuivre les sans-abri ». La correspondante Duffy rend visite à Cathy Choquette, qui habitait dans une case d'un petit entrepôt loué à Manhattan, parce que c'était, selon elle, plus sécuritaire et plus propre que dans la rue. Plus tard au cours de la même émission, Martel fait semblant d'expédier outre-mer une jeune femme SDF noire dans une caisse de manutention, en prenant bien soin d'ajouter des parcelles de polystyrène pour adoucir la traversée et un ou deux sandwichs, comme encas. Le correspondant Hamper, lui, aide les sans-logis à s'installer à l'intérieur de poubelles vides et dans le coffre arrière de voitures stationnées.

Mais l'un des reportages les plus troublants de la deuxième saison fut la réplique de *L'Amérique de Michael Moore* à la mort d'Amadou « Ahmed » Diallo, abattu par des policiers de la ville de New York, le 4 février 1999. Vers minuit moins quart, Diallo avait été atteint de quarante et un projectiles d'armes à feu tirés par quatre policiers en civil, dans le hall d'entrée de l'immeuble résidentiel qu'il habitait dans le quartier du Bronx. Originaire de Guinée, en Afrique de l'Ouest, Diallo était un musulman dévoué qui habitait New York depuis 1996. Il n'avait pas de casier judiciaire. Le soir du drame, les policiers, tous des Blancs, étaient à la recherche d'un violeur en série. Aucune arme ne fut retrouvée sur le corps de Dallio ni sur les lieux, mais son portefeuille et son téléavertisseur étaient à ses côtés. Deux des policiers ouvrirent le feu seize fois chacun, et les deux autres, quatre et cinq fois respectivement. Trois des quatre policiers possédaient un dossier pour l'utilisation abusive de leur arme de service. Deux de ces cas avaient été résolus, le troisième faisait encore l'objet d'une enquête. Dix-neuf des projectiles atteignirent Diallo, qui mourut des suites de blessures à la poitrine.

Le maire de New York de l'époque, Rudolph Giuliani, pressa les citoyens de ne pas sauter aux conclusions. « Il est manifestement troublant, autant pour le chef de la police que pour moi, de savoir que quarante et un coups ont été tirés », dit-il à une émission de *Court TV*. Lorsqu'on lui demanda de décrire une situation qui pourrait justifier qu'un tel nombre de coups de feu soient tirés, il ne put trouver aucun exemple. Les leaders noirs, y compris le Révérend Al Sharpton et le président du Congrès des Africains unis, Sidique Wai, exigèrent qu'une enquête fédérale soit ouverte.

Aucune accusation ne fut portée contre les policiers. Moins de vingt-quatre heures après leur remise en liberté,

L'Amérique de Michael Moore monta une table dans le quartier de Harlem. C'était un samedi matin et l'équipe au complet était sur place. Moore se chargea de diriger le segment où l'on voyait son équipe échanger les portefeuilles sombres des citoyens de race noire avec d'autres de couleur orange fluo, pour éviter que les policiers les confondent avec une arme à feu. À Harlem ce jour-là, la tension était particulièrement élevée. « Je dois reconnaître que certaines personnes au sein de l'équipe se sentaient nerveuses d'agir ainsi, se souvient Moore. Mais les gens d'ici, à Harlem, ont réagi… d'une manière extrêmement positive. Ils ont immédiatement saisi ce que nous étions en train de faire. Tout le monde… les passants voulaient tous participer[186]. » Une autre fois, en Floride, Jerome Richardson fut tué alors qu'il avait les clés de sa résidence dans sa main ; une autre fois encore, on tira sur un adolescent de 17 ans, Andre Burgess, alors qu'il tenait une tablette de chocolat Three Musketeers. Ici encore, *L'Amérique de Michael Moore* enduisit d'une peinture en aérosol de couleur orange fluorescent des clés et des emballages de tablettes de chocolat, afin que ces articles tenus par des Américains de race noire ne soient pas pris pour des armes par les policiers. *L'Amérique de Michael Moore* alla jusqu'à distribuer des plaies de blessures par balle postiches, afin que les hommes noirs puissent faire semblant d'avoir déjà été tués, l'idée étant que les policiers les laisseraient tranquilles s'ils étaient déjà morts. À un autre homme noir, on fournit un ensemble de camouflage fabriqué à partir de sacs à ordures, pour lui permettre de se fondre dans l'environnement urbain et de se cacher dès l'arrivée des policiers.

Mais la satire de l'émission ne risquait-elle pas plutôt de promouvoir l'idée que la vie des Afro-Américains ne valait pas grand-chose plutôt que de rendre les gens plus conscients de ces stéréotypes révoltants ? Le reportage se déroulait sur un fond sonore de musique joyeuse tandis que dans la rue, une foule d'Afro-Américains, y compris des bambins, vaquait à ses occupations en marchant les bras en l'air dans la posture de ceux que l'on tient en joue. Non, de la musique joyeuse ne peut certes pas suffire à elle seule à rendre une émission joyeuse ou une nation joyeuse. L'esprit de rébellion qui caractérisait *TV Nation* et la mission inavouée de jouer au bon chrétien qui prêche par l'exemple, au nom d'une certaine moralité, étaient totalement absents de *L'Amérique de Michael Moore*. Cette étincelle d'optimisme avait plutôt été remplacée par un cynisme profond. C'était à couper le souffle. Les spectateurs savaient, en regardant le reportage, qu'il n'y avait pas de solution et que des policiers blancs allaient continuer de prendre des téléphones cellulaires pour des revolvers. Mais en même temps, par une journée qui aurait pu être aussi explosive que celle des émeutes de Los Angeles, des centaines d'Américains noirs échangeaient leur portefeuille dans la bonne humeur. En tout, l'équivalent d'une benne de camion remplie de portefeuilles en cuir en bon état fut amassé, puis livré symboliquement à la 32e division administrative de la police de New York.

La présence de cette dualité entre l'éthique et le cynisme nous aide à mieux cerner le personnage de Michael Moore. Dans une entrevue accordée au *Guardian* de Londres, deux ans après la fin de *L'Amérique de Michael Moore*, il avait pris suffisamment de recul pour exprimer encore mieux sa perception affective du monde autour de lui. Interrogé sur ses sources de motivation et sur la manière dont il arrivait à maintenir son optimisme intact, Moore répondit : « Je pense agir de la bonne façon. Les choses auxquelles je crois, j'y crois avec suffisamment de conviction et je pense avoir raison.

Lorsque je me trompe, je change ma perception des choses et j'ai de nouveau raison. J'essaie de garder mon sens de l'humour… » Moore reconnut sa prédisposition à ne jamais baisser les bras en expliquant : « C'est peut-être un aspect de la religion catholique dont j'ai hérité de mes parents, ce côté qui s'exprime quand toute chose apparaît inatteignable, où tout semble insurmontable, et que le sort s'acharne toujours contre vous. Je suis comme un type dans un canot de sauvetage, et si jamais le canot de sauvetage était criblé de trous, s'il était en train de couler et que nous n'avions qu'un gobelet en papier, je serais le seul, jusqu'à la toute fin, qui serait encore en train de vider l'eau de l'embarcation[187]… »

Lorsque la même question fut reformulée pour l'amener à parler plus spécifiquement de l'espoir qu'il entretenait au sujet du système politique américain, Moore, toutefois, concéda : « Au fond, ce que je suis en train de dire, c'est que je suis peut-être cinglé. Peut-être n'y a-t-il aucun espoir pour les États-Unis. Notre heure de gloire serait déjà derrière nous et nous aurions raté l'occasion d'en faire quelque chose de bien… Au début, nous avons fait de bonnes choses, mais ça s'est très vite gâté par la suite[188]. »

Dans sa chanson, *Tower of Song*, sortie en 1988, Leonard Cohen parle des riches qui diffusent leurs chaînes de télévision dans la chambre à coucher des pauvres. Tout au long de *L'Amérique…*, Moore a toujours tenu à souligner l'authenticité des gens dont il parlait et la réalité de leur situation. Cela est vrai de la plupart de ses projets, d'ailleurs. Bien que les séries télévisées aient souvent recours, jusqu'à un certain point, à des personnages démunis pour faire avancer l'histoire, ces émissions de fiction se sont toujours servies de comédiens pour jouer le rôle de l'individu sans ressources. Nous devons nous interroger sur la source du malaise que nous ressentons quand nous regardons une œuvre de fiction se dérouler dans un décor réel. Une fois que nous aurons compris cela, nous serons en mesure de mieux saisir en quoi Michael Moore est un phénomène culturel. Qu'ils aient été « vrais » ou non, les segments télévisés produits par Moore étaient parfois montés de toutes pièces après avoir été conçus, soigneusement développés, scénarisés, coordonnés et pourvus d'une distribution par Moore, Duffy et toute l'équipe de *L'Amérique de Michael Moore*. À titre d'exemple, la distribution des rôles pour le jeu d'habileté « Entartez les pauvres » n'a requis que les efforts d'une seule personne envoyée à la course à l'intérieur de quelques bars haut de gamme, à l'heure de la fermeture de la Bourse de New York.

J'ai demandé à Edelstein, l'antagoniste de Moore, ce qu'il pensait, en tant que documentariste, du style documentaire de Moore : « Ce n'est pas parce que j'ai passé une longue période de temps avec lui, ponctuée de moments étranges, que je suis nécessairement la bonne personne à qui poser cette question, nuance-t-il d'abord. Mais il ajoute, du même souffle : Ma plus grande réserve est que… je considère qu'il est profondément malhonnête en tant qu'individu et en tant que réalisateur. En tant qu'ancien journaliste de la presse écrite et maintenant cinéaste documentariste, il prétend être redevable aux faits et à la vérité et… je crois que cela est laissé de côté dans le cadre de son travail. Vous savez, une grande partie de l'appréciation que nous avons de son travail vient surtout de la perception que nous avons de lui et de la considération que nous éprouvons ou non pour lui[189]. »

CHAPITRE 8

Moore fait mouche
Bowling à Columbine

> *Un jour, [Moore et l'équipe de tournage] voulaient savoir si Hitler était déjà allé jouer aux quilles.*
>
> Un membre de l'équipe de
> recherchistes de Michael Moore

Il serait exagéré de qualifier de « dur labeur » les années que Moore consacra à la télévision, car son travail au petit écran l'a rendu célèbre et lui a conféré une crédibilité qui a dépassé de loin toutes les retombées positives de *Roger & Me*. Ce n'est pourtant pas dans ce milieu que Moore aurait voulu œuvrer durant la majeure partie des années 1990. Les nombreux projets de cinéma qu'il avait en chantier démontraient clairement son désir de quitter pour de bon le monde de la télévision, mais aucune porte se s'ouvrait à lui. Il avait certes un best-seller à son crédit, mais l'incapacité de *Canadian Bacon* à se tailler une niche dans les cinémas multiplexes et l'accueil modeste que le public réserva à son autre film, *Le géant*, l'ont certainement piqué au vif. Continuer à travailler dans le domaine de la télévision aurait été comparable au sort de ces pauvres types de Flint coincés à vie devant la chaîne de montage, esclaves d'un travail bien rémunéré, mais assommant d'ennui.

Le réseau de télévision britannique Channel Four avait toujours été solidaire du travail de Moore et l'avait aussi soutenu lors de la première saison de *L'Amérique de Michael Moore*, mais son soutien financier de même que le temps d'antenne aux heures de grande écoute s'étaient amenuisés par la suite. Fidèle à son habitude, Moore sublimait ses malaises de créateur en se lançant dans une multitude de projets. C'est dans les bureaux de production de *L'Amérique de Michael Moore* que le sujet de son prochain film, *Bowling à Columbine*, lui tomba dessus. C'était le mardi 20 avril 1999.

Le jour de la tragédie de l'école secondaire Colombine, Moore arriva au travail et vit les membres de son équipe massés devant l'appareil de télévision, comme la plupart des Américains au même moment, les yeux rivés sur l'écran qui transmettait en direct les événements qui se déroulaient au Colorado. « L'image qui m'a réellement, mais réellement le plus secoué, est celle où [il se racle la gorge] les jeunes se sont tous fait dire de lever les mains et d'aller s'aligner le long du mur, les mains derrière la tête, dira Moore plus tard, devant un auditoire à Littleton. Autrement dit, vous êtes *tous* des suspects. Vous êtes *tous* [le] présumé meurtrier. Vous allez donc *tous* sortir les mains en l'air et les garder en l'air. Ce jour-là, j'ai senti qu'il fallait que j'agisse… Il y avait très longtemps que je réfléchissais à ce problème, c'est-à-dire à quel point notre pays est un pays violent[190]. »

L'émission *L'Amérique de Michael Moore* ayant été reléguée dans un créneau de fin de soirée au Royaume-Uni, le petit écran désenchantait Moore de plus en plus. Le jour, il travaillait à *L'Amérique de Michael Moore*, mais ce qui le passionnait vraiment, c'était de travailler à *Bowling à Columbine*, sa réplique personnelle à la plus grande tragédie nationale de cette année-là. À l'intérieur du bureau de production de son émission, Moore maintint une équipe réduite composée d'amis et de sa fille, Nathalie Rose, ainsi que d'une douzaine de stagiaires bénévoles (éventuellement rémunérés à partir du moment où le projet obtiendrait du financement) qui se relaieront. Ensemble, ils s'affairèrent à la recherche, au tournage et au montage de ce qui allait constituer le retour de Moore au cœur des conversations de bureaux, à l'heure de la pause-café, partout à travers le monde.

À proximité de Denver, dans la ville dortoir de Littleton, au Colorado, là où se trouvait l'école secondaire Columbine, les citoyens avaient déjà été témoins d'une multitude de reportages-chocs au sujet de la tragédie du 20 avril 1999, jour du 110e anniversaire de naissance d'Adolf Hitler. À la différence des autres tragédies que rapportent les médias, l'incident de Colombine constitua une première dans les annales de la télévision américaine : les médias pouvaient couvrir les dessous d'une tragédie, alors même qu'elle était en train de se dérouler. Des étudiants qui se cachaient des deux individus armés livrèrent avec leur téléphone portable des témoignages télédiffusés simultanément, avant même que le secteur ne soit évacué. En attendant d'obtenir des informations sur ce qui s'était réellement passé, tous les Américains se blottissaient avec effroi avec leurs enfants.

Peu après 11 h ce matin-là, deux finissants, Dylan Klebold et Eric Harris, avaient franchi les portes de l'école secondaire Colombine, quelques semaines à peine avant la remise des diplômes. Ils s'étaient ensuite rendus à la cafétéria où se trouvaient environ cinq cents élèves en train de déjeuner, pour y déposer deux bombes au propane pesant chacune dix kilos, dissimulées à l'intérieur de sacs de sport. Puis ils étaient sortis de l'école pour attendre que leurs bombes explosent. Si leur funeste projet s'était déroulé tel que prévu, presque tous les occupants de la cafétéria auraient été tués. Comme on peut le lire dans l'une des notes sporadiques du journal intime de Harris écrite l'année précédente, le plan initial des deux adolescents avait été d'attendre à l'extérieur puis de faire feu sur leurs compagnons de classe s'échappant du brasier. Lorsque les deux jeunes hommes se rendirent compte que leurs bombes artisanales faisaient défaut, ils rentrèrent dans l'établissement avec un arsenal de quatre armes à feu de calibre différent et un grand nombre de bombes artisanales.

Plusieurs personnes entendirent les coups de feu qui firent tomber les deux premiers étudiants et s'imaginèrent qu'il s'agissait simplement d'une frasque de fin d'année. Comprenant que la réalité était tout autre, l'entraîneur et enseignant de longue date, Dave Sanders, se précipita dans l'école et lança des avertissements à grands cris, permettant ainsi aux concierges et aux enseignants d'accompagner immédiatement les étudiants vers un endroit sûr. Sanders poursuivit son parcours dans l'école et prévint les élèves de se tenir loin du danger, avant d'être atteint lui-même par des balles tirées par Klebold et Harris. On traîna Sanders dans une salle de classe, où des élèves qui s'étaient cachés tentèrent désespérément d'étancher le sang qui s'écoulait de sa blessure à la poitrine. Trois heures plus tard, il rendit son dernier soupir, quelques instants à peine après l'arrivée sur place de l'équipe du SWAT. La police locale et les équipes du SWAT s'étaient rendues rapidement sur les lieux, mais à leur arrivée, les deux jeunes hommes avaient tiré sur eux par les fenêtres. À midi, quand les membres du SWAT parvinrent enfin à pénétrer dans l'établissement, ils s'occupèrent d'abord de désamorcer les bombes. Ce n'est qu'à partir de 14 h 30 que les étudiants purent finalement sortir de l'école.

Dès midi, les parents étaient au courant de la tragédie qui était en train de se dérouler et attendaient leurs enfants à l'école primaire Leawood, là où étaient acheminés les élèves qui étaient parvenus à se sauver. D'autres parents, accourus directement à l'école secondaire Colombine, observaient la scène derrière le ruban de sécurité des policiers. Moins d'une heure après leur arrivée à l'intérieur de l'établissement scolaire, Klebold et Harris avaient tiré cent quatre-vingt-huit cartouches et fait exploser soixante-seize bombes. Puis ils retournèrent leur arme contre eux. Ils avaient dressé une liste des personnes qu'ils souhaitaient abattre, mais aucune des victimes ne s'y retrouvait. En fin de journée, le sombre bilan s'élevait à vingt-cinq blessés, dont trois dans un état critique, et on déplorait quinze morts, douze étudiants, un enseignant et les deux meurtriers. Selon un article paru dans *Salon*, qui traçait un bilan de l'affaire Columbine six mois après les faits, une source bien informée précisa : « Nous pouvons vous dire pourquoi ils l'ont fait, parce qu'ils nous ont dit pourquoi ils allaient le faire… Ils l'ont fait parce qu'ils brûlaient de haine. » L'officier responsable de la supervision de l'affaire, le chef de division John Kiekbusch, confirma cette source et ajouta : « Ils haïssaient tout le monde et tout le reste autour d'eux. »

Mais ce genre de déclarations n'a pas fait la manchette au moment de la tragédie. Alimentés, peut-être, par les témoignages d'élèves de l'école Columbine encore traumatisés par les événements, les reportages dans les médias tentèrent aussitôt d'élucider les motifs du drame à l'aide d'explications simplistes et sommaires. Celle qui revint le plus souvent décrivait l'existence d'une « mafia des trenchs » attachée à la musique gothique et au vandalisme (mais la tenue vestimentaire de Klebold et Harris n'était pas de style gothique). Parmi les autres théories invoquées pour expliquer les causes du massacre : le racisme (mais une seule victime était de race noire), l'intolérance envers les chrétiens (mais une seule étudiante s'était fait demander si elle croyait en Dieu), la haine des sportifs (mais Harris lui-même jouait au foot et la plupart des actes de violence se sont déroulées dans la bibliothèque et non au gymnase). Une autre thèse soulevée fut celle de la dynamique de meneur-suiveur entre les deux jeunes hommes. Les médias attribuèrent un pourcentage plus élevé des coups tirés et des meurtres à Harris, en faisant ressortir le tempérament passif de Klebold. Par contre, lorsque l'affaire fut close, l'équipe qui mena l'enquête répartit l'implication destructrice des meurtriers de manière égale. Bref, le peuple américain attendait des explications moins réductrices que la notion ambiguë d'une haine effrénée qui englobe tout pour expliquer le geste des deux adolescents. Il attend toujours.

En 1999, dans un monde encombré par les médias, la tuerie de l'école Columbine devint autre chose qu'un simple événement tragique et se transforma, grâce à une foule d'experts et d'analystes, en à peu près n'importe quoi. Pour plusieurs, l'attaque révélait combien la jeunesse était corrompue du fait d'une société trop permissive et de l'absence de valeurs traditionnelles. Pour d'autres, elle était la meilleure démonstration que le mode de vie de l'Américain moyen engendrait quantité de psychopathes apathiques en proportion directe de l'accroissement de sa richesse matérielle, et on évoquait l'aphorisme glacial d'Emma Goldman : « Une société produit bien tous les criminels qu'elle mérite[191]. »

Pour Moore, ce drame déchirant représentait bien plus que le noyau de son prochain documentaire. Celui-ci traitera

aussi d'autres aspects beaucoup plus vastes comme la dénonciation de la violence en sol américain et la part de responsabilité des États-Unis dans la propagation de la violence à travers
le monde. Comme dans le cas de toutes ses autres réussites
professionnelles, la matière première de ce film le touchait
personnellement. C'est toujours dans le miroir de Flint qu'il
comprenait les conséquences des politiques publiques et, au
grand dam de ses critiques, c'est précisément quand il privilé-
gie cette approche qu'il excelle le plus. En captant les humeurs
des Américains au quotidien (ou en les « sélectionnant »,
comme pourraient le dire ses détracteurs) pour démontrer
comment celles-ci étaient influencées par les politiques nationales et internationales, Moore arriva à décortiquer tous ces
éléments et à les faire sortir du domaine de l'abstraction. L'un
des deux tueurs de Colombine, Harris, avait vécu à Oscada,
au Michigan, pendant que son père était affecté à la base militaire de l'endroit. Oscada est situé dans la partie nord de l'État
du Michigan. Moore s'était tellement identifié à cet État qu'il
fut profondément troublé par ce constat.

Un autre lien avec le Michigan devait se présenter inopinément durant le tournage. Le 29 février 2000, peu après le
début de la production de *Bowling à Columbine,* Flint devint
le lieu d'origine du plus jeune meurtrier de l'histoire des
États-Unis. La victime était une fillette de six ans, Kayla
Rowland, et le crime fut commis par un compagnon de classe
à l'école primaire Buell, située dans le district scolaire de
Flint-Beecher, le plus pauvre du comté de Genesee. Moore
couvrit l'incident pour les besoins de son tournage, mais cette
tragédie lui porta un dur coup sur le plan personnel. En effet,
Buell était l'école à laquelle Moore et Phil Knight, de Nike,
s'étaient engagés à remettre la somme de vingt mille dollars,
à la fin du film *Le géant.* Dans une lettre ouverte publiée

sur son blog, Moore décrit la région de Buell comme le « dépotoir de Flint ». « Vous aboutissez à cet endroit lorsque vous êtes dépossédés de tous vos biens. La population est noire à 60 %, blanche à 40 %. Aucune municipalité dans le comté de Genesee ne veut assumer la gouvernance de Beecher, alors elle existe en tant que *no man's land* au nord des limites de la ville de Flint. » Mais d'un point de vue personnel, encore une fois, le district scolaire de Beecher représentait encore plus pour Moore. « Une pointe de son territoire touche une partie de deux municipalités différentes (dont l'une est le lieu d'origine de mon épouse Kathleen). Mais vous savez, lorsque vous entendez le mot "township" s'appliquer à Beecher, nous, les gens de Flint, donnons tous à ce mot le même sens qu'il avait quand il était utilisé en Afrique du Sud[192]. »

Ce drame n'était qu'un coup de malchance et tout au long de la production de son film, Moore continuera d'assister avec impuissance au triste dénouement de cette histoire. La communauté de Flint eut beau s'unir et donner son appui inconditionnel à l'école primaire de Buell, sous la forme de dons de matériel pour le terrain de jeu de l'école ou de subventions gouvernementales à la municipalité pour renforcer les effectifs policiers et accroître le contrôle des armes à feu, rien n'y fit. En 2002, avant la sortie en salle de *Bowling à Columbine*, l'école élémentaire de Buell ferma ses portes. L'enseignant que l'on voit dans le film de Moore avait déménagé ; le directeur d'école et le concierge avaient pris leur retraite. L'ancien procureur du comté de Genesee, Arthur Busch, qui s'était chargé de l'affaire, abonda dans le même sens que Moore pour décrire la situation désastreuse de la municipalité. Il dévoila à l'agence Associated Press que les parents de cette région étaient confrontés à un taux de chômage parmi les plus élevés de l'État, que la majorité des enfants étaient admissibles aux déjeuners gratuits ou à prix réduit et qu'en 2005, les causes de délinquance et de négligence entendues devant les tribunaux engorgeaient encore le système judiciaire. « Les ingrédients du scénario initial sont toujours présents : la pauvreté infantile, les drogues et tout le lot de misère humaine qu'entraîne avec elle la pauvreté », dit Busch[193].

Le meurtre de la petite Kayla Rowland poussa Moore à contacter l'ancien comédien américain et porte-parole de l'Association nationale des armes à feu (la NRA), Charlton Heston. Moore estimait que Heston avait manqué de respect et d'humanité envers les gens de Denver et de Flint en prenant la parole dans ces deux villes, lors de ralliements de la NRA organisés peu après chacune des deux tragédies. Au début, Moore tenta, mais en vain, d'obtenir un entretien avec l'acteur âgé en passant par son agent. Avant de rencontrer Heston, Moore était déjà membre à vie de la NRA. Il espérait que son statut de membre en règle l'aiderait à convaincre Heston et son entourage de la noblesse de ses intentions. Mais en réalité, sa stratégie était beaucoup plus subtile. Durant son enfance, au sein du mouvement scout, Moore avait déjà été accrédité membre junior de la NRA. Mais après le massacre de l'école Columbine, il décida de devenir membre à vie. « Ma première réaction après Columbine a été de me présenter à la présidence de la NRA pour faire campagne contre Charlton Heston. Mais pour cela, vous devez être membre à vie, alors j'ai dû payer sept cent cinquante dollars… pour devenir membre de l'association, raconta Moore à *The Guardian*. Mon intention était d'amener cinq mille Américains à souscrire à la forme d'adhésion la plus élémentaire, à voter pour moi, m'élire président et me permettre ainsi de démanteler l'organisme. Malheureusement… tout cela demande beaucoup trop d'efforts, confessa Moore. Alors au lieu de cela, j'ai fait ce film. Mais je suis encore membre à vie ou, du moins, jusqu'à ce que qu'ils m'excommunient… ce qui ne devrait pas trop tarder, selon ce que j'entends[194]. »

Moore ne fera peut-être pas long feu au sein de la NRA, mais il parviendra tout de même à mettre la main sur Heston pour une interview. À leur dernier jour de tournage à Hollywood, alors que l'équipe s'apprêtait à prendre la route pour l'aéroport, ils décidèrent d'y aller d'une tentative de dernier recours : ils achetèrent une carte géographique des résidences de célébrités.

« Alors j'arrive et je sonne, dit Moore. Et de cette petite boîte à l'entrée me vint la voix de Moïse. "Oui ?" Et je me dis : "Ciel, qu'est-ce que je fais maintenant ?" Puis il me dit de revenir le lendemain matin, qu'il m'accorderait l'interview. Et il a tenu parole. » Mais les images filmées de Heston faillirent rester sur le sol de la salle de montage. Au moment de sa rencontre avec Moore, le comédien septuagénaire paraissait vulnérable. Moore hésita longtemps avant d'inclure la séquence dans son film. Au début, il estimait que l'âge avancé de Heston et sa santé déclinante, très évidente à l'écran, alors qu'il se remettait d'une opération à la hanche, risquait de confondre le spectateur et de créer de l'empathie pour Heston. Finalement, toute l'entrevue ou presque sera retenue : les commentaires de Heston au sujet du racisme et de la violence aux États-Unis, puis Heston qui tourne le dos et s'éloigne de Moore, alors que celui-ci lui tend une photo de la plus jeune victime d'une arme à feu, Kayla Rowland. Si l'on en croit Moore, bien avant d'arriver à la salle de montage, cette scène failli bien ne jamais exister[195].

« Après l'interview, au moment où vous me voyez me diriger dans l'allée qui mène vers la sortie, j'ai commencé à avoir peur... On ne voit pas ce qui se passe, car c'est à ce moment que débute le générique de fin, mais quand nous sommes arrivés à la barrière, l'entourage de Heston ne voulait plus nous laisser quitter les lieux, dira Moore au cours d'une interview, durant le festival de Cannes. Alors je me suis dit : Eh bien, ils ont fait appel à des gens pour venir nous confisquer la pellicule et me donner une bonne raclée. » Moore retira donc le magasin de la caméra et le lança par-dessus le portail à des membres de son équipe qui attendaient là, en cas d'urgence. Aucun incident fâcheux ne s'est produit, mais Moore prétend tout de même avoir dit à son équipe : « Sautez dans la voiture et déguerpissez. Nous encaisserons les coups s'il le faut, mais au moins, on aura sauvé la pellicule[196]. »

D'aucuns trouvèrent cette scène émotionnellement manipulatrice, mais avec le recul, Moore en défend la pertinence : « Je ne vois pas pourquoi on se sentirait désolé pour un type qui se trouve à la tête du plus puissant lobby des États-Unis et dont le seul objectif est de s'assurer que les gens se procurent autant d'armes à feu qu'ils le veulent pour tirer le plus de balles possible... Ces individus sont cinglés, et nous devons mettre fin à ce non-sens, ajouta-t-il. Et d'après tous les sondages, la majorité des Américains souhaitent un contrôle des armes à feu[197]... »

Bowling à Columbine bénéficia au montage de la même attention aux détails que *Roger & Me*. On eut recours à une équipe d'une grande compétence pour combiner de façon experte les images tournées, la narration et les archives visuelles. En plus de l'entretien avec Heston, d'autres points saillants seront constitués d'interviews avec le directeur de l'école primaire de Buell, Jimmy Hugues, avec des détectives et des citoyens de Littleton ainsi qu'avec le chanteur mal-aimé Marilyn Manson (que Klebold et Harris aimaient écouter, semble-t-il). La responsabilité de colliger tout ce matériel incomba à des stagiaires qui en étaient à leur première expérience dans ce genre de production et dont le travail était financé par un budget équivalent à celui de quatre épisodes de *TV Nation*. Le projet se déroula rondement et sans à-coups. La plupart qualifièrent cette expérience d'apprentissage enrichissant. Un recherchiste se rappelle que Moore avait tenu à ce que le groupe de monteurs regarde *La bataille d'Alger*, réalisé par Gillo Pontecorvo en 1965, un film qui fait la chronique de la révolution algérienne avec une sobriété similaire à celle du cinéma documentaire. Bien que la reconstitution de Pontecorvo fut théoriquement de nature fictive, le réalisateur fit appel aux véritables chefs de la révolution pour jouer dans son film. Il va sans dire que la démarcation entre la fiction et la réalité s'en trouva embrouillée. La réputation du film pour le réalisme de ses scènes est reconnue au point que les dirigeants du Pentagone le visionnèrent en 2004, dans le but tristement éducatif de se faire une idée juste des conséquences possibles d'une guerre de rues dans un pays arabe. Il est clair que cette « représentation spectaculaire de la vérité » s'apparente beaucoup à la quête artistique et professionnelle de Moore.

Comme le dit l'ancien employé de *L'Amérique de Michael Moore*, Alan Edelstein : « Je considère essentiellement [Moore] comme un prêtre défroqué. Il s'est inscrit à un petit séminaire et s'est fait mettre à la porte – enfin, selon ses dires, encore une fois –, au bout d'un an. Mais il était un catholique honnête et engagé. Je trouve que par certains aspects, son travail ressemble à de la prédication et que son comportement est le même que celui d'un individu qui se cherche un exutoire de remplacement à la religion. Je trouve d'ailleurs particulièrement intéressant de savoir qu'il est encore en lien avec l'Église. » Dans l'un des suppléments qui accompagne la version DVD de

Bowling à Columbine, le témoignage d'un stagiaire corrobore les remarques d'Edelstein. Pour décrire le talent inné de Moore à détendre ses sujets et les amener à se « soumettre à la caméra », il utilisera l'expression « Révérend Père Mike[198] ».

À la sortie du film de Moore, les critiques attaquèrent de nouveau cette fusion implicite entre la fiction et le documentaire, comme ils l'avaient fait pour *Roger & Me*, s'en prenant surtout à la première séquence au cours de laquelle Moore se fait offrir un fusil par une banque, en guise de prime pour l'ouverture d'un compte. Cette scène, prétendent les critiques, n'est pas réaliste et a dû être montée de toutes pièces. Au festival du film de Londres, Andrew Collins, du *Guardian*, interrogea Moore au sujet de la notion de paternité par rapport à son œuvre.

« Donc, c'est un film d'auteur, dit Collins. C'est la meilleure façon de décrire les films que vous faites : vous tenez un rôle à l'écran, vous écrivez le texte de la narration et au départ, votre intention est de démontrer ou de discréditer quelque chose qui a besoin, selon vous, d'être prouvé ou dénoncé. L'objectivité de votre démarche n'est pas toujours évidente, ne trouvez-vous pas[199] ? »

Entre deux commentaires destinés à démontrer le peu d'importance qu'il accorde à son ego, Moore répondit : « Dans mes films, je me place à l'écran pour agir comme figurant à la place du spectateur. » Et comme spectateur, Moore trouve encore certaines scènes trop bouleversantes à regarder. Même après avoir vu les images de *Bowling* au moins une centaine de fois, Glynn et Moore fondent encore en larmes durant la séquence qui traite de la mort de la petite Rowland.

Les frais encourus pour l'acquisition de la musique et d'images d'archives de *Bowling à Columbine* firent fondre une bonne partie du budget, mais les droits d'une chanson en particulier furent accordés pour trois fois rien : *Happiness Is a Warm Gun*, des Beatles. Il est de notoriété publique que les Beatles et leur succession n'ont jamais consenti à ce que leur musique se retrouve sur la bande sonore d'un film. Mais la veuve de John Lennon, Yoko Ono, qui avait vu son mari tomber sous les balles de Mark David Chapman en décembre 1980, vit elle-même à ce que Moore puisse obtenir à bas prix la composition de l'ex-Beatles. « Nous avons eu droit à un rabais fort raisonnable », dira Glynn aux médias. La pièce musicale sert de trame sonore à une redoutable séquence d'images d'une efficacité dévastatrice, glanées dans divers bulletins de nouvelles, incluant le suicide de l'homme politique Bud Dwyer, durant une conférence de presse diffusée sur les ondes en 1987, et l'assassinat de Maritza Martin Munoz par son ex-conjoint en 1993, lors d'une entrevue télévisée en direct. Pendant qu'Emilio Munoz déchargea une salve de quatorze coups dans le corps inerte de sa victime, la caméra n'arrêta pas un seul instant de tourner. Pour en arriver à ce résultat si agressant pour les sens, l'équipe de *Bowling à Columbine* dut peiner un mois complet, uniquement pour monter cette séquence.

Les images éprouvantes captées par les caméras de surveillance de l'école secondaire Columbine sont, elles aussi, d'une puissance ahurissante. Moore obtiendra ce matériel visuel filmé en noir et blanc et rarement vu dans son intégralité en ayant recours à la loi sur l'accès à l'information. En guise de toile de fond sonore, les enregistrements de la ligne d'urgence 911 entrecoupent le tout, y compris un appel au secours qui donne le frisson, celui d'une adolescente prise de panique cachée à l'intérieur de l'école qui déclare avoir déjà parlé au réseau Fox News, mais pas encore à la police. Pour Moore, l'image des deux adolescents solidement armés, issus d'une ville de banlieue aisée, se promenant calmement dans leur école secondaire en lançant des bombes incendiaires, s'arrêtant un instant pour siroter le reste d'une boisson gazeuse laissée sur une table par un étudiant en fuite, cette image à elle seule en dit plus long sur la violence dans la société américaine que tout ce qu'il aurait pu en dire lui-même.

Alors que Moore en était aux premières étapes de la production de *Bowling à Columbine*, un autre cinéaste hors normes visionnait ces scènes meurtrières et tentait, à travers sa sensibilité artistique, de trouver un sens à tout cela. Au début des années 1990, tout comme Moore, Gus Van Sant avait quitté les franges du milieu alternatif pour exercer son art devant un auditoire beaucoup plus vaste. Fils d'un vendeur itinérant, Van Sant dirigea *Drugstore Cowboy*, un film qui avait semblé sortir de nulle part et qui devint un succès cinématographique inattendu en 1989, tout comme *Roger & Me*. Par la suite, Van Sant réalisa pour le grand public des longs-métrages subtilement subversifs traitant de prostitués mâles et de sexualité gaie, dans *My Own Private Idaho*, et du monde des médias et de l'obsession pour la célébrité, dans *Prête à tout*. Et tout comme Moore, encore une fois, Van Sant consacrera une partie de sa richesse à financer en partie les projets de réalisateurs au talent méconnu, tel Nina Menkes.

En 1999, Van Sant se rendit au réseau Home Box Office (HBO) en vue d'obtenir du financement pour la réalisation d'un documentaire sur le massacre de Columbine. Faisant involontairement preuve de prescience, HBO refusa d'endosser son projet, mais se montra ouvert à produire une reconstitution *fictive* inspirée librement des événements tragiques. Le dirigeant de HBO, Colin Callendar, expliqua à Van Sant que « l'avalanche de violence diffusée par les réseaux de nouvelles en ondes vingt-quatre heures sur vingt-quatre était de plus en plus complexe à décoder » et que, par conséquent, la production d'un film de fiction rendrait davantage justice à ce sujet. Van Sant se ressaisit et recommença son projet pour en faire un récit cinématographique en se servant de vrais adolescents qui improviseraient sans scénario. Lorsque Van Sant eut vent du projet de Moore, il fut étonné. Les deux réalisateurs se connaissaient déjà et avaient passé du temps ensemble quelques années auparavant, à la première du film *Le géant* à Portland, en Oregon, dans la ville qui avait vu naître le quartier général de la Nike (et Van Sant lui-même), mais le réalisateur n'avait jamais entendu parler de *Bowling à Columbine* avant de commencer à réaliser son propre film sur le même sujet.

« Nous étions déjà en préproduction [à ce moment-là, mais] nous avons vu *Bowling à Columbine* avant de commencer le tournage de notre film, se souvient Van Sant. Je l'admire beaucoup[200]. »

Elephant sortit en salle un an après *Bowling à Columbine*. Van Sant y offre une tout autre perspective sur les dessous de la tragédie. Il fait de sa caméra un témoin silencieux des événements, mais la vedette principale du film est le temps. Dans *Elephant*, le réalisateur s'attarde sur l'ennui lancinant du lycée et de la vie de banlieue et raconte, avec de multiples retours en arrière, l'inexorable dernier jour dans la vie de plusieurs étudiants. Puis Van Sant précise encore davantage ce qui distingue son film de celui de Moore : « Je suis persuadé que Michael Moore a réalisé [*Bowling for Columbine*] pour les mêmes raisons. Mais contrairement à *Elephant*, peut-être, je considère que son film est en quête d'explications incontournables, comme, "trop de munitions", "trop d'armes à feu". Michael était à la recherche d'éléments spécifiques de ce genre-là. Au cours du tournage, nous avons eu les mêmes réflexions, mais nous n'avons jamais… tenté d'étiqueter ou d'épeler en toutes lettres la cause de cette tragédie, précise Van Sant. J'imagine que c'est à cause de l'intensité de ce drame. À mes yeux, cet événement est d'une telle ampleur que je suis incapable de le réduire à sa plus simple expression avec des mots comme "aliénation", "armes à feu", "munitions". C'est un sujet d'une grande complexité. Au lieu de dire aux gens quoi penser de cette tragédie, nous avons voulu, au contraire, que notre film explore la difficulté d'en arriver à une réponse tout en proposant des pistes pour aider l'auditoire à réfléchir avec nous[201]. »

Pour Moore, aucun événement ne sera considéré comme trop négligeable pour être inclus dans sa thèse éclairée, mais parfois touffue. Un élément que l'on trouve dans le film de Moore, et non dans celui de Gus Van Sant, est la notion de *bowling*. Le bureau du shérif de Littleton rapporta que le matin de la fusillade de Columbine, les deux assassins étaient allés bien calmement suivre leur cours de *bowling* de 6 h 15. À quelques reprises durant son film, Moore suggère que les quilles auraient pu être un « motif » à considérer avec autant de sérieux que les autres théories d'experts présentées par les médias pour rationaliser le drame, des théories qui allaient de l'influence des chansons-chocs du rocker Marilyn Manson à la pratique de jeux vidéos violents par les deux adolescents. Mais à un autre niveau, en soulignant la notion de *bowling* dans le titre de son documentaire et aussi comme point saillant de sa thèse, Moore voulait surtout attirer l'attention du public sur l'attitude désinvolte des États-Unis par rapport aux armes à feu. Par exemple, si on en croit les membres de la milice du Michigan dans la scène d'ouverture du film, le tir serait en fait une activité de détente qui, de plus, est protégée par la Constitution. Toute la portée troublante de cette banalisation du port des armes à feu est étalée à son meilleur au cours de l'interview de Moore réalisée avec James Nichols, un cultivateur de produits biologiques du Michigan, qui fut l'ami du terroriste d'Oklahoma, Timothy McVeigh, et frère de son complice, Terry Nichols. Dans cette séquence de *Bowling à Columbine*, James Nichols paraît tendu et vers la fin de l'interview, potentiellement dangereux. Moore lui-même commença à s'inquiéter au moment où Nichols se pointa une arme à feu chargée sur la tempe.

Le tournage de l'interview dura cinq heures. « Il parlait sans arrêt, dit Moore. Il décrivait son système de croyances avec éloquence et intelligence. J'ai dû ramener ses propos à ce que vous voyez dans le film. » Après la sortie de *Bowling à Columbine*, Nichols s'opposa à la manière dont il était présenté à l'écran et intenta une poursuite pour diffamation contre Moore[202].

Pendant qu'il était en production pour *Bowling à Columbine*, Moore travaillait aussi à la préparation de son prochain livre, *Mike contre attaque*. Ce bouquin se voulait une dénonciation de la victoire présidentielle de George W. Bush en 2000, une élection bidon digne, soutint-il, de mériter une sanction des Nations Unies. Si Moore éprouva parfois des problèmes à bien ramasser le propos de son film, Bush, lui, au cours de la première année de son mandat, dut se démener pour transmettre avec clarté sa vision présidentielle des choses et ce, en dépit de toutes les moqueries qui fusèrent à son sujet et des nombreuses suspicions soulevées par sa victoire. Puis le destin des deux hommes changea le 11 septembre 2001, alors que deux des quatre avions détournés par des membres d'Al-Qaeda foncèrent dans les tours jumelles du World Trade Center, causant la mort de deux mille sept cent cinquante personnes et réduisant les deux structures en une masse informe de métal fondu. Pour certains, la riposte du président, y compris l'invasion de l'Irak et de l'Afghanistan, constitue un morceau de bravoure politique. Mais au lieu de s'engager dans une réplique sanglante contre « les méchants » et dans une campagne de bombardements éclairs contre ces deux pays, qu'aurait bien pu faire le président ? Partout sur la planète, des millions d'hommes et de femmes défilèrent dans les rues pour manifester contre l'invasion de l'Irak et firent de leur cause la plus rassembleuse (et la plus défendue) de toute l'histoire. Aux yeux de la grande majorité des gens, la décision du président se résumait dans les paroles du comédien militant Alec Baldwin : « Nous avons raté une occasion unique. Nous avions l'occasion de rallier le monde entier, mais au lieu de cela, nous n'avons fait que semer la discorde. » Les gestes de Bush infléchirent la tournure finale que donna Moore à *Bowling à Columbine*, dans la mesure où il prit soin de constater, à travers les manifestations à l'échelle planétaire, la remise en question de l'alarmisme irrationnel et perpétuel des Américains.

Ce film constitue la démarche la plus audacieuse de Moore à ce jour. Avant le 11 septembre, Bush était considéré comme un canard boiteux qui ne durerait qu'un mandat, ne jouerait qu'un rôle anecdotique dans l'histoire des États-Unis et resterait entaché de la plus importante enquête électorale depuis des décennies. Après les attentats du 11 septembre, toutefois, le Bureau ovale devint immunisé contre toute forme d'opposition ou de critique de la part des médias. À partir de cette date, quiconque attaquait le Président attaquait l'ensemble des États-Unis. Alors que la production de *Bowling à Columbine* tirait à sa fin, les hauts dirigeants américains réalisèrent certaines des prophéties du film, se précipitant pour adopter le USA Patriot Act, tout en entretenant le mythe des lettres qui explosent et des attaques bactériologiques à l'anthrax.

Avant même que le film ne sorte en salle, Moore eut à faire face à l'éditeur de son livre, après le 11 septembre. Écrit pendant la première année de l'administration Bush, on y retrouve la manière Moore, d'un style sans complaisance mais enlevant. *Mike contre-attaque* qualifie la victoire présidentielle de « coup d'État », et raconte la carrière de George W. Bush dans le monde des affaires, incluant les moments douteux qui la jalonnaient. Après le 11 septembre, aux dires de Moore, la maison d'édition HarperCollins voulut mettre au pilon tous les exemplaires déjà imprimés de *Mike contre-attaque* et lui demanda de réécrire considérablement son manuscrit pour que le président apparaisse sous un jour plus favorable. Lisa Herling, directrice de la communication chez HarperCollins, spécifia : « Comme pour tout autre livre à contenu politique, nous voulions nous assurer que le contenu n'était pas devenu désuet ou qu'il n'ait pas à être modifié à la lumière des événements du 11 septembre. » Moore refusa cette demande de révision postpublication particulièrement inusitée et les deux parties s'entendirent pour retirer le livre de la circulation[203].

Mais le 1er décembre 2001, une bibliothécaire du New Jersey, Ann Sparanese, entendit Moore parler de cette affaire à l'occasion de sa participation à la conférence annuelle du plan d'action pour les citoyens du New Jersey. En l'espace de quelques jours, les sites de discussion sur Internet des bibliothèques s'animèrent fébrilement et HarperCollins reçut un déluge de messages en provenance de bibliothécaires outrés. À la fin du mois de décembre, l'éditeur accepta de distribuer le livre, tel quel, pour le mois de février. L'ouvrage devint aussitôt le titre le plus vendu au Canada et en Grande-Bretagne et se retrouva sur la liste des livres à succès du *New York Times* pendant trente-quatre semaines, bien qu'il n'ait jamais fait l'objet d'une critique dans les pages du quotidien. Selon Moore, 90 % des journaux ignorèrent carrément son livre.

Voici donc Moore (en compagnie d'un autre illustre auteur à succès, dont l'ascension avait été fulgurante, Noam Chomsky) en train de rejoindre le plus étrange des auditoires, pour un dissident, dans ce monde métamorphosé depuis le 11 septembre : le grand public américain. Alors que Moore amorçait sa deuxième tournée littéraire de quarante-sept villes (organisée par ses deux sœurs, Anne et Veronica, et non pas HarperCollins), il dit au *Village Voice* : « Quand je regarde les gens qui sont assemblés dans les gymnases et les auditoriums, ce ne sont pas des babas cool et des écolos que je vois... c'est M. et Mme Classe moyenne américaine, qui ont voté pour George W. Bush et qui viennent de perdre soixante mille dollars parce que leur régime de retraite 401(k) s'est volatilisé. Jusqu'à la toute fin, ils ont cru au rêve américain tel que conçu par Wall Street et les Bush, avant de se rendre compte, finalement, que ce n'était que cela, au fond : un rêve[204]. »

En l'espace de quelques semaines, plus de cinq cent mille copies de *Mike contre-attaque* étaient en circulation. En quelques mois, Moore retrouva sa notoriété nationale, mais en plus, il était désormais considéré influent sur l'ensemble de l'échiquier politique. En mai 2002, Moore changea d'éditeur pour se rendre chez Warner Books, où il signa une entente de trois millions de dollars pour écrire ses deux prochains livres. Et bientôt, le film *Bowling à Columbine* allait éclipser le succès considérable de *Mike contre-attaque*.

En mai, une rumeur entourant le film avait déjà commencé à se répandre : *Bowling à Columbine* venait d'être admis au festival de films de Cannes, qui avait accepté de faire une entorse à ses propres règlements pour permettre à un film documentaire d'être en compétition sur la Croisette, pour la première fois en plus de cinquante ans. En dépit de la présence rassurante de sa femme et de sa fille, Moore aura de la difficulté à rester maître de ses émotions et encore davantage, il va sans dire, quand le film recevra une ovation debout d'une durée de quinze minutes. Le président du jury, David Lynch, présenta le prix du 55e anniversaire de Cannes à *Bowling à Columbine* et le lendemain, le nom de Moore était dans tous les journaux français. Mais alors qu'il se retrouvait au faîte de la gloire, le moral gonflé à la puissance dix, quelque chose survint qui eut pour effet de miner grandement la célébration de son dernier succès, quelque chose qui se trouvait bien au-delà du monde de la politique, des interviews ou de la célébrité : sa mère mourut. L'élan professionnel de sa carrière, qu'il avait alimenté si soigneusement depuis des années, s'arrêta brutalement. Après avoir annulé des engagements prévus pour promouvoir son film avant sa sortie dans les salles américaines, Michael revint à la maison. À 52 ans, il redevenait l'enfant de Davison. Il passa la majeure partie de l'été avec son père, tout simplement.

Le 5 août 2002, Michael tenta d'expliquer du mieux qu'il le pût à son noyau d'admirateurs ce moment particulier de sa vie. Il écrivit simplement, et du fond du cœur :

Chers amis,

Il y a de cela quatre semaines, ma mère est décédée. Elle s'appelait Veronica Moore. Un jour, j'écrirai à son sujet. Je dirai tout ce qu'elle a représenté pour moi au cours de ma vie et aussi à quel point elle a touché la vie des gens autour d'elle. Mais aujourd'hui, je ne peux pas le faire. Le chagrin que je ressens depuis un mois s'est à peine atténué. Bien qu'elle ait vécu quatre-vingt-une magnifiques années, son départ fut soudain et inattendu. Je lui dois tout. Je suis devenu la personne que je suis à cause d'elle et de mon père, et rien de ce que je fais ou de ce que j'ai déjà accompli n'aurait pu se réaliser sans le soutien et l'amour qu'ils m'ont toujours prodigués[205].

Le mois de septembre suivant, Michael faillit ne pas assister à la première de *Bowling à Columbine* au festival du film de Toronto, mais à la fin, il décida de s'y rendre en voiture depuis Flint, accompagné de son père. Michael n'était pas du genre à laisser sa peine l'empêcher de finir ce qu'il avait entrepris. Après un accueil enthousiaste dans la métropole canadienne, il revint à New York s'affairer aux nombreuses tâches d'un cinéaste de grande renommée. *Bowling à Columbine* fut présenté et primé à de nombreux festivals : ceux du Kansas et de la ville d'Amsterdam, de Sao Paulo et de Montréal, de Bergen et de Téhéran. En sol américain, la rumeur prit du temps à prendre son envol. *Bowling à Columbine* prit officiellement l'affiche le 18 octobre dans quelques salles puis, effectua une poussée irrésistible à travers l'Amérique du Nord pour devenir le documentaire d'information le plus populaire de tous les temps. Le film totalisa des entrées en salles dépassant les soixante millions de dollars. Cette réception extrêmement positive s'explique en partie par les fortes ventes de *Mike contre-attaque*, mais aussi par le regard intéressé des Américains sur l'invasion en Irak depuis les derniers mois, un conflit qui venait de diviser le pays d'une manière sans précédent depuis la guerre du Vietnam.

Pendant que les détracteurs du point de vue de Moore contestaient les faits de son dernier film et lançaient d'innombrables sites Internet dénigrant son nom, les critiques de cinéma, eux, recevaient le documentaire favorablement, sans manquer de signaler que les faiblesses reconnues du réalisateur – sa suffisance et son absence de modestie – étaient toujours présentes. Mais pour la première fois depuis *Roger & Me*, le mot « Oscar », chuchoté du bout des lèvres, parvint aux oreilles de Moore. En janvier 2003, on annonça que *Bowling à Columbine* avait été mis en nomination dans la catégorie du meilleur documentaire. Pour une fois qu'il était libéré des contraintes exigeantes de temps imposées par la production d'une émission de télévision et sachant, aussi, que la tournée promotionnelle de son livre et de son film tirait à sa fin, Moore se donna un répit, pour la première fois en deux ans. Avant la cérémonie des Oscars, prévue en mars, il se retira à sa résidence du Michigan. En fait, il avait besoin de tout le repos possible, car ce serait son dernier arrêt de travail avant bien longtemps. Le temps qu'il retombe sur ses deux pieds, il se sentit déjà d'attaque pour la journée du mercredi 26 février 2003, le jour de son retour à la ville de Littleton. À 20 h ce soir-là, quand Moore pénétra dans l'aréna Magness du campus de l'Université de Denver, les huit mille spectateurs l'acclamèrent bruyamment. C'était bien plus qu'il n'avait jamais espéré.

Cinq jours avant la cérémonie des Oscars, les États-Unis envahirent l'Irak, en dépit de la condamnation unanime de ce geste à l'échelle planétaire (à l'exception de la Grande-Bretagne) et de la crise intérieure suscitée par cette décision qui déchirait la population américaine. Les médias se mirent à saliver en supputant ce que pourrait bien dire Moore si on lui décernait la statuette du meilleur documentaire. Quelque temps après avoir reçu le prix, Moore raconta : « L'histoire de cette cérémonie nous apprend que les documentaires grand public ne gagnent jamais… alors pour vous dire franchement, je ne pensais pas que nous avions une chance de l'emporter et je suis arrivé à la cérémonie sans avoir préparé de discours de remerciement. » Peu de temps avant l'annonce du gagnant dans la catégorie documentaire, Moore fut saisi d'un sentiment de panique du genre : « Mais si on gagne, je fais quoi alors ? » Ne sachant pas comment réagir, il se pencha vers les autres documentaristes en nomination et leur demanda s'ils accepteraient bien de monter sur scène avec lui en cas d'une victoire pour *Bowling*. Il prit soin de les aviser qu'il dirait peut-être quelques mots au sujet de Bush et de la guerre en Irak. « Ils avaient tous épinglé, au revers de leur veston, un ruban jaune représentant la paix et m'ont tous dit qu'ils seraient honorés de m'accompagner[206]. »

La comédienne Diane Lane prit la parole et lut la liste des films en nomination. Elle ouvrit l'enveloppe, soupira, sourit puis cria : « *Bowling for Columbine*, Michael Moore ! »

Tandis que la salle se levait pour l'ovationner, Moore, Glynn et les autres cinéastes se dirigèrent vers la tribune. En acceptant le prix, Moore dit : « Au nom des producteurs Kathleen Glynn et Michael Donovan, du Canada, je tiens à remercier les membres de l'Académie. J'ai invité mes collègues documentaristes mis en nomination à se joindre à moi, et nous aimerions… Ils sont avec moi par solidarité parce que nous aimons travailler en cinéma documentaire. Nous aimons ce qui n'est pas fictif et nous vivons à une époque factice. Nous vivons à une époque où nous avons des résultats d'élection factices qui nous font élire un président factice. Nous vivons à une époque où un homme nous envoie en guerre pour des raisons factices. Que ce soit à cause de l'idée factice du ruban adhésif entoilé ou à cause de l'idée factice des alertes oranges, nous nous prononçons tous contre cette guerre, M. Bush. Honte à vous, M. Bush, honte à vous ! Et si les choses sont au point où le Pape et les Dixie Chicks s'opposent à vous, c'est un signe patent que le temps est venu de vous en aller. Merci beaucoup[207]. »

Pendant son discours, illustrant clairement les humeurs de la nation, la moitié de l'assemblée se leva pour applaudir ; l'autre moitié resta assise et hua. Avant de prendre la parole, « pour un instant j'ai pensé me présenter à la tribune et me laisser tout simplement imprégner de tout cet amour, de tout cet engouement et savourer pleinement mon petit instant de gloire à la cérémonie des Oscars[208] », admit Moore plus tard. Mais il choisit plutôt de se servir du temps d'antenne mis à sa disposition pour poursuivre sa croisade anti-Bush avant de se diriger, comme le font traditionnellement tous les vainqueurs, vers la salle de presse. Encore fébrile, peut-être, et dans un élan qui révélait malgré lui ce côté dictatorial que lui ont souvent reproché ses anciens employés au fil des années, Moore vociféra un avertissement bien senti aux journalistes : « Et n'allez surtout pas dire que les avis étaient partagés dans la salle seulement parce que cinq personnes à la voix qui porte ont hué. Faites bien votre travail et dites la vérité[209]. »

Plus tard, dans un bref témoignage où Moore évoque la soirée des Oscars et que l'on peut trouver parmi les suppléments du DVD *Bowling à Columbine*, il admet avoir entendu un mélange d'applaudissements et de huées dans la salle, une cacophonie, selon lui, qui était une forme d'expression audible de la démocratie. « Ai-je bien fait d'agir ainsi ? se demanda-t-il. Je venais de faire un film sur la violence et nous en étions au cinquième jour d'une guerre que je trouvais injuste et répréhensible… Mes paroles étaient donc parfaitement en accord avec mes motivations pour faire ce film. » Il conclut par un clin d'œil à sa renommée : « À la fin de la journée, quand je me regarde dans la glace... je suis Michael Moore. Qu'aurais-je pu faire d'autre[210] ? »

Peu importe la réaction de l'assistance ce soir-là, car maintenant qu'il avait eu le privilège de se retrouver à la tribune de la 75e représentation des Oscars pour recevoir un prix pour le documentaire le plus populaire de l'histoire du cinéma, Moore venait de se hisser au-delà de la portée des attaques de la critique Pauline Kael et d'atteindre la position fort enviable de pouvoir choisir, à sa guise, tous ses prochains projets. L'époque miséreuse de la chaîne de montage cinématographique, avec ses périodes creuses de grappillage à gauche et à droite pour trouver du financement ou des pièces d'équipement, était révolue.

En guise de post-scriptum, il faut souligner qu'une séquence importante de *bowling* ne s'est jamais retrouvée dans la version finale du film. En mai 2003, peu de temps après la victoire de Moore aux Oscars, le bureau du shérif de Littleton rendit publique une cassette vidéo qui avait été confisquée dans la foulée de la tuerie de Columbine. La vidéo montre des images d'Eric Harris et Kylan Klebold en train de se pratiquer au tir, quelques semaines avant leur folie meurtrière. Leurs cibles étaient... des quilles.

CHAPITRE 9

Aux urnes, citoyens !
Fahrenheit 9/11

> *Laissez-moi vous dire ceci : aucun cinéaste*
> *n'a besoin de ce genre de controverse.*
> *Cela n'aide en rien à vendre des billets...*
> *J'ai réalisé ce film pour que les gens*
> *puissent le voir le plus tôt possible.*
> *Toute cette affaire est une perte de temps*
> *considérable et une distraction indésirable.*
>
> Michael Moore, à propos du retrait
> de la compagnie Walt Disney

Début 2004, une histoire dominait le monde des affaires et Michael Moore en était le sujet principal. Il eut beau affirmer qu'il préférait, et de loin, consacrer toutes ses énergies à faire des films, le scandale qui l'impliquait avec les films Miramax et la compagnie Disney allait entraîner dans son sillage *Fahrenheit 9/11*, son dernier film, à des cimes insoupçonnées de succès[211].

La relation d'affaires entre la compagnie Disney et les films Miramax – jadis un producteur dominant dans le domaine du cinéma indépendant – avait toujours été considérée comme une drôle d'alliance : les deux entreprises n'auraient pas pu être plus dépareillées. Miramax avait été fondé par les frères Harvey et Bob Weinstein, à la fin des années 1980. Ils commencèrent par produire des films de série B, tel le film d'épouvante *The Burning* et la comédie mafieuse *The Pope Must Die*. Mais conjuguant leur maîtrise des manœuvres de concurrence sauvage propres au milieu hollywoodien et leur amour du septième art, les deux frères propulsèrent la compagnie au sommet des maisons de production les plus respectées, dès le début des années 1990. Deux de leurs films, *True Romance* et *Pulp Fiction*, connurent un immense succès auprès du lucratif marché des jeunes cinéphiles et dès lors, la perspective d'acquérir la compagnie indépendante Miramax devint alléchante pour tous les grands studios. Mais bien des gens y regardèrent à deux fois quand ils apprirent que la compagnie la plus intéressée s'appelait Disney. Dirigée à cette époque d'une main habile par Michael Eisner, la compagnie Disney se délectait avec complaisance de profits sans précédent, suite à un retour aux avant-postes de l'animation couronné par *Le Roi Lion* et *Toy Story*. Appuyé par Disney pour le financement de ses projets et la distribution de ses films, Miramax remporta plusieurs Oscars (et empocha bien des millions) avec son nouveau genre de cinéma d'art-et-d'essai-destiné-aux-banlieusards, mais se fit semoncer pour ses films plus controversés comme *Kids*, réalisé par Larry Clark, en 1995.

Victime, en quelque sorte, de son succès, le mariage de raison entre Disney et Miramax fut dissous quelque part en 2004. Plusieurs désastres financiers avaient fait perdre de l'argent à Disney, y compris l'échec de ses tentatives de percer dans les domaines de la câblodiffusion et de l'Internet. Pendant ce temps, le duo Weinstein triomphait avec la trilogie du

Seigneur des anneaux, qui fit d'eux l'équipe de producteurs la plus puissante d'Hollywood. Alors que le divorce entre les deux entreprises se faisait de plus en plus imminent, Moore choisit bien son moment pour se retrouver au cœur de cette querelle d'amoureux puisqu'il revint chez lui avec un film doté d'un budget de six millions de dollars. Cette dispute entre les deux puissantes entreprises eut des échos qui ressemblaient aux anciens conflits de travail de Moore, avec leur dialogue de sourd à la « Lui, a dit que... Non, *lui* a dit que... » Sauf qu'au lieu de n'être qu'un sujet de conversation distrayant aux dîners détendus du samedi soir, la controverse devint le sujet de conversation le plus chaud des déjeuners d'affaires de New York à Los Angeles, avant de faire les manchettes à l'échelle du pays. Un mois après sa victoire aux Oscars, Moore annonça que son prochain projet de film exposerait les liens existant entre les familles Bush et Ben Laden. À la manière de *Main basse sur la télévision*, réalisé en 1976, Moore projetait de faire la lumière sur la collusion présumée entre les grandes entreprises américaines, les constructeurs d'armements et les médias. Moore et Glynn révélèrent au quotidien *U.S.A. Today* qu'à l'âge où plusieurs commencent à penser à leur préretraite, ils avaient contemplé l'idée de ne plus faire de films après *Bowling à Columbine* mais, avec le recul, cet aveu ressemble plutôt à de la fausse modestie. En effet, Moore venait de repousser à plus tard la réalisation de *Sicko*, un documentaire consacré au système de soins de santé américain (dont la sortie est prévue en 2006) pour faire un film qui donnerait plus d'impact à ses propos contre George W. Bush que son dernier livre, *Tous aux abris*, publié en 2003.

La croyance selon laquelle ce sont les entreprises et non les électeurs qui choisissent en fait les membres du gouvernement, à travers un réseau d'activités de financement et de lobbying, est désormais une notion acquise, pour ne pas dire une valeur collective américaine partagée par toutes les couches de la société, du Président Dwight D. Eisenhower (dont le discours de fin de mandat, en 1961, se voulait une mise en garde contre une implication futile au Vietnam et dans lequel on entendit pour la première fois l'expression « complexe militaro-industriel ») au terroriste national Timothy McVeigh. D'une certaine manière, une analyse rigoureuse des économistes et des philosophes démontre clairement que les marchés boursiers déterminent davantage les politiques gouvernementales que la volonté de l'ensemble des citoyens. Plusieurs, cependant, comme le théoricien militant Noam Chomsky, insistent pour dire qu'il ne s'agit pas là d'un « complot ». Il n'existe pas de cabinet parallèle au pouvoir administratif et législatif composé d'hommes en complets-veston qui agiraient en secret (tel que le représente la populaire série télévisée *Aux frontières du réel* avec ses histoires teintées de paranoïa). C'est plutôt le système économique et politique existant qui permet à ceux qui détiennent un pouvoir financier d'agir de la sorte, cette tendance qu'ont les personnes fortunées de se tenir avec d'autres personnes aussi fortunées qu'elles, tout en étant de connivence dans l'idée d'améliorer encore davantage leur propre sort. Pour un grand nombre des spectateurs de *Bowling à Columbine*, les subtilités de « l'analyse des systèmes » de Chomsky n'étaient peut-être pas facilement compréhensibles, mais la promesse d'en savoir un plus long sur la manipulation de l'information et les associations illicites piquait la curiosité. Depuis l'affaire du Watergate, les Américains se méfient de leurs représentants élus, et encore davantage après les résultats douteux des élections de 2000. Si bien que *Fahrenheit 9/11* ne ressemble en rien à l'idée que Moore s'en était fait initialement. Et c'est à ce qui le rend différent du projet initial que, de Cannes au Kansas, le public réagira le plus.

Mais avant même que *Fahrenheit* ne prenne forme, les problèmes de financement et de distribution qui s'y rattachaient faillirent prendre plus d'importance que le projet lui-même. Lorsque Moore annonça la production de *Fahrenheit 9/11*, en avril 2003, il ajouta du même souffle que Miramax avait accepté de financer et de distribuer le film, que le tournage allait débuter en mai de cette année-là et que la date de sortie en salle de juillet 2004 était confirmée. Qu'un documentaire prenne l'affiche durant un mois habituellement réservé aux superproductions et qu'il soit, de surcroît, produit par une filiale de Disney, donnait une bonne mesure du degré de succès que venait d'atteindre Moore.

Le tournage commença et fut sans histoire, à l'exception de la décision de Moore de ne pas se montrer à l'écran cette fois-ci. Il expliqua à des journalistes : « C'était une décision réfléchie… Le contenu était tellement solide qu'un tout petit peu de moi suffisait bien amplement[212]. » Mais cette décision fut l'objet de bien des discussions, car Harvey Weinstein insistait pour dire que les spectateurs déboursaient d'abord et avant tout pour voir Moore. Moore avait déjà souligné que sa présence à l'écran dans *Roger & Me* était fortuite puisque c'était surtout sa maladresse technique (ne sachant pas où se placer par rapport à son sujet et la position de la caméra) qui en était responsable. Par la suite, quand il s'était rendu compte que ses intervenants étaient plus à l'aise devant la caméra lorsqu'il se tenait debout à côté d'eux, il avait transformé cette marque d'incompétence en méthode de travail. « Si vous me ressembliez le moindrement, plaisanta-t-il un jour au *Stanford Daily*, seriez-vous imbu de vous-même au point d'avoir envie de vous voir projeté sur un écran de cinéma de douze mètres ? "Ah oui, je vais m'inclure dans le cadre une autre fois, j'ai tellement bonne mine, là !" Je ne peux pas supporter cette idée. C'est un affreux sentiment, tout simplement affreux. Il faudrait que vous viviez dans mon corps pour comprendre cela[213]. »

Dans la version finale de *Fahrenheit 9/11*, c'est à peine si Moore effleure l'écran au passage. Le film est construit en trois volets : les liens présumés de Bush avec Ben Laden, les répercussions du Patriot Act et la guerre en Irak (déclarée « terminée », alors que des milliers de soldats américains allaient trouver la mort au combat) telle que racontée par une mère de Flint qui pleure la perte de son fils. Pour démontrer que la plupart des membres du Congrès n'avaient pas pris soin de lire le Patriot Act avant de l'adopter, Moore monta à bord d'un camion muni d'un haut-parleur et lut la loi pour le bénéfice de tous les gens dans les environs de Capitol Hill. En comparaison avec le reste du film, cette séquence semble un relent de la période de cynisme semé à tout vent de *L'Amérique de Michael Moore*.

En février 2004, alors que le tournage de *Fahrenheit 9/11* tirait à sa fin, les frères Weinstein annoncèrent qu'ils quittaient leur poste au sein de l'entreprise qu'ils avaient fondée puis nommée d'après leurs parents, Mira et Max. Des rumeurs à l'effet d'un projet de rachat forfaitaire d'une valeur de cent millions de dollars se mirent à circuler. Le film de Moore et son histoire controversée se retrouvaient quelque part en filigrane de cette nouvelle-choc, avant de faire les manchettes. C'est au moment où *Fahrenheit 9/11* fit son entrée en compétition, au festival de films de Cannes, que la controverse éclata dans tous les médias.

Aux yeux des non-initiés, le festival de Cannes baigne dans une atmosphère d'intégrité artistique et de respectabilité, alors que c'est d'abord et avant tout une foire commerciale de très grande envergure. Des milliers de films y sont vendus. Des affaires sont conclues au passage par des producteurs qui vendent à la Hongrie les droits d'une production destinée au marché adolescent comme *Halloween : La résurrection*, en tenant un de leurs portables d'une main tout en négociant, à l'aide de leur second portable, les droits pour la câblodiffusion d'un film d'art et d'essai bien léché tel *De beaux lendemains* d'Atom Egoyan. *Fahrenheit 9/11* arriva sur la Croisette précédé par la controverse. Une semaine plus tôt, alors que les rumeurs d'une brouille menaçant l'idylle Disney/Miramax avait défrayé les manchettes, Moore s'était vu confirmer la mauvaise nouvelle par téléphone : malgré tous les efforts consentis par Miramax pour tenter de convaincre Disney, on lui annonçait que l'on ne serait pas en mesure de distribuer le film. C'est à ce stade de l'affaire que les versions relatives aux ententes de principe commencent à diverger d'une partie à l'autre. Pendant que les deux frères Weinstein s'occupaient de négocier leurs conditions de départ, les deux Mike, Eisner et Moore, se disputèrent le bénéfice du doute. Selon Moore, à peine un mois après avoir signé l'entente de distribution, Eisner avait rencontré son agent, Ari Emanuel, pour lui exprimer son profond mécontentement par rapport au projet *Fahrenheit*. Moore prétendit que la principale préoccupation d'Eisner à cette réunion était d'éviter de contrarier le gouverneur de la Floride, Jeb Bush, frère du Président et joueur clé dans le développement de la plupart des commerces du parc d'attractions de Disney et de l'attribution de ses licences d'exploitation.

« Eisner n'a jamais téléphoné à Miramax pour leur dire d'interrompre mon tournage, précisa Moore plus tard. Qui plus est, au cours de l'année suivante, SIX MILLIONS de dollars des coffres de DISNEY furent injectés dans la production de mon film. J'ai même obtenu l'assurance de Miramax qu'il n'y avait aucun problème de distribution pour mon projet[214]. »

Après la rencontre entre Eisner et l'agent de Moore, pas un mot de plus ne fut dit sur cette affaire. Mais quand *Fahrenheit 9/11* fut sélectionné pour être en compétition à Cannes, Disney dépêcha l'un de ses cadres à New York pour visionner la version finale du documentaire. C'est cette projection qui amènera Disney à retirer son appui. En guise d'explication, Eisner soutint que Moore savait déjà depuis presque un an que Miramax ne distribuerait pas le film. Eisner et Disney furent estomaqués d'apprendre que des fonds avaient été attribués à *Fahrenheit* après la rencontre d'Eisner avec l'agent de Moore. Eisner continua de prétendre que cette somme de six millions de dollars avait d'abord été dissimulée de manière comptable par Harvey Weinstein comme une avance à court terme pour d'autres productions, lui permettant ainsi de rediriger impunément l'argent à *Fahrenheit*. Weinstein en personne aurait pu mettre un terme à ce débat, mais comme il était déjà fort empêtré dans ses propres négociations avec Disney pour se sortir de Miramax, il choisit de garder le silence, sauf pour annoncer que Moore et lui rachèteraient les droits du film, moyennant un contrat de distribution à l'échelle mondiale. Si l'on considère le moment où le projet de Moore fit son apparition au sein de l'alliance d'entreprise Disney/Miramax et leur brouille subséquente, il devient possible d'imaginer que Weinstein avait prévu le coup dès le départ, autrement dit, qu'il avait décidé de se mettre Disney à dos en se servant de *leur* argent pour faire un film, tout en ayant la certitude qu'ils n'accepteraient jamais de le distribuer, et pour pouvoir le reprendre ensuite à bon compte.

Et puis, toute forme de publicité découlant de l'affaire ne pourrait pas nuire aux futures entrées en salles non plus… C'est ainsi que le 22 mai 2004, *Fahrenheit 9/11* atterrit sur les écrans du festival de Cannes sans contrat de distribution, impliqué dans une intrigue équivoque opposant deux grandes entreprises et ballotté par des rumeurs au sujet de son véritable contenu. En dépit de tous ces obstacles, *Fahrenheit 9/11* remporta la Palme d'Or, devenant ainsi le deuxième documentaire de l'histoire du festival à remporter le plus convoité de ses prix.

Des expressions telles que « ovation debout de vingt minutes » et « motivations politiques » apparurent dans les pages éditoriales et d'opinion des journaux du monde entier, ainsi que sur une multitude de sites Internet, malgré le fait qu'à peu près personne n'ait encore vu le film. Le *Village Voice* soupçonna les membres du jury du 57e festival d'avoir « affiché ouvertement leur allégeance politique ». Le président du jury, Quentin Tarentino, répliqua que c'était pour son acte de bravoure cinématographique et non pour des raisons politiques, que le jury avait décidé d'accorder la plus haute distinction à Moore. De mauvaises langues auraient pu laisser entendre facétieusement qu'il s'agissait d'une conspiration de Détroit (Tarantino y avait vécu dans sa jeune vingtaine), mais en y regardant de plus près, le jugement de Tarentino semble juste.

Après avoir reçu son prix, Moore déclara péremptoirement que son film trouverait preneur en moins de vingt-quatre heures. Mais ses exigences habituelles, avec leurs règles strictes, refroidirent un peu l'intérêt des distributeurs potentiels. Moore voulait que la date de sortie en salles de juillet 2004 soit garantie, que la date de sortie du film pour le marché de la vidéo en novembre soit garantie, et qu'une « journée de location gratuite » dans les magasins vidéo durant le mois de novembre soit garantie. Toutes ces dates, bien entendu, coïncidaient avec les primaires présidentielles américaines et la tenue des élections générales. Voilà le moyen qu'avait trouvé Moore pour transformer le film le plus populaire de l'année en un outil de militantisme pour l'électorat. En bout de ligne, certaines de ses exigences, mais pas toutes, furent acceptées.

Pendant son séjour à Cannes, Moore rencontra un autre cinéaste engagé, George Gittoes, l'un des artistes les plus respectés d'Australie. Gittoes exprima son étonnement de voir des séquences tirées de son propre film se retrouver au cœur de *Fahrenheit 9/11*. La démarche artistique de Gittoes, comme celle de Moore, le relègue dans une zone grise située quelque part entre l'art et le militantisme ; il cherche ses sujets en parcourant la planète jusque dans les coins les plus déchirés par des conflits armés. Pendant ses visites en Irak, Gittoes avait réalisé un documentaire unique en son genre, évocateur et bouleversant, *Soundtrack To War*. Ayant constaté, au cours de sa démarche, que la plupart des soldats de l'armée américaine étaient âgés entre dix-huit et vingt-deux ans, donc, à un moment de leur existence où la musique joue un rôle important dans leur quête d'identité, Gittoes leur demanda de s'exprimer sur la place de la musique dans leur vie. Il découvrit alors que tous les véhicules de l'armée et tous les systèmes de communication étaient munis d'un branchement pour faire jouer de la musique. Quand les bombes éclataient autour des soldats, de la musique hip-hop gangsta et du rock métal galvanisaient leur esprit combatif. C'est seulement cette partie que nous voyons dans *Fahrenheit 9/11*, car le facteur humain, que voulait montrer Gettoes, fut occulté : les militaires qui écoutent de la musique entre deux missions, les sessions improvisées de rap pour tenter d'atténuer l'interminable et

ennuyeuse attente entre deux sorties éclairs absolument terri-
fiantes, en bref, tout le lot quotidien du soldat en temps de
guerre. « Ici, la musique est plus importante pour nous que la
nourriture », confiera l'un des jeunes soldats à Gittoes.

Gittoes prétend que « à peu près dix-sept séquences de
[son] documentaire se retrouvent dans son film. Je n'irais pas
jusqu'à dire qu'il me [les] a piquées. Michael a eu accès à mon
matériel et a présumé que je serais content qu'il se retrouve
dans 9/11. En fait, j'aurais été bien content qu'il ne se retrouve *pas* dans 9/11[215]. » Le réalisateur australien avait vendu
les séquences de son film à une compagnie qui s'appelait
Westside Productions. Il ne pouvait donc pas savoir qu'elles
seraient utilisées dans un film de Michael Moore. Son agace-
ment par rapport au traitement réservé à ses images transpa-
raît dans une entrevue accordée à un journal australien, alors
qu'il y va d'un compliment équivoque lorsqu'il affirme se
réjouir à l'idée que des gens auront l'occasion de voir les séquences qu'il a tournées, même si « mon film est meilleur que
le sien ». L'entrevue se termine par une affirmation de Gittoes
à l'effet qu'il laisserait les choses aller. Mais pour illustrer à
quel point les tensions étaient déjà vives dès la sortie du film,
lorsque les commentaires de Gittoes se répandirent sur Internet, Moore fut attaqué de partout : l'histoire initiale fut tellement déformée qu'à la fin on accusa Moore d'avoir carrément
volé les séquences du film de Gittoes sans l'avoir payé.

Dans une interview qu'il accorda en 2005 au magazine
cinématographique australien *Filmink*, Gittoes expliqua les
raisons de son silence par rapport à l'utilisation de ses extraits
dans 9/11 : « C'est un sujet délicat que je ne peux pas aborder,
car j'ai signé une entente juridique avec Michael qui stipule
que je n'en parlerais pas... tellement de gens voulaient cruci-
fier Michael Moore à l'approche des élections que je ne voulais

pas jeter de l'huile sur le feu. Alors je ne pouvais certainement pas sortir mon film en salles en même temps que le sien... J'aurais bien aimé que mon documentaire soit présenté au cinéma, mais il a été totalement éclipsé par *Fahrenheit 9/11*[216]. »

Tel que Moore l'avait promis, *Fahrenheit 9/11* s'ouvre par une polémique à l'endroit de l'administration de George W. Bush. Les images qui montrent les membres du cabinet se préparer à donner des points de presse sont à la fois sombres et prophétiques. Quelques instants, à peine, avant de déclarer officiellement que les États-Unis allaient entrer en guerre contre l'Irak, le président Bush, tel que le décrit Moore au *New York Times*, lançait des blagues comme un jeune écolier espiègle. Du point de vue cinématographique, cette première partie du documentaire est un échec. Brosser le tableau politique et financier des dernières décennies à l'échelle internationale en moins de quarante minutes était nécessaire pour permettre à Moore de développer sa thèse, mais cela ne fait que dévoiler ses faiblesses en tant que cinéaste. Moore est à son meilleur en tant que polémiste, pas comme journaliste. Bien qu'il n'ait jamais prétendu ouvertement être un journaliste, ce qui dérange beaucoup ses détracteurs sont ses allusions fréquentes à l'effet qu'il en est un : il affirme souvent que si les journalistes faisaient bien leur travail, il n'aurait pas à faire le sien. Mais alors, si cela était vrai, comment qualifierait-il *son* travail ?

Au cours des dernières années, les liens entre l'empire Bush et le monde méconnu des pays producteurs de pétrole ont souvent été analysés en détail, tant par les médias dits sérieux que par ceux qui vérifient les faits avec indolence. Les « faits » qui sont détaillés dans cette partie du film ont fait l'objet de tellement de discussions enflammées entre les experts que les débats faillirent détourner l'attention des spectateurs. Ce qui suit cette première partie du film n'a pas fait l'objet d'autant de débats. Le contenu y est tout à fait différent.

La plus grande force de Moore en tant que cinéaste est son talent de vulgarisateur. Il parvient, dans ses films, à chercher puis à démontrer de quelles façons le monde politique et le monde financier influencent notre vie de tous les jours. *Fahrenheit 9/11* prend véritablement son envol à partir du moment où Moore se déleste de Bush en tant qu'objet d'attention, car dans son film, le président ressemble davantage à une entité abstraite qu'à un individu. Lorsque Moore tourne son film vers la réalité de l'Irak – le sang, la mort et la destruction – il délaisse son discours partisan et son film devient un appel pressant au respect le plus élémentaire de la vie humaine. Puis le film revient en sol américain pour suivre les traces de deux agents de recrutement, dont le travail consiste à se rendre dans les secteurs les plus pauvres où la majorité des gens ne sont pas blancs, sans en faire grand cas, pour y trouver des soldats potentiels. Leurs lieux de prédilection sont les centres commerciaux décrépits où ils déambulent, avec leur allure involontaire de vampire et de détective amateur. Si l'impact émotif le plus puissant de *Roger & Me* avait été la rencontre avec la dame aux lapins, c'est une autre femme de Flint qui cause celui de *Fahrenheit 9/11*. Durant le temps qu'il fallut pour faire ce film, Lila Lipscomb, une Américaine à l'âme patriotique, perdit son fils à la guerre en Irak. À l'occasion d'un déplacement à Washington, la capitale fédérale, pour obtenir des explications, elle fait la rencontre d'une Irakienne pleurant, comme elle, la mort de son enfant. Ce face à face imprévu devint la scène la plus bouleversante du film et aussi, assez curieusement, la moins manipulatrice de toutes. Des extraits sonores ou des politiques, tant de gauche que de droite, ne pourront jamais écarter les larmes et les questions d'une mère, et toutes les réponses fournies ne pourront jamais suffire non plus à atténuer le sentiment de perte et de douleur incommensurable éprouvé par une mère qui vient d'enterrer son enfant. À la sortie du film aux États-Unis, le *New York Times* commentera : « M. Bush n'est certainement pas dans l'obligation de réfuter les attaques de M. Moore, mais il a certainement des comptes à rendre à Mme Lipscomb[217]. »

Si les révélations-chocs de Moore à l'endroit de Bush pouvaient faire l'objet de débats et être soupesées à satiété par toutes sortes d'analystes, c'est le dénouement du film qui assène le coup le plus fort et qui fit qu'un nombre record de spectateurs affluèrent aux salles de cinéma. En deux ou trois séquences, Moore était parvenu à décoder et exprimer exactement les sentiments de colère et d'impuissance ressentis par les Américains. Maintenant que le film avait trouvé un distributeur et était projeté sur des centaines d'écrans à travers les États-Unis, le *Village Voice* changea de discours à son sujet. Loin de sa réaction à chaud, peu après l'attribution de la Palme d'Or, l'hebdomadaire new-yorkais révisa à la hausse son estime pour le documentaire de Moore : « Le film ne sera sans doute pas reconnu dans les annales du cinéma pour sa subtilité, mais d'un autre côté, il condamne avec conviction la propension au mensonge du gouvernement Bush, dans une séquence finale qui est d'une qualité troublante et émouvante. De toute manière, la moindre subtilité, en ce qui a trait à la politique américaine, a autant de chance d'attirer l'attention des gens qu'un homme endormi dans une pièce remplie de cadavres encore chauds. Moore sera toujours Moore, et nous lui en savons gré[218]. »

Le *New York Times*, lui, ne se gênera pas pour souligner les faiblesses du film, mais incitera quand même les spectateurs de toutes allégeances politiques à se rendre au cinéma voir *Fahrenheit 9/11* : « Il se pourrait bien que ce soit le manque de clarté dans l'exposition des faits qui fasse du documentaire de M. Moore un témoin essentiel et authentique de notre temps. Le film de Moore peut être vu comme une tentative d'arriver à donner du sens à la colère, au désarroi et au traumatisme ressentis par la majorité, et si certains éléments de son approche peuvent paraître exagérés, irréfléchis ou confus, et bien, ce n'est là qu'un reflet de l'humeur qui prévaut en ce moment partout dans le pays[219]. » Le journaliste du *Times*, A.O. Scott poursuit : « Si *Fahrenheit 9/11* ne faisait que montrer des têtes parlantes et quelques images furtives et peu flatteuses de personnalités publiques, ce film n'aurait été qu'un vibrant appel aux armes ou une provocation irresponsable, selon nos allégeances, et ne serait jamais parvenu à nous convaincre de remettre en cause notre perception du monde politique[220]. » Et Scott recommandait à tous d'aller voir ce film, quelles que soient leurs convictions politiques.

Même un opposant du temps de *Roger & Me*, l'ancien rédacteur en chef du magazine *Film Comment*, Harlan Jacobson, admit, dans *U.S.A. Today*, que *Fahrenheit 9/11* était une œuvre puissante, mais il ne put résister à la tentation d'ajouter une pointe au sujet de la personnalité ambitieuse de Moore : « C'est une chose d'avoir un point de vue politique engagé, mais c'en est une tout autre de profiter d'autrui en recourant à des tactiques douteuses et de se moquer des gens tout en se proclamant un homme du peuple[221]. » Moore faisait donc face aux mêmes critiques qu'auparavant, mais comme le dit si bien l'expression du monde des médias : même une couverture médiatique négative est préférable à l'absence de couverture médiatique. Ainsi, les dénonciations contre Moore elles-mêmes faisaient circuler son nom d'un bout à l'autre du pays.

Après plusieurs semaines de tension vécues depuis le festival de Cannes, à cause de l'imbroglio avec Disney, Moore put enfin pousser un soupir de soulagement. Une compagnie canadienne, Lions Gate Films, annonça qu'elle s'occuperait de la distribution internationale de *Fahrenheit 9/11*. Cette compagnie était la même qui venait de soulager Miramax du navet indésirable réalisé par Kevin Smith, *Dogma*. Aux États-Unis, la sortie en salle de *Fahrenheit 9/11* serait assumée par la compagnie de distribution Independant Film Channel. Précédé par les problèmes de distribution étalés à la *une* des journaux, sa victoire inattendue à Cannes et les combats qui faisaient rage en Irak, *Fahrenheit 9/11* prit l'affiche, comme prévu, le 23 juin. Au cours de son premier week-end, le documentaire encaissa vingt-quatre millions de dollars, se hissant au premier rang en Amérique du Nord.

Pour mesurer le chemin parcouru par Michael Moore en treize ans, il suffit de regarder la différence entre la première de *Fahrenheit 9/11* et celle du son premier film, *Roger & Me*. La première de son plus récent documentaire attira des célébrités hollywoodiennes de gauche bien en vue ainsi que quelques vedettes rock, pour faire bon effet. Dans les pages du cahier culturel du *Times*, on mentionna que le comédien Leonardo DiCaprio avait été aperçu à la première du film. Nombre de tapis rouges furent déroulés pour les invités de marque à New York et Washington (lieu officiel de la première mondiale). La moitié de ces célébrités étaient issues du parti démocrate, la plupart conviés par Moore lui-même. À la première new-yorkaise de *Roger & Me*, treize ans auparavant, un buffet kitsch de haricots et de saucissons fumés avait été offert aux convives, au grand déplaisir de Glynn. La grande « Première mondiale sur invitation », elle, s'était déroulée dans un multiplexe à l'extérieur de Flint en présence de célébrités locales comme Ben Hamper, alias Tête-de-rivet. Moore, lui, se présenta à ces deux premières mondiales diamétralement opposées vêtu de la même manière : en jeans et coiffé d'une casquette de baseball. Ce qui avait véritablement changé entre les deux événements se laisse voir dans les propos de la chroniqueuse du *Times*, Joyce Wadler : « Je dois admettre que nous nous sommes fait du souci pour M. Moore. Cet homme, normalement d'un abord facile, portant son habituel veston ample et défraîchi et sa casquette verte de l'Université de l'État du Michigan, était escorté par une attachée de presse zélée et de petite taille qui s'occupait de refouler les journalistes, alors qu'il se précipitait pour entrer dans la salle[222]. »

À mesure que le film prenait l'affiche dans un nombre croissant de salles, *Fahrenheit 9/11* passa du statut de « film » à celui de « phénomène », jouant à guichets fermés pendant plusieurs jours consécutifs. En Amérique du Nord, le film fut projeté sur deux mille écrans et récolta des recettes de deux cent vingt-deux millions de dollars à travers le monde. Sur le territoire américain, deux réseaux de distribution, seulement, refusèrent de le présenter. Mais le petit nombre de salles de cinéma qu'ils desservaient dans les villes du Nebraska, de l'Iowa, ainsi que sur le lieu de prédilection des ralliements politiques de l'Illinois, n'était certes pas de taille à concurrencer avec le film le plus populaire de l'été présenté sur deux mille autres écrans. Comme pour tous les films dont la notoriété partait en orbite, *Fahrenheit 9/11* devint immunisé contre toute forme de critique, un peu de la même manière que l'on ne reprocha jamais leur piètre performance aux comédiens de *La guerre des étoiles*. Entre temps, tout le pays et de nombreux experts attendaient impatiemment qu'une critique en particulier s'exprime au sujet du film de l'heure : la Maison-Blanche. Moore se para contre toute attaque. Après les succès de *Bowling à Columbine*, il pouvait maintenant se permettre d'avoir en place tout le personnel nécessaire pour affronter le Président des États-Unis qui était, ironiquement, le cousin germain du réalisateur de *Blood in the Face*, Kevin Rafferty, mentor de Moore au début de sa carrière de documentariste. Durant le montage du film, Moore avait constitué une équipe chargée de vérifier tous les faits. Il implanta un « centre de crise » pour riposter immédiatement, advenant une remise en question de l'authenticité de certains passages de *Fahrenheit* par des groupements conservateurs. L'équipe de Moore comptait dans ses rangs Chris Lehane, stratège au sein du parti démocrate, une équipe de vérificateurs de faits, anciennement du *New Yorker*, ainsi qu'une escouade d'avocats consultants spécialisés en litiges diffamatoires. En faisant preuve, pour une rare fois, d'une totale absence d'humour, Moore déclara : « Nous voulons que la nouvelle se répande : toute tentative de diffamation à mon égard sera immédiatement contrée[223]. »

Moore voulait que son film soit un élément déclencheur pour tous les électeurs insatisfaits et qu'il puisse, à défaut de les motiver à se rendre aux urnes, au moins leur faire constater l'importance de leur rôle sur l'échiquier politique. Aux bureaux de la Présidence, on émit un communiqué laconique du directeur des communications de la Maison-Blanche, Dan Bartlett, à l'effet que le film était « scandaleusement faux ». Mais quand des journalistes demandèrent à la Première dame, Laura Bush, si elle avait vu le documentaire, elle leur répondit candidement : « D'après vous[224] ? » Le film fut moins traité à la légère quand l'accession de Bush à un deuxième mandat fut mise en péril par le candidat démocrate John Kerry. Sondage après sondage, les résultats montraient que la majorité des Américains désapprouvaient la présence militaire en Irak et que dans les intentions de vote, Bush ne menait que par une mince marge de 2 % sur Kerry, son opposant. Quand l'équipe Bush se rendit compte qu'elle devrait travailler fort pour faire réélire le président, le film de Moore devint pour elle, non seulement une épine au pied, mais une menace qui risquait sérieusement de changer la donne. À travers le pays, plusieurs associations de Républicains firent des pressions pour faire cesser la projection du film car, selon David Bossie, de *Citizens United* : « Moore a déclaré publiquement que son but était d'avoir un impact sur cette élection » et ceci, prétendit-il, violait les lois électorales fédérales[225]. En bout de ligne, la Maison-Blanche se désista sagement des pouvoirs fédéraux qui lui auraient permis de contester le film.

Il semble, par contre, que ce furent plutôt les réseaux de télévision qui se chargèrent de ce travail de tâcheron. Pendant que le public attendait la réaction de Fox, présenté sous un jour peu favorable dans le film, pour employer un euphémisme, le réseau demeurait muet. Sa revendication la plus grave était à l'effet que Moore ne lui avait pas accordé d'interview. Les réseaux ABC et NBC montèrent au front contre *Fahrenheit* en ayant recours à l'arsenal habituel d'arguments anti-Moore. ABC sous-titra l'écran de ses émissions *Good Morning America* et *World News Tonight* d'une bannière intitulée « Mensonge ou vérité ? », tandis que le bulletin *Nightly News*, de NBC, apposa l'étiquette : « Un reportage de notre escouade-vérité », à la couverture du film par son équipe de reporters. À l'émission *This Week*, d'ABC, Moore répondit aux questions et aux attaques de George Stephanopoulos, mais le réseau ne rediffusa pas ses réponses à l'émission matinale de nouvelles *Good Morning America*. Par contre, on put y entendre un extrait de Richard Clark, l'ancien conseiller pour la sécurité responsable d'avoir autorisé, selon Moore, le départ en avion des Ben Laden du territoire américain, après les attentats du 11 septembre. Un relationniste de *Good Morning America* prétendit par la suite qu'un droit de réplique avait été accordé à Moore pour lui permettre de défendre son film, mais Moore n'est pas le seul à croire qu'il n'en est rien.

« Remarquez qu'aucun des faits soulevés dans *Fahrenheit 9/11* n'a été contesté », écrivit Richard Goldstein, du *Village Voice*. Ce que remettent en question ABC et NBC est plutôt l'extrapolation et l'interprétation de l'information que fait Moore ; autrement dit, son angle d'approche. Mais en se servant d'expressions tendancieuses, telles "escouades de la vérité" et "mensonge ou vérité" et en occultant les réponses de Moore aux questions clefs, ces réseaux se rendent coupables de cela même qu'ils l'accusent de commettre. J'aurais tendance à croire que ce genre de détournement de la vérité est bien plus insidieux dans le contexte d'un bulletin de nouvelles que dans le cadre d'un film aux opinions clairement énoncées. » Goldstein émit la supposition que ABC et NBC avaient tous deux de bonnes raisons de vouloir nuire au film de Moore, NBC étant la propriété de General Electric, un entrepreneur important du ministère de la Défense, et ABC appartenant à Disney, une entreprise floridienne dont le bon fonctionnement dépend des mesures législatives entérinées par le gouverneur de l'État et frère du Président, Jeb Bush[226].

Goldstein souligna le succès de *Fahrenheit 9/11* au box-office en dépit des attaques médiatiques et en tira la conclusion qu'il démontrait la volonté du peuple américain de se faire une opinion par lui-même. Par opposition, les réseaux CNN et CBS demeurèrent neutres, se contentant de résumer les forces et les faiblesses de ce film qui échauffait tous les esprits. Toujours dans le même article du *Village Voice*, Goldstein écrivit, en guise de conclusion : « S'il s'avérait que ce film crée un impact sur les élections de cet automne, nous aurons appris que le pouvoir des médias de façonner notre perception est limité. J'espère que *Fahrenheit 9/11* confirmera ma conviction que même si les médias déforment la réalité, c'est nous, en définitive, qui décidons[227]. »

Tous s'entendent sur une chose : *Fahrenheit 9/11* a été une arme à deux tranchants pour le parti démocrate. Alors que l'année électorale tirait à sa fin, Moore n'était toujours pas inscrit comme membre du parti démocrate. De fait, il avait même appuyé ouvertement Ralph Nader durant les élections de l'année 2000 (avant que leur relation ne se détériore à nouveau). Déjà en 1999, Moore avait accusé John Kerry « d'être un milliardaire qui veut acheter la présidence ». Le camp Kerry demeura ambivalent et silencieux. Un conseiller senior de la campagne Kerry affirma que les troupes du candidat à la présidence ne voulaient même pas reconnaître l'existence du film, de peur que « tout ce bagage importun qui traîne à la suite de Michael Moore nous colle à la peau[228] ».

Si Moore avait voulu que *Fahrenheit* soit un film partisan, dont le but premier serait de contribuer à une victoire des démocrates aux élections, lui et ledit parti s'y prenaient d'une bien drôle de façon. La véritable intention de Moore était d'impliquer la population dans un processus politique, dont elle s'était détachée depuis fort longtemps et dont elle acceptait les failles avec autant de résignation qu'un spectateur confronté à la prévisibilité ennuyeuse de la programmation télévisée du vendredi soir. L'ingéniosité contestable de Moore aura été de s'être servi des mêmes techniques accrocheuses et racoleuses des émissions du vendredi soir pour faire de *Fahrenheit 9/11* une réussite à la fois splendide et troublante. Mais il n'en demeure pas moins possible que lors des élections de 2004, Moore ait contribué à faire voter le plus grand nombre de citoyens depuis 1968.

D'aucuns pourraient souligner que 1968 avait été l'année la plus intense de la guerre du Vietnam et qu'en pareilles circonstances, il était normal que la population soit plus politisée. Mais s'il fallait accorder la moindre crédibilité à la notion de l'administration Bush, selon laquelle la guerre en Irak n'a jamais existé, alors nous n'aurions guère d'autre choix que d'assumer que ce fut le film « scandaleusement faux » de Moore qui fit sortir le vote en si grand nombre. Voilà bien une bévue digne de George W. Bush.

CONCLUSION
Citizen Moore

F. Scott Fitzgerald fit la remarque, un jour : « La vie des Américains ne comporte qu'un seul acte. » Cette observation de Fitzgerald est particulièrement juste si l'on tient compte de sa carrière, qui fut de brève durée, mais si ces paroles pouvaient s'appliquer à l'ensemble des destinées américaines, rédiger la biographie d'individus contemporains serait beaucoup moins difficile. La vie de Michael Moore comportait déjà plusieurs actes : journaliste, écrivain et réalisateur. Mais dans l'année qui suivit la distribution de *Fahrenheit 9/11*, il foula la scène la plus insolite pour lui à ce jour : la politique.

Le chef-d'œuvre cinématographique *Citizen Kane*, d'Orson Welles – pour faire allusion à l'histoire fictive d'un journaliste qui deviendra lui aussi, à son tour, populiste – est reconnu pour être une biographie romancée du premier magnat de la presse, William Randolph Hearst. Depuis ce film, on a souvent eu recours à l'usage du préfixe « *Citizen* » pour donner une idée plus imagée de l'importance des Ted Turner et Conrad Black de ce monde. Mais *a posteriori*, le scénario de Welles parle plutôt des idéaux du personnage principal, ceux qu'il défend et ceux qui lui échappent. Dans ce film, le protagoniste Charles Foster Kane fonde son empire de presse sur la prémisse que « le peuple » désire connaître la vérité. À la stupéfaction de son entourage et de ses propres associés cupides, Kane s'engage alors à dire « au peuple » la vérité. Mais pour parvenir à ses fins, le magnat fait preuve d'un populisme relâché. Dans ses journaux, des manchettes alarmistes chapeautent des articles qui manquent de nuances et qui contournent les enjeux complexes. Lorsque cette formule s'avère gagnante auprès des masses, le statut de Kane prend davantage d'ampleur. Bientôt, il se verra comme l'unique détenteur de la vérité, un héros du peuple tout à fait mûr pour faire son entrée sur la scène politique.

Citizen Kane a peut-être été aussi le premier film à faire un rapprochement entre le journalisme et le divertissement, deux mondes à la frontière parfois nébuleuse, que Moore avait enjambée allègrement dès la fin de son adolescence. Cette transgression des frontières fut la source de ses plus grands succès, mais pour ses critiques, elle explique aussi ses plus grands défauts. Dans nos sociétés démocratiques, on accorde le même statut privilégié aux journalistes qu'aux prêtres catholiques et aux psychiatres – du moins, en théorie – puisque leurs sources jouissent d'une protection qui les place à l'abri d'un recours par l'État. Les artistes, par contre, sont toujours tenus de respecter les limites imposées par la société ou la culture dans laquelle ils évoluent. Parfois, les artistes peuvent tester les frontières acceptables de ces limites, comme dans les sketches politiques de *Saturday Night Live*, et s'en tirer avec brio. D'autres encore, comme Lenny Bruce, qui était un peu trop en avance sur son époque, ont transgressé les limites de ce qui était jugé acceptable et en subirent les conséquences tragiques. À la fin des années 1990, au moment où la carrière de Moore commençait à prendre son envol, c'est en s'inspirant des modèles populaires de divertissement qu'il transmettait l'essentiel de ses propos journalistiques, consternant ses compagnons d'armes de la gauche.

L'un des premiers effets d'entraînement du succès de *Bowling à Columbine* et de *Fahrenheit 9/11* fut d'insuffler un regain de popularité au genre du documentaire politique. *Control Room* de Jehane Noujaim, par exemple, jeta un regard incisif et percutant sur les coulisses de la chaîne de télévision arabe, Al Jazeera. Un an après la victoire de Moore aux Oscars, le prix du meilleur documentaire fut décerné à Errol Morris pour *The Fog of War*, un film qui réexaminait l'implication des États-Unis durant la guerre du Vietnam, telle que racontée par l'ancien Secrétaire américain de la défense, Robert S. McNamara. Mais après le grand succès de *Fahrenheit 9/11*, alors qu'il entame ce qu'il conviendrait d'appeler sa phase *Citizen Kane*, Moore est bien loin d'avoir envie de profiter de l'engouement suscité par son dernier film pour en réaliser immédiatement un autre. Dès la sortie en salle de *Fahrenheit*, Moore publia *The Official Fahrenheit 9/11 Reader*, un recueil regroupant le scénario, des coupures de presse, mais surtout des citations et du matériel de référence pour appuyer toutes les affirmations du film concernant George W. Bush. Ce livre était l'équivalent d'une réponse, longue de trois cent soixante-trois pages, aux innombrables critiques formulées par les grands médias et des sites Internet parfois cinglés qui avaient consacré un temps fou à éplucher le contenu de son film pour en critiquer les moindres nuances sémantiques.

Une autre manière pour Moore de répliquer aux critiques fut de consacrer une bonne partie de ses énergies à « s'assurer que le plus grand nombre possible de personnes aille voir ce film ». Le réalisateur de *Fahrenheit* mit sur pied sa tournée de « l'insurrection des insoumis » et sillonna « le géant » encore une fois. Son objectif était d'amener le groupe d'électeurs le plus apathique de la scène politique américaine à exercer son droit de vote, c'est-à-dire les jeunes situés dans la tranche des 18-24 ans. L'expression « les insoumis » était sortie du vocabulaire courant depuis plus d'une décennie et pour ceux qui n'avaient que quatre ans, lorsque le film du même nom réalisé par Richard Linklater était sorti en 1991, le terme avait peut-être un certain charme vieillot. La tournée des Insoumis se mit en branle en même temps qu'un vent de ferveur politique secouait les États-Unis. Avec tout ce qui s'était passé dans le monde depuis le 11 septembre, les citoyens américains s'intéressaient aux affaires courantes de leur pays comme jamais auparavant, dans une proportion qui se traduisit par une participation record à l'élection du mardi 2 novembre 2004.

Pendant sa tournée, Moore fit publier un autre livre, *Vont-ils encore nous croire?* Le titre provenait du dernier bout de narration de *Fahrenheit 9/11* et faisait référence au nombre disproportionné des membres des forces armées qui proviennent des milieux les plus défavorisés des États-Unis. Même pour les plus fervents admirateurs de Moore, l'idée de rassembler des lettres de soutien et de contestation écrites par des soldats postés en Irak laissa planer l'impression que le réalisateur était en panne d'inspiration. Pour ses détracteurs, en cette année où les occasions de le contester n'avaient pas manqué, la goutte qui fit déborder le vase fut la photo de Moore en première de couverture, tenant dans ses deux grosses mains entrouvertes (évoquant soit la publicité de l'assureur Allstate, soit une brochure des Témoins de Jéhovah) une version réduite d'un drapeau funèbre américain plié triangulairement. Après une seule semaine de ventes prometteuses, le livre disparut aussitôt de la liste des dix ouvrages les plus vendus.

Et Bush remporta l'élection. Mais jamais depuis la victoire de Woodrow Wilson en 1916, un président en fonction n'avait été réélu par une marge aussi mince. Plusieurs analystes soulignèrent que la victoire de Bush n'était pas imputable à une croissance du taux de satisfaction (bien au contraire, semaine après semaine, le rapatriement de soldats tombés au combat en Irak faisait chuter sa popularité dans les sondages), mais à la faiblesse politique de son adversaire. En début de campagne, après quelques sorties qui laissaient présager le meilleur, Kerry démontra assez vite qu'il n'était pas « le prochain Kennedy », mais bien un politicien de carrière semblable à la plupart des autres mercenaires idéalistes issus de Capitol Hill. Jamais durant la campagne électorale, Moore ou Kerry n'osèrent aborder la question de l'appui de Moore au parti démocrate ou, en fait, de l'absence d'appui de Moore à Kerry. Avec sa tournée des Insoumis, Moore passa des mois sur la route pour tenter par tous les moyens de lutter contre la réélection de Bush, mais sans jamais proposer de solution de rechange. Pour bien des citoyens, dans le contexte électoral américain d'un système à deux partis (ayant des chances réalistes de l'emporter), le sens de ce silence volontaire était difficile à saisir. Ce n'est qu'à la toute fin que Moore donna son appui à Kerry, implorant ses admirateurs de « passer les dernières vingt-quatre heures de la campagne à convaincre tous les membres de votre entourage d'aller voter pour John Kerry ». Il pressa les républicains de « donner la chance au coureur » et dit à ses amis de la gauche : « Bon, soit. Kerry n'incarne pas votre idéal. Et vous avez raison. Il ne vous ressemble en rien ! Et à moi non plus. Mais nos noms n'apparaissent pas sur le bulletin de vote, seul le nom de Kerry y est[229] ».

Dans un article du *New York Times* publié après les élections, le réalisateur du film *The Fog of War*, Errol Morris, affirma : « L'ordre du jour des esprits libéraux pourrait se résumer à une seule idée – en fait, tous les ordres du jour le pourraient – celle qui dit "j'ai raison, vous avez tort". Durant la campagne, j'étais très préoccupé en constatant que la plupart des arguments qui émergeaient de la gauche ou de la part des Démocrates ne faisaient que s'adresser à des fidèles déjà convertis. Parfois, je considère que *Fahrenheit 9/11* a jeté les bases d'un mouvement analogue à une espèce d'Église laïque. Pour le prix d'un billet de cinéma, les membres de cette congrégation pouvaient se réunir dans une même salle et admonester collectivement Bush, l'incroyant[230]. » Au cours de 2004, les libéraux proposèrent plus de bons documentaires que de candidats. En termes strictement cinématographiques, le comédien George W. Bush, formé à l'atelier de la méthode, brilla dans des douzaines de documentaires dans son rôle de la brute, tandis que Kerry, le « héros de service » dont le visage en gros plan apparut peu souvent sur le grand écran, se contenta de donner la plupart de ses répliques hors champ. Le nombre de spectateurs venus entendre Moore au cours de sa tournée des Insoumis, plus celui de ceux qui furent comptabilisés par le box-office, donna l'impression que Moore aurait eu de meilleures chances de battre le Président que le véritable adversaire démocrate de George W. Bush.

Mais Moore ne pouvait tout simplement pas se mettre à valider l'existence d'un système à deux partis, en donnant son appui à un candidat après s'être battu si longtemps contre ce principe. Le soir des élections mit d'une étrange manière un terme à une année où l'influence de Moore au sein de l'opinion publique avait été remarquable. Le lecteur se souviendra peut-être que Moore avait laissé entendre qu'il avait songé à se retirer du cinéma après *Bowling à Columbine*. Cette période avait été très éprouvante pour Moore. Au moment même où il était encensé par la critique, acclamé par les masses et qu'il parvenait enfin à gagner très bien sa vie, il avait été affligé par le chagrin de perdre sa mère. Le grand succès de *Fahrenheit 9/11* poussa Moore à changer de nouveau son approche. Il ne s'agissait plus de se servir d'un écran de cinéma, comme depuis ses débuts avec *Roger & Me*, mais de revenir au niveau de la base populaire, comme à l'époque de ses engagements au conseil scolaire de Flint et au centre de services communautaires de Lapeer Road. Ce retour en arrière, pour ainsi dire, constitua un aveu des limites imposées par son approche radicale (et cynique, selon ses confrères de la gauche, en désaccord avec sa démarche). Moore a le pouvoir d'inspirer, la capacité d'exaspérer, de soupeser, d'impressionner et de divertir, mais il est incapable de se convaincre que le système politique en place est efficace. Son appui de la toute dernière heure à John Kerry ressemblait davantage à un réflexe de panique tout à fait humain qu'à un geste calculé froidement.

Grâce aux efforts soutenus de Moore et aussi à cause d'un climat social chauffé à blanc par toute la colère et le scepticisme accumulés depuis le 11 septembre 2001, de remarquables résultats furent atteints : un nombre record de jeunes Américains se rendit voter. Le *Boston Globe* rapporta « qu'en dépit des longues files d'attente et des irrégularités commises lors de l'enregistrement des citoyens éligibles à voter, le pourcentage des électeurs de moins de 30 ans fut le plus élevé depuis 1972[231] ». Mieux encore, pour citer Moore, « quelque chose d'historique s'est produit [au cours de l'aprèsmidi du jeudi 6 janvier 2005]. Pour la première fois depuis 1877, un membre de la Chambre des représentants et un membre du Sénat se sont levés conjointement pour s'objecter au déroulement du vote des grands électeurs d'un État... À cette occasion, la sénatrice de la Californie, Barbara Boxer, s'est présentée avec la représentante de l'Ohio, Stephanie Tubbs Jones, et trente autres membres de la Chambre des représentants « pour faire toute la lumière sur un système déficient dont le fonctionnement doit être revu immédiatement[232] ». Bush venait de remporter l'élection, mais c'était le nom de Michael Moore qui résonnait le plus dans l'enceinte du Sénat américain. La représentante Maxine Waters alla même jusqu'à dédier son objection au vote collégial à « M. Michael Moore, producteur du documentaire *Fahrenheit 9/11* » et le remercia d'avoir « instruit la population des menaces à notre démocratie et des procédures de cette chambre lors de l'acceptation du vote des grands électeurs durant les élections présidentielles de 2000[233] ». Cette frontière ténue entre le monde de l'art et celui de la politique, que Moore avait toujours effleurée, venait d'être franchie pour la première fois.

Au cours des mois qui suivirent l'élection, Moore demeura silencieux pour la première fois en quatre ans. Il prit tout de même le temps d'annoncer la préproduction de *Fahrenheit 9/11 et 1/2*, une suite dont la sortie est prévue au cours de l'année électorale 2008. Ce film aura-t-il le même niveau d'urgence que son prédécesseur ? Probablement non. Les présidents américains sont limités à deux mandats, Bush ne peut donc pas se présenter à nouveau. Pour ce qui est des vice-présidents, l'histoire montre, avec les exemples de Bush père et d'Al Gore, qu'ils n'ont pas l'habitude de l'emporter. Donc, Dick Cheney ayant peu d'espoir de briguer le poste de président, la rumeur qui envoie Hillary Clinton se présenter comme candidate démocrate peut aller bon train, un choix sentimental qu'appuierait Moore de tout cœur, on s'en doute fort bien.

Plus près de nous encore, pour ce qui est du calendrier, se trouve *Sicko*, le documentaire de Moore sur l'échec du système de soins de santé aux États-Unis et les pratiques douteuses des géants de l'industrie pharmaceutique pour influencer les politiques publiques afin d'accroître leurs profits. Moore a commencé à travailler à *Sicko* alors qu'il était encore à l'œuvre dans *Bowling à Columbine*. Au cours des trois années qui suivirent, ce film fut souvent relégué à l'arrière-plan. Pour Moore, *Sicko* pourrait très bien constituer le retour à une forme d'expression plus ramassée et aussi marquer un accroissement de sa popularité en tant que cinéaste et porte-parole de notre époque, car un nombre sans précédent d'Américains arrivent présentement à l'âge de la retraite et les soins de la santé ainsi que la Sécurité sociale sont les deux dossiers nationaux les plus chauds du deuxième mandat de l'administration Bush.

De toutes les apparitions publiques récentes de Moore, une en particulier retient notre attention. Lors de la soirée des prix du People's Choice de 2004, où *Fahrenheit 9/11* fut mis en nomination dans la catégorie du meilleur film avant de l'emporter avec l'appui de vingt et un millions de voix, Moore subit sa première métamorphose. Certes, la transformation ne fut pas aussi marquante que celle, dans l'histoire pop, où les membres du groupe rock KISS montèrent pour la première fois sur scène sans maquillage, mais le changement d'aspect fut tout de même notable. Lors de son discours de remerciement, Moore, égal à lui-même, souligna de nouveau que c'était bel et bien « le peuple » (la majorité des vingt et un millions d'entre eux, de fait) qui avait voté pour son film, mais pourtant, à le regarder, il ressemblait moins à un gars de la classe moyenne qu'à ce qu'il était véritablement devenu : un cinéaste de grande renommée. Finis la casquette de baseball, le jeans ample et le coupe-vent ouvert sur la poitrine. Le tout avait été remplacé par un costume haute couture coupé sur mesure. Son ancienne touffe de cheveux d'un style inclassable, mais populaire au Michigan, avait été atténuée pour faire place à une coupe en pic plus actuelle, sa repousse de barbe, vieille de douze jours, avait été adroitement taillée en bouc et ses poils blancs soigneusement teints.

Comme l'écrivait Walt Whitman, dans *Song of Myself*, « je renferme des multitudes ». Nous devrons attendre le prochain film de Moore pour savoir si la modestie de ses origines et ce qu'il est devenu peuvent encore coexister en une même personnalité, s'il peut encore être « simplement un gars du Michigan », tout en étant l'un des cinéastes les plus contestés et controversés de son temps. Mais nous, « le peuple », sommes déjà sûrs d'une chose : c'est que Michael Moore est déjà implanté solidement dans son rôle de provocateur et de chef de file incontesté de la culture de notre époque.

Notes

INTRODUCTION
BLITZKRIEG À BITBURG

1. Michael MOORE, *The Michigan Voice*, Burton, Michigan, juin/juillet 1985, p. 6-10.

2. Michael MOORE, dans « *Pauline Kael, the Truth, and Nothing But… Brought to you by AOL Time Warner* », le 12 janvier 2000, au www.michaelmoore.com/words/message/index.php?messageDate=2000-01-12.

CHAPITRE 1
UN GARS DU COIN

3. Ben SCHMITT, dans « *Looking Back : Freeway marvel of 1955* », *The Detroit Free Press*, le vendredi 24 septembre 2004, troisième édition.

4. Michael MOORE, *Roger & Me*, 1989.

5. Dépeuplement de Flint, au Michigan et recensements de 1970 à 2000 : U.S. Census Bureau, 2000, au www.cesus.gov/srd/papers/pdf/ev92-24.pdf et http://censtats.census.gov/cgi-bin/pct/pctProfile.pl.

6. Le peuplement de Flint, dans l'Encyclopédie en ligne Microsoft Encarta, 2001, au http://encarta.msn.com.

7. Historique de la GM et citation d'Alfred P. Sloane, au www.buyandhold.com/bh/en/education/history/2001/generalmotors.html.

8. Revendications et grève d'occupation de Flint, au www.historicalvoices.org/flint/organization.php.

9. Citation de la citoyenne de Flint dont le mari avait l'intention d'aller en grève, dans le document sonore du témoignage de Rollin Moon. Interviewé dans le cadre du projet d'histoire du milieu ouvrier de Flint pour l'Université du Michigan. Date de l'interview : 05-10-1979. Montage sonore : Michael Van Dyke. Université de l'État du Michigan, 2002, au www.historicalvoices.org/flint/organization.php.

10. Types de divertissements durant la grève d'occupation de Flint, dans le document sonore d'Earl Hubbard, interviewé dans le cadre du projet d'histoire du milieu ouvrier de Flint pour l'Université du Michigan. Date de l'interview : 21-04-1980. Montage sonore : Michael Van Dyke.

11. Récit des ouvriers qui brûlent des rouleaux de toile durant la grève de Flint, dans le document sonore d'Earl Hubbard, interviewé dans le cadre du projet d'histoire du milieu ouvrier de Flint pour l'Université du Michigan. Date de l'interview : 21-04-1980. Montage sonore : Michael Van Dyke. Université de l'État du Michigan, 2002, au www.historicalvoices.org/flint/organization.php.

12. Rumeur à propos de se faire sortir « à la pointe du fusil » durant la grève d'occupation, dans le document sonore de M. K. Gillian, interviewé dans le cadre du projet d'histoire du milieu ouvrier de Flint pour l'Université du Michigan. Date de l'interview : 15-07-1978. Montage sonore : Michael Van Dyke. Université de l'État du Michigan, 2002, au www.historicalvoices.org/flint/organization.php.

13. Michael MOORE, DVD *Roger & Me*, 2003.

14. Michael MOORE, *Stupid White Men*, ReganBooks, New York, 2004, format livre de poche, p. 97-99.

15. Michael MOORE, « *High School Graduation* », le 11 juin 1999, au www.michaelmoore.com/words/message/index.php?messageDate=1999-06-11.

16. Mark BINELLI, dans « *Michael Moore : "To be the object of so much venom from all the wrong people you must be doing something right"* », *Rolling Stone*, New York, septembre 2004, édition n° RS957, p. 67-69.

17. Michael MOORE, dans « *The Day I Was to Be Tarred and Feathered* », le 12 décembre 1999, au www.michaelmoore.com/words/message/index.php?messageDate=1999-12-12.

18. *Ibid.*

19. Shawn WINDSOR, dans « *Moore missing from hall of fame* », *The Detroit Free Press*, le vendredi 14 janvier 2005, première édition.

20. Ben HAMPER, *Rivethead : Tales From the Assembly Line*, New York, Warner Books Inc., 1986, p. 1. Voir également : www.michaelmoore.com/hamper/excerp1.html.

21. Michael MOORE, dans *Roger & Me*, 1989.

22. Ben HAMPER, *Rivethead : Tales From the Assembly Line*, New York, Warner Books Inc., 1986, p. 5. Voir également : www.michaelmoore.com/hamper/excerp1.html.

23. Michael MOORE, dans le chapitre 3, « *Back to Flint* », commentaire du DVD *Roger & Me*, 2003.

CHAPITRE 2
LA LIBERTÉ, L'INDÉPENDANCE

24. Michael MOORE, *Stupid White Men*, ReganBooks, New York, 2004, format livre de poche, p. 94-97.

25. Description du service d'assistance téléphonique Davison, dans *Free to Be*, Davison,

Michigan, le 22 mars 1977, p. 1.

26. Ben HAMPER, dans *Rivethead : Tales From the Assembly Line*, New York, Warner Books Inc., 1986, p. 83.

27. Ben HAMPER, *op. cit.*, p. 84.

28. Shawn WINDSOR, dans « *Prelude to the Academy Awards : The many roles of Michael Moore* », *The Detroit Free Press*, le samedi 28 février 2004, première édition, au www.freep.com/entertainment/movies/moore28_20040228. htm.

29. Ben HAMPER, dans *Rivethead : Tales From the Assembly Line*, New York, Warner Books Inc., 1986, p. 85.

30. *Op. cit.*, p. 86.

31. *Op. cit.*, p. 196.

32. Larissa MACFARQUHAR, dans « *The Populist* », *The New Yorker*, le 16 février 2004, vol. 80, n° 1, p. 133.

CHAPITRE 3
FLINT OU FRISCO ?

33. Michael MOORE, dans *Roger & Me*, 1989.

34. Le dernier éditorial de Michael MOORE, « *Goodbye, Friends* », *The Michigan Voice*, Burton, Michigan, avril 1986, p. 59.

35. Ben HAMPER, *Rivethead : Tales From the Assembly Line*, New York, Warner Books Inc., 1986, p. 200.

36. Adam HOCHSCHILD, dans « *Passing the Torch* », *Mother Jones*, San Francisco, juin 1986, vol. xi, n° iv, p. 6.

37. Mother Jones la militante, mère de tous les démunis, voir Elliot J. GORN, dans « *Mother Jones : The Woman* », *Mother Jones*, San Francisco, mai/juin 2001, vol. 26, n° 3, p. 58, au www.motherjones.com/news/special_reports/2001/05/motherjones_gorn.html.

38. Adam HOCHSCHILD, dans « *Passing the Torch* », *Mother Jones*, San Francisco, juin 1986, vol. xi, n° iv, p. 6.

39. Bruce IWAMOTO, dans « *Back Talk* », *Mother Jones*, San Francisco, juillet/août 1986, vol. xi, n° v, p. 4.

40. Alexander COCKBURN, dans « *Beat the Devil* », *The Nation*, New York, le 13 septembre 1986, vol. 243, n° 7, p. 198.

41. Alex S. JONES, dans « *Radical Magazine Removes Editor, Setting Off a Widening Political Debate* », *The New York Times*, New York, le 27 septembre 1986, cahier 1, p. 7, édition métropolitaine, dernière édition.

42. Source anonyme, à propos du conflit entourant l'article sur les Sandinistes : Emily SCHULTZ, entrevue téléphonique, le 24 juin 2005.

43. Lettre de HAZEN, KOLLEBAUM et al., dans « *Letters : What Politics?* », *The Nation*, New York, le 4 octobre 1986, vol. 243, n° 10, p. 298.

44. Alex S. JONES, dans « *Radical Magazine Removes Editor, Setting Off a Widening Political Debate* », *The New York Times*, New York, le 27 septembre 1986, cahier 1, p. 7, édition métropolitaine, dernière édition.

45. Source anonyme, à propos de la relation de travail entre Moore et les membres junior et senior du personnel, voir Emily SCHULTZ, entrevue téléphonique, le 24 juin 2005.

46. Alexander COCKBURN, dans « *Cockburn Replies* » et dans « *Letters : Politics?* », *The Nation*, New York, le 4 octobre 1986, vol. 243, n° 10, p. 298 et p. 323-324.

47. Ibid.

48. Peggy LAUER, Roberta WILLIAMS et al., dans « *Letters : More on Moore* », *The Nation*, New York, le 11 octobre 1986, vol. 243, n° 11, p. 330.

49. Adam HOCHSCHILD, dans « *A Family Fight Hits the Headlines* », *Mother Jones*, San Francisco, décembre 1986, vol. xi, n° ix, p. 6. Publié à l'origine dans la chronique du *Village Voice* de Berman.

50. Source anonyme, voir Emily SCHULTZ, entrevue téléphonique, le 24 juin 2005.

51. Ben HAMPER, dans *Rivethead : Tales From the Assembly Line*, New York, Warner Books Inc., 1986, p. 220.

52. Ruthe STEIN, dans « *Fighting with Films* », *The San Francisco Chronicle*, San Francisco, le dimanche 20 juin 2004, p. 24, au http://sfgate.com/cgibin/article.cgi?file=/chronicle/archive/2004/06/20/PKGJC766UO1.DTL.

53. Daniel RADOSH, dans « *Moore is Less* », *Salon*, San Francisco, le 6 juin 1997, au www.salon.com/june97/media/media970606.html.

54. Warren ST. JOHN, dans « *The Salon Makeover* », *Wired*, vol. vii, n° i, janvier 1999, au www.wired.com/wired/archive/7.01/talbot.html?pg=1&topic=&topic_set=.

55. Réplique de Moore à Talbot, dans « *Moore Fires Back at* Salon », *Salon*, San Francisco, le 3 juillet 1997, au http://archive.salon.com/july97/moore970703.html.

56. Réplique de Radosh à la lettre de Moore, dans « *Daniel Radosh Responds* », *Salon*, San Francisco, le 3 juillet 1997, au http://archive.salon.com/july97/moore970703.html.

57. Réplique de Talbot à la lettre de Moore, dans « *David Talbot Responds* », *Salon*, San Francisco, le 3 juillet 1997, au http://archive.salon.com/july97/moore970703.html.

CHAPITRE 4

TOUT FEU, TOUT FLINT

58. Emily SCHULTZ, entrevue téléphonique avec Ryan Eashoo, Davison, Michigan, le 20 janvier 2005.

59. Michael MOORE, commentaire, dans le DVD *Roger & Me*, 2003.

60. Kevin RAFFERTY, Anne BOHLEN et James RIDGEWAY, dans *Blood in the Face*, 1991.

61. D.D. GUTTENPLAN, dans « *Suddenly He's In, Unlike Flint; Michael Moore's Film About Laid-Off Michigan Auto Workers Is Being Promoted, He Notes Ironically, As the Season's "Feel-Good Hit"* », *Newsday*, New York, le 17 décembre 1989, p. 12.

62. Michael MOORE, commentaire, dans le DVD *Roger & Me*, 2003.

63. Doron P. LEVIN, dans « *Maker of Documentary That Attacks G.M. Alienates His Allies* », *The New York Times*, New York, le 19 janvier 1990, p. C12.

64. D.D. GUTTENPLAN, dans « *Suddenly He's In, Unlike Flint; Michael Moore's Film About Laid-Off Michigan Auto Workers Is Being Promoted, He Notes Ironically, As the Season's "Feel-Good Ht"* », *Newsday*, New York, le 17 décembre 1989, p. 12.

65. Pauline KAEL, *Movie Love : Complete Reviews 1988-1991*, New York, Plume, 1991, p. 242-245.

66. Spencer RUMSEY, dans « *The New York Newsday Interview With Michael Moore* », *Newsday*, New York, le 25 janvier 1990, p. 65.

67. D.D. Guttenplan, « *Suddenly He's In, Unlike Flint; Michael Moore's Film About Laid-Off Michigan Auto Workers Is Being Promoted, He Notes Ironically, As the Season's "Feel-Good Hit"* », *Newsday*, New York, le 17 décembre 1989, p. 12.

68. *Ibid.*

69. Geoff HANSON, dans « *Michael Moore Returns to Telluride* », Festival de film de Telluride, septembre1992, au www.michaelmoore.com/dogeatdogfilms/films/telluride.html.

70. À propos de la générosité du laboratoire Du Art, Michael MOORE, commentaire, dans le DVD *Roger & Me*, 2003.

71. Geoff HANSON, dans « *Michael Moore Returns to Telluride* », Festival de film de Telluride, septembre 1992, au www.michaelmoore.com/dogeatdogfilms/films/telluride.html.

72. D.D. Guttenplan, dans « *Suddenly He'sIn, Unlike Flint; Michael Moore's Film About Laid-Off Michigan Auto Workers Is Being Promoted, He Notes Ironically, As the Season's "Feel-Good Hit"* », *Newsday*, New York, le 17 décembre 1989, p. 12.

73. Spencer RUMSEY, dans « *The New York Newsday Interview With Michael Moore* », *Newsday*, New York, le 25 janvier 1990, p. 65.

74. Pauline KAEL, dans *Movie Love : Complete Reviews 1988-1991*, New York, Plume, 1991, p. 242-245.

75. Michael MOORE, dans « *Pauline Kael, the Truth, and Nothing But...Brought to You by AOL Time Warner* », le 12 janvier 2000, au www.michaelmoore.com/words/message/index.php?messageDate=2000-01-12.

76. Roger EBERT, dans « *Attacks on "Roger & Me" completely miss point of film* », *The Chicago Sun Times*, le 11 février 1990, au http://rogerebert.suntimes.com/apps/pbcs.dll/article?AID=/19900211/COMMENTARY/22010306/1023.

77. Richard BERNSTEIN dans « *Roger & Me : Documentary? Satire? Or Both?* », *The New York Times*, New York, le 1er février 1990, p. C20.

78. Le pourcentage de maisons inoccupées à Flint, voir Francis X. DONNELLY et Dale G. YOUNG, dans « *GM's desertion decimates Flint : Closed plants, anemic tax base strip city services* », The Detroit News, Detroit, le 23 juillet 2002, Autos Insider, au www.detnews.com/2002/autosinsider/0207/29/a01-544821.htm.

79. Montant de l'entente accordée à Stecco : Tribunal du comté de Genesee, Michigan, archives du tribunal en ligne, cause n° 90-005047-NZ, au www.co.genesee.mi.us/circuitcourt/New%20web%20site/home.htm#.

80. Michael MOORE, dans « *A Final Election Day Letter* », le 7 novembre 2000, au www.michaelmoore.com/words/message/index.php?messageDate=2000-11-07.

81. Emily SCHULTZ, entrevue téléphonique avec Ryan Eashoo, Davison, Michigan, le 20 janvier 2005.

CHAPITRE 5

CRACKERS LAISSE DES PLUMES À *TV NATION*

82. Emily SCHULTZ, entrevue avec John Derevlany réalisée par courrier électronique, le 10 février 2005.

83. Michael MOORE et Kathleen GLYNN, *Adventures in a TV Nation : The Stories Behind America's Most Outrageous TV Show*, New York, HarperPerennial, 1998, p. 47.

84. Emily SCHULTZ, entrevue avec John Derevlany réalisée par courrier électronique, le 10 février 2005.

85. Sondages de Widgery and Associates, voir Michael MOORE et Kathleen GLYNN, *Adventures in a TV Nation : The Stories Behind America's Most Outrageous TV Show*, New York, HarperPerennial, 1998, p. 205 et p.207.

86. Karen DUFFY, dans « *The Moore, the merrier – director Michael Moore* », Interview, New York, septembre 1994, vol. 24, n° 9, p. 70-72.

87. Michael MOORE, dans « *Roger and I, Off to Hollywood and Home to Flint* », The New York Times, New York, le 15 juillet 1990, p. H11.

88. Michael MOORE, « *Talk of the Town –Success* », The New Yorker, le 12 octobre 1992, vol. 68, n° 34, p. 44-46.

89. Ron SHELDON, dans « *Exclusive Interview with Michael Moore of TV Nation* », People's Weekly World, New York, le 23 septembre 1995, au www.pww.org/archives95/95-09-23-3.html.

90. *Ibid.*

91. *Ibid.*

92. Michael MOORE et Kathleen GLYNN, *Adventures in a TV Nation : The Stories Behind America's Most Outrageous TV Show*, New York, HarperPerennial, 1998, p. 4.

93. Emily SCHULTZ, entrevue avec John Derevlany réalisée par courrier électronique, le 10 février 2005.

94. Karen DUFFY, dans « *The Moore, the merrier – director Michael Moore* », *Interview*, New York, septembre 1994, vol. 24, n° 9, p. 70-72.

95. Justin SMALLBRIDGE, dans « *Canada and Me : Michael Moore switches his sights from Flint, Michigan to a fictional feature poking fun at Canadian anxiety about big brother USA* », *The Globe and Mail*, le 31 décembre 1993, p. AL1.

96. Emily SCHULTZ, entrevue avec Walter Gasparovic réalisée par courrier électronique, le 8 mars 2005.

97. David STERRITT, dans « *One Filmmaker's Answer to Apathy* », *The Christian Science Monitor*, Boston, le 2 octobre 1995, vol. 87, n° 215, p. 13.

98. Emily SCHULTZ, entrevue avec John Derevlany réalisée par courrier électronique, le 10 février 2005.

99. Michael MOORE et Kathleen GLYNN, *Adventures in a TV Nation : The Stories Behind America's Most Outrageous TV Show*, New York, HarperPerennial, 1998, p. 12.

100. Emily SCHULTZ, entrevue avec John Derevlany réalisée par courrier électronique, le 10 février 2005.

101. *Ibid.*

102. *Ibid.*

103. *Ibid.*

104. *Ibid.*

105. *Ibid.*

106. *Ibid.*

107. *Ibid.*

108. *Ibid.*

109. *Ibid.*

110. *Ibid.*

111. *Ibid.*

112. David HIRNING, dans « *Michael Moore* », *The Washington Free Press*, Seattle, septembre/octobre 1996, édition n° 23, au www.washingtonfreepress.org/23/Q&A.html.

113. Emily SCHULTZ, entrevue avec John Derevlany réalisée par courrier électronique, le 10 février 2005.

114. Michael MOORE et Kathleen GLYNN, *Adventures in a TV Nation : The Stories Behind America's Most Outrageous TV Show*, New York, HarperPerennial, 1998, p. 25.

115. *Ibid.*, p. 9.

116. Chip ROWE, dans « *A Funny, Subversive "60 Minutes"* », *American Journalism Review*, Maryland, juillet/août 1995, au www.ajr.org/Article.asp?id=2125.

117. David HIRNING, dans « *Michael Moore* », *The Washington Free Press*, Seattle, septembre/octobre 1996, édition n° 23, au www.washingtonfreepress.org/23/Q&A.html.

118. Marvin KITMAN, dans « *"TV Nation" Facing Fox Fire : Will the network executives get Michael Moore's humor?* », Newsday, New York, le 20 juillet 1995, p. B69.

119. Lynn ELBER, dans « *Secret Service Seeks Review of Abortion Foe's Unaired TV Interview* », agence Associated Press, Pasadena, California, le 16 janvier 1995.

120. *Ibid.*

121. Kevin MATTSON, dans « *The Perils of Michael Moore Political Criticism in an Age of Entertainment* », *Dissent Magazine*, New York, printemps 2003, vol. 50, n° 2, au www.dissentmagazine.org/menutest/articles/sp03/mattson.htm.

122. Tom SHALES, dans « *TV Preview – "Nation" With Malice Toward All* », *The Washington Post*, Washington, D.C., le 19 juillet 1994, p. B1.

123. Chip ROWE, dans « *A Funny, Subversive "60 Minutes"* », *American Journalism Review*, Maryland, juillet/août 1995, au www.ajr.org/Article.asp?id=2125

124. Kevin MATTSON, dans « *The Perils of Michael Moore Political Criticism in an Age of Entertainment* », *Dissent Magazine*, New York, printemps 2003, vol. 50, n° 2, au www.dissentmagazine.org/menutest/articles/sp03/mattson.htm.

125. Ron SHELDON, dans « *Exclusive Interview with Michael Moore of TV Nation* », *People's Weekly World*, New York, le 23 septembre 1995, au www.pww.org/archives95/09-23-3.html.

126. Emily Schultz, entrevue avec Walter Gasparovic réalisée par courrier électronique, le 8 mars 2005.

127. David STERRITT, « *One Filmmaker's Answer to Apathy* », *The Christian Science Monitor*, Boston, le 2 octobre 1995, vol. 87, n° 215, p. 13.

128. Emily SCHULTZ, entrevue avec Walter Gasparovic réalisée par courrier électronique, le 8 mars 2005.

129. Emily SCHULTZ, entrevue avec John Derevlany réalisée par courrier électronique, le 10 février 2005.

130. *Ibid.*

CHAPITRE 6
COMMENT DÉGRAISSER DANS LE MAIGRE

131. Michael MOORE, *Le géant*, 1997.

132. David HIRNING, dans « *Michael Moore* », *The Washington Free Press*, Seattle, septembre/octobre 1996, édition n° 23, au www.washingtonfreepress.org/23/Q&A.html.

133. Michael FLEMING, dans « *Dish – Disney Bug-eyed; Big bows; Selleck choosy* », *Variety*, Los Angeles, le 17 juin 1997, p. 39.

134. Anita GATES, dans « *Book Review Desk : How the Other Half Lives* », *The New York Times*, le 29 décembre 1996, cahier 7, p. 11, édition finale.

135. Michael MOORE, *Le géant*, 1997.

136. Ian HODDER, dans « *Michael Moore's Ongoing Crusade Against Corporate Greed Won him an Audience with Big, Bad Nike* », *Industry Central : The Motion Picture and Television Industry's First Stop!*, Californie, au http://industrycentra.net/director_interviews/MM02.HTM.

137. *Ibid.*

138. *Ibid.*

139. *Le géant*, 1997.

140. *Le géant*, 1997.

141. Michael WILNES, dans « *An Odd Rift Develops Between an Author and Borders, a Chain Promoting His Book* », *The New York Times*, New York, le 18 novembre 1996, cahier D, p. 10, édition finale.

142. *Ibid.*

143. *Ibid.*

144. À propos de l'article « *Moore Is Less* », dans « *Moore fires back at* Salon », *Salon*, San Francisco, le 3 juillet 1997, au http://archive.salon.com/july97/moore970703.html.

145. Daniel RADOSH, dans « *Moore is Less* », *Salon*, San Francisco, le 6 juin 1997, au www.salon.com/june97/media/media970606.html.

146. David TALBOT, dans « *David Talbot responds* », *Salon*, San Francisco, le 3 juillet 1997, au http://archive.salon.com/july97/moore970703.html.

147. Janet MASLIN, dans « *A Sly Lens on Corporate America* », *The New York Times*, New York, le 10 avril 1998, cahier E, p. 1, édition finale.

148. Monica ROMAN, dans « *Independent's Day : IFP skeds 400 pix for eclectic fest* », *Variety*, Los Angeles, le 16 juillet 1997, p. 10.

149 . *Le géant*, 1997.

150. Janet MASLIN, dans « *A Sly Lens on Corporate America* », *The New York Times*, New York, le 10 avril 1998, cahier E, p. 1, édition finale.

151. Ian HODDER, dans « *Michael Moore's Ongoing Crusade Against Corporate Greed Won him an Audience with Big, Bad Nike* », *Industry Central : The Motion Picture and Television Industry's First Stop!*, Californie, au http://industrycentra.net/director_interviews/MM02.HTM.

152. *Ibid.*

153. Kevin MATTSON, dans « *The Perils of Michael Moore Political Criticism in an Age of Entertainment* », *Dissent Magazine*, New York, printemps 2003, vol. 50, n° 2, au www.dissentmagazine.org/menutest/articles/sp03/mattson.htm.

154. Josh FEIT, dans « *Michael & Me : The Director of the Big One Brings his Entertaining Attack on "Economic Terrorism" to Phil Knight's Backyard* », *The Willamette Week*, Portland, Oregon, le 1er avril 1998, au www.wweek.com/html/moore040198.html.

155. John H. CUSHMAN Jr., dans « *Nike Pledges to End Child Labor and Apply U.S. Rules Abroad* », *The New York Times*, New York, le 13 mai 1998, cahier D, p. 1, édition finale.

156. Steven ZEITCHIK, dans « *Michael Moore : The New JFK ?* » *Publishers Weekly*, le 27 octobre 2003, p. 15, au www.publishersweekly.com/article/CA330965.html?text= Downsize+This.

157. *Ibid.*

CHAPITRE 7
L'INAVOUABLE VÉRITÉ DERRIÈRE L'ÉCRAN TÉLÉ

158. Michael MOORE, commentaire, dans le DVD *L'Amérique de Michael Moore*, 2003.

159. Richard KATZ, dans « *Bravo Claims Moore Series* », *Variety*, Los Angeles, le 11 novembre 1998, p. 8.

160. Emily SCHULTZ, entrevue téléphonique avec Alan Edelstein, New York, le 7 mars 2005.

161. *Ibid.*

162. *Ibid.*

163. *Ibid.*

164. Texte du site Internet « *LucyCam* » de Lucianne Goldberg, dans « *Arts and Entertainment : Michael Moore* », les entreprises Playboy, Chicago, 1999, au www.playboyenterprises.com/ home/content.cfm?content=t_title_as_division&ArtTypeID=0008B752-BBDO-1C76-8 FEA8304E50A010D&packet=000B8140-7874-1C7A-9B578304E50A011A&M menuFlag=foundation&viewMe=4.

165. John TIERNEY, dans « *The Big City : When Tables Turn, Knives Come Out* », *The New York Times*, New York, le 17 juin 2000, p. B1.

166. Emily SCHULTZ, entrevue téléphonique avec Alan Edelstein, New York, le 7 mars 2005.

167. *Ibid.*

168. *Ibid.*

169. John TIERNEY, dans « *The Big City : When Tables Turn, Knives Come Out* », *The New York Times*, New York, le 17 juin 2000, p. B1.

170. *Ibid.*

171. Emily SCHULTZ, entrevue téléphonique avec Alan Edelstein, New York, le 7 mars 2005.

172. Larissa MACFARQUHAR, dans « *The Populist* », *The New Yorker*, New York, le 16 février 2004, vol. 80, n° 1, p. 133.

173. Emily SCHULTZ, entrevue avec John Derevlany réalisée par courrier électronique, le 10 février 2005.

174. Larissa MACFARQUHAR, dans « *The Populist* », *The New Yorker*, New York, le 16 février 2004, vol. 80, n° 1, p. 133.

175. *Ibid.*

176. *Ibid.*

177. *Ibid.*

178. Caryn JAMES, dans « *TV Weekend ; Cutups on Cable : Odd Ones In* », *The New York Times*, New York, le 30 avril 1999, p. E1.

179. *Ibid.*

180. La Fondation Playboy, dans « *Arts and Entertainment : Michael Moore* », les entreprises Playboy, Chicago, 1999, au www.playboyenterprises.com/home/content.cfm? content=t_title_as_division&ArtTypeID=0008B752-BBDO-1C76-8FEA8304E50A 010D&packet=000B8140-7874-1C7A-9B578304E50A011A&MmenuFlag=foundation &viewMe=4.

181. Michael MOORE, commentaire, dans le DVD *L'Amérique de Michael Moore*, 2003.

182. *Ibid.*

183. Gail COLLINS, dans « *Public Interests : Dignity, Always Dignity* », *The New York Times*, New York, le 28 janvier 2000, p. A23.

184. Michael MOORE, dans « *The Machine Raged On Me* », le 12 décembre 2000, au www.michaelmoore.com/words/message/index.php?messageDate=2000-12-12.

185. Michael MOORE, dans *L'Amérique de Michael Moore*, 2000.

186. Michael MOORE, commentaire, dans le DVD *L'Amérique de Michael Moore*, 2003.

187. Andrew COLLINS, dans « *Michael Moore : U.S. Comedian and Documentary-maker Michael Moore Explains his Thinking on Gun Control, American Foreign Policy, and Making Movies to Eat Popcorn To* », *The Guardian*, Londres, le 11 novembre 2002, au http://film.guardian.co.uk/interview/interview-pages/0,6737,841083,00.html.

188. *Ibid.*

189. Emily SCHULTZ, entrevue téléphonique avec Alan Edelstein, New York, le 7 mars 2005.

CHAPITRE 8
MOORE FAIT MOUCHE

190. Michael MOORE, dans « *Return to Denver/Littleton* », supplément du DVD *Bowling à Columbine*, 2003.

191. Dave CULEN, dans « *Inside the Columbine High Investigation : Everything You Know About the Littleton Killings is Wrong* », *Salon*, San Francisco, le 23 septembre 1999, au www.salon.com/news/feature/1999/09/23/columbine/index.html.

192. Michael MOORE, dans « *About Flint* », le 1er mars 2000, au www.michaelmoore.com/ words/message/index.php?messageDate=2000-03-01.

193. Dee-Ann DURBAN, de l'agence Associated Press, dans « *Michigan Community Still Not Over Shooting* », municipalité de Mount Morris, Michigan, le 31 mars 2005. Voir également : www.wtopnews.com/index.php?nid=316&sid=432318.

194. Andrew COLLINS, dans « *Michael Moore : U.S. Comedian and Documentary-maker Michael Moore Explains his Thinking on Gun Control, American Foreign Policy, and Making Movies to Eat Popcorn To* », *The Guardian*, Londres, le 11 novembre 2002, au http://film.guardian.co.uk/interview/interview-pages/0,6737,841083,00.html.

195. Andrew COLLINS, dans « *Michael Moore : U.S. Comedian and Documentary-maker Michael Moore Explains his Thinking on Gun Control, American Foreign Policy, and Making Movies to Eat Popcorn To* », *The Guardian*, Londres, le 11 novembre 2002, deuxième partie, au http://film.guardian.co.u/interview/intervie-pages/0,6737,841083,00.html.

196. Michael MOORE, dans « *Film Festival Scrapbook* », Cannes, du DVD *Bowling à Columbine*, 2003.

197. Andrew COLLINS, dans « *Michael Moore : U.S. Comedian and Documentary-maker Michael Moore Explains his Thinking on Gun Control, American Foreign Policy, and Making Movies to Eat Popcorn To* », *The Guardian*, Londres, le 11 novembre 2002, au http://film.guardian.co.uk/interview/interviewpages/0,6737,841083,00.html.

198. Emily SCHULTZ, entrevue téléphonique avec Alan Edelstein, New York, le 7 mars 2005.

199. Andrew COLLINS, dans « *Michael Moore : U.S. Comedian and Documentary-maker Michael Moore Explains his Thinking on Gun Control, American Foreign Policy, and Making Movies to Eat Popcorn To* », *The Guardian*, Londres, le 11 novembre 2002, au http://film.guardian.co.uk/interview/interviewpages/0,6737,841083,00.html.

200. Nev PIERCE, dans « *Gus Van Sant : Elephant* », *BBC Film*, 2004, au www.bbc.co.uk/films/2004/01/28/gus_van_sant_elephant_interview.shtml.

201. *Ibid.*

202. Andrew COLLINS, dans « *Michael Moore : U.S. Comedian and Documentary-maker Michael Moore Explains his Thinking on Gun Control, American Foreign Policy, and Making Movies to Eat Popcorn To* », *The Guardian*, Londres, le 11 novembre 2002, au http://film.guardian.co.uk/interview/interviewpages/0,6737,841083,00.html.

203. Eric DEMBY, dans « *Angry White Men : Michael Moore, Noam Chomsky, and Greg Palast Hit Bestseller List With Incendiary Books* », *The Village Voice*, New York, 21-27 août, vol. 47, n° 34, p. 57, au www.villagevoice.com/news/0234,demby,37600,1.html.

204. *Ibid.*

205. Michael MOORE, dans « *With my mom at the Hudson River, Thanksgiving 2001* », le 5 août 2002, au www.michaelmoore.com/special/mom.php.

206. Michael MOORE, dans « *Exclusive Michael Moore Interview on his Oscar Win and Acceptance Speech* », du DVD *Bowling à Columbine*, 2003.

207. Michael MOORE, *BBC News*, le 24 mars 2003, au http://news.bbc.co.uk/1/hi/entertainment/film/2879857.stm.

208. Michael MOORE, dans « *Exclusive Michael Moore Interview on his Oscar Win and Acceptance Speech* », du DVD *Bowling à Columbine*, 2003.

209. Caroline OVERINGTON, dans « *I'd like to thank George for making me angry* », *The Sydney Morning Herald*, Sydney, le 25 mars 2003, au www.smh.com.au/articles/2003/03/24/ 1048354548057.html.

210. Michael MOORE, dans « *Exclusive Michael Moore Interview on his Oscar Win and Acceptance Speech* », du DVD *Bowling à Columbine*, 2003.

CHAPITRE 9

AUX URNES, CITOYENS !

211. Michael MOORE, dans « *When You Wish Upon A Star...* » le 7 mai 2004, au www. michaelmoore.com/words/message/index.php?messageDate=2004-05-07.

212. Gary STRAUSS, dans« *The Truth about Michael Moore* », *USA Today*, New York, le 21 juin 2004, p. 1D, au www.usatoday.com/life/movies/news/2004-06-20-moore_x.htm.

213. Anthony HA, dans « *Michael Moore : Kiss kiss, bang bang* », *The Stanford Daily*, Stanford, Californie, le 18 octobre 2002, au http://daily.stanford.org/tempo? page=content&id=9113&repository=0001_article.

214. Michael MOORE, dans « *When You Wish Upon A Star...* », le 7 mai 2004, au www. michaelmoore.com/words/message/index.php?messageDate=2004-05-07.

215. George GITTOES, dans « *Fed : Aust Filmmaker Objects to Moore Use of Film Segments* », agence de presse Associated Press de l'Australie, le 27 juillet 2004. Voir également : www.theage.com.au/articles/2004/07/27/1090693936198.html?oneclick=true.

216. George GITTOES, dans « *Redemption Song* », *Filmink 2005*, au www.filmink.com.au/ disc/default.asp?subsection=1.

217. A.O. SCOTT, dans« *Unruly Scorn Leaves Room for Restraint But Not a Lot* », *The New York Times*, le 23 juin 2004, p. E1.

218. Luis H. FRANCIA, dans« *Michael Moore – On Stage and In Person !* », *The Village Voice*, New York, 8-14 septembre, vol. 49, n° 36, p. C57.

219. A.O. SCOTT, dans « *Unruly Scorn Leaves Room for Restraint But Not a Lot* », *The New York Times*, New York, le 23 juin 2004, p. E1.

220. *Ibid.*

221. Gary STRAUSS, dans « *The Truth about Michael Moore* », *USA Today*, New York, le 21 juin 2004, p. 1D, au www.usatoday.com/life/movies/news/2004-06-20-moore_x.htm

222. Joyce WADLER, avec Paula SCHWARTZ et Melena Z. RYZIK, dans« *Boldface Names* », *The New York Times*, New York, le 16 juin 2004, Cahier B, p.2, édition finale.

223. Philip SHELDON, dans « *Michael Moore Is Ready for His Close-Up* », *The New York Times*, New York, le 20 juin 2004, Cahier 2, p. 1, édition finale.

224. Michael MOORE, dans « *The Release of* Fahrenheit 9/11 », supplément au DVD *Fahrenheit 9/11*, 2004.

225. Hanna ROSIN et Mike ALLEN, dans « Fahrenheit 9/11 *Is a Red-Hot Ticket* », *The Washington Post*, Washington, D.C., le 24 juin 2004, p. A1, au www.washingtonpost.com/wp-dyn/articles/A849-2004Jun23.html.

226. Richard GOLDSTEIN, dans « *Mauling Michael Moore, The attack on* Fahrenheit 9/11 : *Fox lays back while ABC and NBC pile on* », *Village Voice*, New York, 23-29 juin 2004, vol. 49, n° 25, p. 66, au www.villagevoice.com/news/0426,goldstein,54689,6.html.

227. *Ibid.*

228. Hanna ROSIN et Mike ALLEN, dans « Fahrenheit 9/11 *Is a Red-Hot Ticket* », *The Washington Post*, Washington, D.C., le 24 juin 2004, p. A1, au www.washingtonpost.com/wp-dyn/articles/A849-2004Jun23.html.

CONCLUSION
CITIZEN MOORE

229. Michael MOORE, dans « *One Day Left* », le 1er novembre 2004, au www.michaelmoore.com/words/message/index.php?messageDate=2004-11-01.

230. Nancy RAMSY, dans « *Politically Inclined Filmmakers Say There Is Life After the Election* », *The New York Times*, New York, le 27 décembre 2004, cahier E, p. 3, édition finale. Voir également : www.errolmorris.com/content/news/nyt_ramsey.html

231. David C. KING, « *Youth Came Through With Big Turnout* », *The Boston Globe*, Boston, le 4 novembre 2004, p. A15, au www.boston.com/news/globe/editorial_opinion/oped/articles/2004/11/04/youth_came_through_with_big_turnout/.

232. Michael MOORE, dans « *In the Clearing Stands a Boxer... a Letter from Michael Moore* », le 7 janvier 2005, au www.michaelmoore.com/words/message/index.php?messageDate=2005-01-07.

233. *Ibid.*

Table des matières